不确定的爱

LOVE'S UNCERTAINTY

当代中国育儿的希望与困惑

THE POLITICS AND ETHICS OF CHILD REARING IN CONTEMPORARY CHINA

TERESA KUAN

［美］关宜馨　著

毛超予　译

安孟竹　校

上海译文出版社

Teresa Kuan
LOVE'S UNCERTAINTY: THE POLITICS AND ETHICS OF CHILD REARING IN CONTEMPORARY CHINA

图字:09-2023-0206号

图书在版编目(CIP)数据

不确定的爱 : 当代中国育儿的希望与困惑 / (美) 关宜馨 (Teresa Kuan) 著 ; 毛超予译. -- 上海 : 上海译文出版社, 2025. 1. -- ISBN 978-7-5327-9560-4

Ⅰ. G78

中国国家版本馆 CIP 数据核字第 20240EC196 号

不确定的爱:当代中国育儿的希望与困惑
[美] 关宜馨/著　毛超予/译　安孟竹/校
责任编辑/李欣祯　装帧设计/赤徉

上海译文出版社有限公司出版、发行
网址:www.yiwen.com.cn
201101　上海市闵行区号景路 159 弄 B 座
上海颛辉印刷厂有限公司印刷

开本 890×1240　1/32　印张 10.25　插页 2　字数 183,000
2025 年 1 月第 1 版　2025 年 1 月第 1 次印刷
印数:0,001—5,500 册

ISBN 978-7-5327-9560-4
定价:68.00 元

普通人的养育兵法

2004 年，我读初中，离升学考试还有两年，正是人生中最无忧无虑的时光。每天最期待的是下午最后一节课的下课铃，铃声一响，无论讲台上的老师还在说什么，心就飞出了教室外，飞向街边的小吃和报刊亭里的《歌迷大世界》、音像店里的周杰伦和蔡依林。我就读的中学位于一条商业街的中央，老师和家长们总忧心这样的环境“太过复杂”；精力旺盛的中学生们却只想着，放学后能把丑丑的校服塞进书包在街上游荡。

彼时的我们对全球化、市场经济时代的生存压力还懵然无知，提前焦虑起来的总是父母。虽然全国教育系统都在倡导“减负”，但挡不住教培机构遍地开花；周六日、寒暑假，平时一起玩的朋友们渐渐有了另外的去处，奥数班、英语班、钢琴班、游泳班……下学期再见，有人在开化学课之前就背好了元素周期表，有人已经会在英语作文里用虚拟语态，一点一滴地走在了大家前面。

不知从什么时候起，我妈的阅读兴趣好像也发生了变化，家里的书橱开始摆放各种“养育秘籍”，其中就包括当年声名大噪的《哈佛女孩刘亦婷》。与如今剑指“清北复交、哈耶牛剑”的海淀妈妈们不同，当年在我生活的东部小城，像我妈一样的母亲们怀揣的是从前科学育儿的时代走来的惴惴不安。报纸杂志上铺天盖地的亲子寓言让她们意识到，“不打不成器”再也不是通用的教养法则，今天的“好妈妈”要谦卑地学习如何与我们这代独生子女相处。然而她们也明白，自己经历的那个“毕业包分配”的时代已成历史，成长于千禧年的我们要面对的，是一个“优胜劣汰”的社会。身为家长的责任感无法让她们对下一代“放任自流”。

2004 年也是本书作者关宜馨来到西南的省会城市昆明进行博士论文田野调查的第一年。在那里，她发现了一个时至今日依然困扰着中国都市家庭的悖谬：在一个充满不安全感的社会里，快乐的童年与有保障的未来之间似乎变得越发不可兼容。让她看见这种悖谬的不只是“痛苦的孩子”，还有常常陷入情感挣扎的母亲。

陈佳玲就是这样一位母亲。她爱女儿小珍，不希望女儿在可预见的残酷竞争中落败，但只能以另一种“残酷”的方式去鞭策年幼的孩子。她用五花八门的课外辅导塞满小珍的日程表，用严格的监管为女儿的人生把关。但随着小珍精神痛苦的加剧、开始住院服药，陷入深刻自我反思的陈佳玲又不得不掉头回去呵护女儿脆弱的心灵。陈佳玲充满矛盾的形象是 21 世纪初中国城市父母的缩影，她的进退失据也折射出中国教育改革蓝图的内在张力。

现代国家的儿童养育从来不是一个单纯的私人问题，中国亦不例外。早在中国现代化的肇始之端，知识分子们就认定“教育”这件事攸关民族生死存亡。但好的教育究竟意味着什么？问题的答案也在百年来随着战争、革命和经济模式的转型而不断变化。1980 年代，关于“现代化”的大讨论成为执政者与知识界共同的关切，“人的现代化”便是其中一个核心论题。用人类学的术语讲，所谓“人的现代化”，指向的是一项主体性塑造的工程。随着中国越发卷入世界经济体系，这项工程有了更加明确的指向——即培养未来能够在全球市场上竞争的“高素质”[①]劳动力。教育改革的倡导者们期待，下一代人口的素质的提升，能够助力国家的发展模式从依赖廉价劳动力向“知识经济”转型。

这样的宏观政治议程如何与家庭教育的日常联结起来？关宜馨将我们的注意力引向 2000 年代初的大众传媒和出版市场。在当年占据畅销书排行榜的流行育儿指南里，死记硬背、照本宣科的中式教育常常被斥为“填鸭”，鼓励孩子尽可能发挥想象力的美式课堂则被构建为理想的他者。有跨国生活经

① “素质”是改革时代人类学者对中国生命政治研究领域的一个关键概念。1988 年，这个词汇首次出现在教育部的官方文件中，此后这个词汇从宣传口号渗入普罗大众的日常语言。人类学家认为这个词是当代中国社会分层的隐性表征和价值编码手段，例如，“劳动力素质”可以视为一种对人力资本尺度的表述；相比于被斥为“低素质”的农民工，城市独生子女被认为更具“素质积累”的潜质。相关讨论参见安德训（Ann Anagnost）、任柯安（Andrew Kipnis）、邓利杰（Luigi Tomba）、席格伦（Gary Sigley）等人的作品。

验的专家们指出，美国的教育看似混乱松散、缺少指导，却构成了孕育“创造力”的土壤，后者正是21世纪人才的核心竞争力。在这个意义上，课堂、家庭与市场，儿童有待开发的生命潜能与改革时代亟需释放的经济潜能形成了某种呼应：如果在市场经济之下，政府应该通过减少行政干预、提供制度支持促进民间经济活力的释放，那么教育者和家长们该如何为促进孩子的潜能开发培育合适的苗床？

当童年开始成为一个人力资本积累的“预备阶段”，中国式家长、中国式养育，也开始遭受全面检讨。坊间流传的育儿故事总是发人深省：工薪家庭出身的残障女孩周婷为何能远赴美国求学，达成让普通人艳羡的成就？品学兼优的徐力何以做出“锤子杀母”的暴行、承受半生牢狱之灾？这些或鼓舞人心、或触目惊心的故事为千禧年的家长们留下了养育的醒世恒言，也为困扰着整个民族发展的教育之问提供了间接的诊断——问题的关键并不在于孩子的天资、品性，而是父母有没有给他们提供合宜的成长空间。如果国家的现代化工程依赖于高素质的下一代，那么这一人口治理的目标，最终要靠中国家长们对“养育方式”的改造来实现。这些蕴藏着社会转型寓言的育儿故事提醒人们看到，所谓儿童主体性的培育，实际上是靠家长主体性的重塑实现的。

随着中国父母对养育方式的改造被纳入到世纪之交“民族振兴”的叙事之中，作为养育者和照料者，他们也需要在日常生活中调和这一工程的内在矛盾。这个尴尬的位置给中国家长们带来了新的困境。他们当然想遵循教育专家的建议、对表现不佳的孩子也施以“赏识”和“耐心”，让他们在阳光乐观的氛围中成长，然而残酷的竞争规则面前，他们却也时常徘徊不定、情难自禁。家庭里，深陷情感冲突的总是母亲——身兼家庭内外“双重负担”的她们被养育文本刻画成情绪化的存在。但真正让她们左右为难的是现实中的“不可通约之善”（incommensurable goods）：她们清楚对孩子“发火”会让他们备受打击，可小事上的放纵（完不成作业）有可能酿成大的危机（被老师放弃、同学排斥），甚至让他们面临被教育筛选淘汰的风险。这样的内在情感冲突不只是性别化育儿分工的副产品，它也在道德的层面提醒着我们，在中国做个好母亲远非轻而易举之事，而是一场随时随地需要权衡、挣扎、选择的斗争。

诚然，孩子的成长充满了不确定性，漫漫人生的幸福终究非家长可以一力确保。但为孩子的未来而奋斗的养育投入，对家长们来说是一个重要的“第一人称问题”——纵使前路变幻莫测，作为父母，究竟什么是我可以控制的？

千禧年的家长们跨越阶层的养育共识是竭力为孩子“创造条件”。这样的“条件”可以是花钱送孩子进钢琴班、舞蹈班，陪着孩子学《新概念英语》，也可以是为了躲避不良同侪环境的影响而搬家，动用人脉帮孩子发表作文以博得老师的好感。在一个推崇竞争的社会，“淘汰”、“失败”是悬在每个孩子头上的达摩克利斯之剑。与其说家长们“创造条件”是为了确保孩子“出人头地”，倒不如说他们的种种举动是出于一种中国家长内心尤其强烈的紧张与不安。出生于1960—1970年代的他们普遍在自己的成长过程中经历过“条件”的匮乏，深知手上有牌可打、心中才能安定的道理。毕竟在一条险象环生的赛道上，一次貌似微小的机会错失就可能产生难以逆转的影响，即便他们明白，自己创造的种种“条件”

孩子未必能利用起来，但尽力而为只是为了避免可能的遗憾，这是他们至少可以做到的，也是他们至多能够达成的。

关宜馨书中描绘的妈妈们是我们最熟悉的那种母亲。她们有着最琐碎的考量、最寻常的纠结，她们对孩子的关切有时甚至显得过于现实、功利，甚至连彼时流行的肥皂剧也不遗余力地展现她们的“庸俗”。与阿德里·库斯罗（Adrie Kusserow）笔下努力在极为不平等的世界里给孩子营造“平等”体验的精英父母不同，中国母亲们甚至会毫不遮掩地把“人分三六九等”的丑陋现实摊开来给孩子看。她们也羡慕作者口中不必在意经济保障、追求内心认定的意义感的“美式”生活，但这对她们的孩子而言终究是不切实际的奢侈。在庞大的人口规模与有限的社会资源之间，在过剩的学历和难以持续吸收白领劳动力的就业市场之间，中国母亲和她们的孩子，并没有什么懈怠的余地。流行文化总是不懈地制造各种浪漫的泡沫，当年风靡大街小巷的赵宝刚式青春剧里，心怀理想的年轻人最终总能让保守的父母屈服妥协，而现实生活中的母亲们却深知，如果她们今天不做些什么，未来威胁到孩子发展的就是他们将要面对的社会本身。

或许在“投入”这个层面上，关宜馨书中描写的家长们，和全世界的中产阶级父母并没什么不同，在物质上他们很少对孩子吝啬，既愿意为了学区房、营养品、课外辅导、特长培训花钱，也愿意尽力满足孩子在追星和零食方面的消费。尽管在以往的研究中，中产家庭为确保孩子竞争优势的金钱投入要么被赤裸裸地赋予“拜物教”的含义，要么被轻易地斥为“溺爱”独生子女的表现，但在关宜馨眼中，这样的付出更接近于艾利森·皮尤（Allison Pugh）所说的“尊严经济”——与其说这一切是在帮孩子进行儿童版本的地位竞争，倒不如说是怕他们在他人面前感到自卑。“拜物教”里固然凝结着“价值注入”的维度，但也蕴含着不容忽视的道德考量；“创造条件”的行动固然包含着功利的企图，但也映射出普通人如何在难以抵挡的社会历史洪流中“掌握主动”。

——

中产家庭的养育焦虑并不是一个全新的话题。教育人类学、社会学的研究不断强调，中产家庭的孩子自降生的那一刻就开始被资本主义加速扩张的逻辑所支配，吸收了社会系统性矛盾的家庭精心投入到下一代的培育之中，只为把孩子打造成一件足以竞逐未来市场的高质量产品。白人母亲为了养育健康完美的孩子而放弃配方奶粉，日本妈妈为孩子精心准备符合自然时令的便当盒，在中国，效率、积累、人力资本这类经济词汇也被司空见惯地用来组织儿童的能量。对父母而言，城市独生子女似乎成了巨变时代里阶级地位恐慌的投射、公共福利撤退后家中“唯一的希望”，他们理所当然地享受着家庭无尽的关怀与投入，成为家中骄纵的“小皇帝”。

然而关宜馨试图对抗这种将复杂、矛盾的日常养育实践还原为政治经济进程的简化论。面对极其缺乏安全感的昆明家长，她用共情而非鄙夷的态度来理解他们的讲述。尽管家长们貌似“功利”的养育投入可以被视为一种家庭资本转化、阶级再生产的微观机制，但家长们普遍清晰地感受到，孩子的未来甚至要比自己这一代更加缺乏保障。如果下一代自己的未来都变得岌岌可危，如何期待他们能提供什么代际回报呢？又怎能过于放大家长们养育投入中的利益渴望与理性计算呢？

当然，关宜馨也提醒我们，家长们并不是随波逐流地投身于社会设定的养育竞赛中，相反，他们对自己和孩子的社会境遇有着清晰的觉察（这种觉察远超对他们的批判性分析文本中所写的），也明白社会竞争的规则有多么不合理，然而周遭的所见所闻也告诉他们，一旦无视竞争的规则，承担相应代价的就是自己的孩子。家长们别无选择，只能参与其中。正如书中的教育专家王玲玲所说，市场经济“不相信眼泪”，应试教育亦如此。在关宜馨看来，挣扎在时代漩涡里的家长们与其说是在迷恋主流意识形态推崇的地位与成功，倒不如说是在践行一种存在主义的生活态度，别无选择时，只有正面迎击。

人类学家从不愿意将具体的生活经验简化为宏大的历史进程，相反，人类学家总在关心普通人的日常生活如何反映出他们对美好生活的理解和追求。拨开“阶级焦虑”这一模糊的论断，关宜馨发现，中国家长的养育投入中往往蕴含着一种“为孩子尽力”的道德安慰。然而究竟怎样才算“尽力”？这个问题并没有标准或规范，而是涉及“道德能动性”（moral agency）发挥的空间。关宜馨把“道德能动性”定位在制约着行动者的关系网络、结构环境和人的作用力之间。她将养育孩子与治理国家类比，认为二者都仰赖一种“布置的技艺”（the art of disposition）。中国家长们尽管深知自己的养育投入受到各种外部力量的限制，无法强求结果总能如愿，但这并不意味着他们只能被动承受一切，对他们来说，发挥“道德能动性”就意味着像战场上的军师一般去施展这种“布置的技艺”，磨练敏锐的眼光，巧妙地部署条件，掌握出动的时机。

“布置的技艺”源于福柯对治理术的讨论，这一概念强调，预期的效果可以通过恰当的安排、部署而自发产生。关宜馨由此联想到汉学家余莲（François Jullien）对中国古典哲学中“势”的分析。中文里的“势”难以在英文里找到对应的能指。安玛莉·莫尔（Annemarie Mol 2014）曾有言，真正有助于增进对话、扩充文化想象力的并不是术语的跨文化翻译（translation），而是术语的移植（transplant）；翻译掩盖差异，而移植则凸显差异。因此，作者在英文原著中保留了“势”的中文表达，以提醒读者这个术语背后非西方的认知方式。如果说“势”指向某种可以累积、消散、变化，同时也会对人形成影响的趋向性（propensity），那么“布置”的行动就为人们对“势”的驾驭、操纵、把握开辟了空间。

古代高明的政治家们总能“依情势行事”，因势利导、趋利避害，用最小的代价换取最大的成效。“势”的观念提醒人们，每一种现实都可以被人巧妙地操作，从而引导事件的进程向着有利于自身的方向发展。因此，磨练敏锐的眼光、掌握行动的时机就变得无比重要：当机遇出现时要及时把握，在劣势累积到一定程度之前要及时扭转挽回。在这个意义上，“道德能动性”的施展并不在于对结构的臣服或抵抗，而是通过与眼下的情势脉动协调合作而产生效力。所谓“布置的技艺”，就是一种“审时度势”的实践。

“创造条件”就是这种“布置的技艺”在育儿领域最为典型的体现。这一日常语言中包含的本体论想象是，不同的“条件”会对置身其中的人产生无形的影响，同时，“条件”本身也可以被人主动提供、巧妙配置。对家长们来说，创造条件不但意味着为孩子提供好的教育机会、资源，创造积极的成长环境，也包含了对突发事件的及时处理，对潜在危机的提前应对——比如想方设法给老师留下好印象以避免孩子在教室里被忽视、排挤，或是在孩子对学业感到彻底厌恶之前重建他对学习的兴趣和信心。“创造条件”的行动依然仰赖于对“势”的把握，家长们只有磨练敏锐的观察力，学会“乘势而为”，才能拥有为孩子的成长保驾护航的能力。然而这种注重“得时”的行动智慧也蕴含着道德悲剧——如果事情没能向着理想的方向发展，家长们也只能责怪自己误判了形势、错失了时机。

乍看之下，“创造条件”只不过是新自由主义秩序下普通人为自己生活负责的一种表现。但它也让量小力微的家长们在育儿这片前途未卜的海域中依然看到了一些能动性施展的空间。在对“创造条件”这一行动哲学的诠释中，关宜馨向我们展示了这样一种可能：即便不对人类经验进行简化、还原，我们依然可以提出一种关于行动的“理论”，这种理论将外部力量关系置于人类主体性之上，但也强调，承受外部影响的人亦具有发挥主动性、将事物引向特定目标的能力。作为一种中国家长习以为常的养育之道，“创造条件”超越了决定论与个体控制、再生产与抵抗的二分法，展现出一种根植于中国本土思想的另类权力观。这样的权力观让作者不必在人类学的人本主义与反人本主义取向之间做非此即彼的选择。她借这些中国父母的养育策略提醒读者们，厘清外部条件的限制和人类能动性的限度，是一项重要的道德命题——如果我们可以更加懂得“审时度势”、学会判断什么可控、什么不可控，什么可以为之，什么必须为之，或许也能为自己应对这千头万绪的现实世界增添一份笃定和勇气。

—

如今距离作者开启本书的田野调查已经过去二十年。二十年间，中国的教育领域亦是沧海桑田。中国的高校扩招肇始于1999年，此后数年里，学历文凭在就业市场上不断遭遇缩水。孩子读大学貌似变得更容易了，但中产阶级的安全感却愈发脆弱。21世纪初的教育部门就已经在不断呼喊减少学生的课业负担的口号，然而这从未抚平家长们心中的惶惶不安，在当时，“减负”的要求反而让市场承接起中产家长们的教育焦虑，风生水起的教育培训成为二十年来中国增长最快的行业之一。令人意料之外的是，闳宇崇楼溃于一夜之间。随着2021年“双减”[①]政策落地，学科培训的市场化被明令禁止，“课外辅导”的盈利空间被挤压殆尽，知名教育培训机构纷纷进行业务转型。在国家的强力干预之下，一个从人才筛选机制中衍生出的行业几近崩塌。当教育竞争似乎失去了重要的基础设施，三点半放学的孩子们，是否真的过上了更加轻松的生活？

关宜馨在本书开篇坦言，初入中国的她原本打算研究的是“童年的医疗化”问题，这一思路受到了玛格丽特·洛克（Margaret Lock）通过日本的“拒学综合征”检视其现代性的症候的启发。然而来到昆明这座内陆小城后，她看到更多的并不是“童年的医疗化”，而是对父母行为的“问题化”。如今社会竞争赛道依然在不断收窄，对千禧年之后出生的一代

① “双减”政策的目标是减轻义务教育阶段学生作业负担、校外培训负担，其中不仅对教育机构减少作业总量、时长做出了规定，同时也要求学科培训机构统一登记为非营利机构、严禁资本化运作，且不得占用法定节假日进行学科培训。

人来说，从中学到大学，每一个暂时安全的彼岸都变成了新一轮竞赛的起点。社会生存的压力与痛苦也不断从成年人的生活向儿童的世界下沉。二十年后的今天，青少年抑郁症早已在校园里不甚稀奇，小学教室里的ADHD诊断率也与日俱增，精神科、儿童心理科的诊室内外坐满了愁容满面的家长。“生病的孩子”的确成了真切的时代症状。

写作本文时，我就生活在作者当年的田野地昆明。马加爵的故事依然留在这座城市并不久远的记忆中。或许人们已经不记得谁是徐力，但不久前才宣判的吴谢宇弑母案又在舆论场上掀起新的波澜。二十年来此消彼长的“好学生犯案”一直被专家们视为映照中国教育弊端的一面镜子。不变的是，亲子关系和家庭环境依旧是众矢之的，把一切归咎于“有问题的父母、有问题的养育”已经成为最方便的诊断叙事。而孩子的成长道路如何被社会历史环境所塑造，仍是鲜少被讨论的话题。

关宜馨从未轻易地倒向主流话语，相反，作为一个生长在美式教育文化中的学者，她在中国家长们看似寻常的养育策略中发现了一种异于西方想象的行动哲学。她的立场反映出蒂姆·英戈尔德（Tim Ingold）倡导的人类学做法，即向“和我们一起工作”的人学习他们在这个星球上的生存智慧。然而作为一个回到故土的人类学者，我的文化参照系和知识批判目标与关宜馨不尽相同。在共情普通人的处境、借他人之眼反思自己浸没其中的文化日常之外，我也试图去追问，究竟怎样做才能让“与我一起工作”的这些人生活得更好。

重新用中文阅读一遍这部熟悉的作品让我倍感亲切，如同透过父母的视角回溯了一遍自己长大成人的历程。书中的许多人物都让我有似曾相识之感。那位猛烈抨击教育体制、又不得不让孩子加入这场无稽竞赛的邓先生，让我想起高中时候的班主任——入学第一天他就向全班同学坦言，高考制度有不合理的成分，但我们不得不去面对它。这样的“不得不”或许不只是中产家庭独有的困境，而是竞争体系之下挣扎求生的渺小个体共享的处境。和我一样，如今关宜馨研究的那一代孩子——思文、晓明、吴琳琳们都已长大成人。年少时的我们，曾无比确信《我的青春谁做主》里崇尚的自主与自由，倔强地对抗过父母的好意，对他们满怀关切的劝告嗤之以鼻。如今我的不少同龄人也有了孩子。当我们这些当年的“孩子”开始成为家长，要如何面对教育环境中种种新的“情势”？在下一代的养育问题上，我们是否超越了父母当年面对的困境呢？抑或是，我们比自己的父母更加懂得审时度势了吗？

的确有越来越多的父母们开始勇敢地尝试种种“另类选择”：试图挣脱“高考”赛道的中产阶级开始放眼全球，为孩子谋求一个更宽松的成长环境；不愿孩子的生命力在应试体制中折损的家长们奔向苍山洱海，把教室建在田园之间。这些调转方向的努力并不意味着这部二十年前的研究失效了，恰恰相反，在主流教育体制内外，不变的正是为人父母的道德面向——家长们依然面临着左右为难的情感挣扎，也依然在努力配置手边的“条件”，即便他们如今为孩子营造的美好人生可能通向“林中的另一条路”。

安孟竹

2024 年 4 月

献给我的父母，他们是毫无疑问的模范。

用砖砌造的特点在于，其魅力来自老化、不规则甚至不完美带来的效果。

——安德鲁·普拉姆里奇（Andrew Plumridge）

和维姆·莫伊伦坎普（Wim Meulenkamp），

《砖砌工程：建筑与设计》(*Brickwork: Architecture and Design*)

目　录

导　言

陈佳玲对女儿小珍只有好意，不过她有时过于严厉了一点。例如有一次，上三年级的小珍邀请我参观她的教室。小珍刚在我的笔记本上写下自己的学校和班级，陈佳玲便试图把笔记本拿过去，检查女儿的字迹是否清晰可辨。她大概还觉得从笔迹中能看出女儿是否认真自觉。这当然让小珍很是不耐烦，她把笔记本紧紧贴在胸前。

陈佳玲有些尴尬，转向我解释道："小珍不喜欢我们检查她的作业。"

对陈佳玲而言，培养孩子能在愈发严苛的教育体系中进行竞争，和将孩子看作自主主体施以尊重，这两者之间要取得微妙的平衡。前者需要对细微之处进行管理，例如把日常交流当成家庭作业来审视检查。后者——这一观念产生自有关良好育儿的全球话语，则与前者的直觉相悖。对陈佳玲这位母亲来说，这种育儿话语具有尤为严肃和实际的意涵——

毕竟，我是在一家大医院的精神科病房见到这家人的，当时小珍告诉我，她正因“压力太大”接受治疗。

陈女士本想把女儿的日程塞满教育活动，但眼下小珍的情况让她三思。在小珍入院前，她和身边的许多家长一样，把小珍的生活安排得满满当当。她担心如果不这么做，小珍会竞争不过其他孩子。结束了学校里一周的学业后，小珍的周末始于八点半到十二点的英语课。十二点后，母女俩一起吃午饭。紧接着是一点半到两点半的小提琴课，然后是三点到六点的绘画课。周日的时间则用来洗澡和完成次日要交的学校作业。

由于陈佳玲自己没有因来回奔波感到疲惫，她便觉得朝气蓬勃的小珍应该也不会有什么问题。但她错了。2004 年春节假期的一个晚上，陈佳玲接到婆婆的电话（当时小珍和奶奶住在一起）。这时已是午夜过后几个钟头了。小珍一直在发脾气。她抑制不住地大哭，说自己睡不着、身子哪里不舒服、感觉不对劲。陈佳玲和小珍的父亲都赶了过来，一家人最终决定把小珍送去医院。他们想不明白问题究竟出在哪。是不是因为她当天下午吃的巧克力？巧克力让她睡不着？她的不舒服到底是怎么一回事？

他们先去了儿科，然后被转到精神科。医生做了初步诊断，开了黛力新（Deanxit）和镇静剂。随后，接近黎明时分，小珍的“症状”再次发作，把陈佳玲完全看呆了。小珍又开始大发脾气，哭喊着抱怨皮肤痒得厉害，还用脚跺着地面。当镇静剂开始起作用时，小珍才终于在母亲的怀里睡着了。

接下来的几周里，奇怪难忍的瘙痒仍在持续。甚至小珍在学校里也发作起来。在家，她的脾气越来越“怪异”。她极易沮丧，甚至动不动就生气，还一直有睡眠障碍。尽管她又去医院看了妇科，看了神经科，做了 CT 检查（什么问题也没发现），又做了一次精神科检查以评估初次的诊断，处方也从黛力新换成了百忧解（Prozac），但她的症状不仅没消失，反而更频繁地发作——在家里、在课上。小珍的脾气变得愈发不好，吵着要玩她长大后早已失去兴趣的游戏，比如捉迷藏和猜颜色。她原本是很认真的学生，但现在对家庭作业变得越来越不上心。

之后小珍又去看医生，医生开的药从百忧解换成了赛乐特（Seroxat）——应该是为了稳定她的情绪，以及一种名为丙戊酸的神经性药物——这是因为小珍已经开始对父母表现出攻击性倾向。然而，几星期过去了，情况仍未好转。于是，在其后另一次就诊时，医生建议小珍住院进行心理治疗，说这样治疗会更“系统”。我就是在这时第一次见到小珍和她的父母。

在我后来约陈佳玲接受访谈时，小珍的情况已经有所改善。但这和医院的治疗没什么关系。陈佳玲告诉我：“我感觉没有什么实质性的帮助。我不知道对她有没有好处。”过了没一会，她又说了一遍同样的话，语气更坚决：“我跟你说，没有任何效果。”她本来期待的“系统的心理治疗”从没实现过。[①] 但有一点出人意料：小珍在医院里待得很开心。她和每个人都相处融洽——医生，护士，甚至那个到处背诵名著名篇、自称作者的疯癫青少年。我造访病房时，是小珍来接

① 医生可能指的是系统式家庭疗法（systemic family therapy），这是家庭疗法的一个流派，而不是对具体疗法的描述。

我，和我聊天，俨然把护士站变成了社交空间。

陈佳玲觉得，真要说起来的话，小珍的情况改善可能与她和小珍父亲做出的决定关系更大——他们决定搬回自小珍出生起一家人居住的小区。老社区的邻里关系十分亲密，因为所有家庭都曾在同一单位工作，这是社会主义革命和建设时期留下的遗产。而住在昆明市开发区的新建小区时，他们谁也不认识，甚至连住对面的邻居也不来往。在原来的小区里，至少还有六个孩子也是猪年出生，但在新小区，孩子们都不在院子里玩。曾经，陈佳玲觉得这是高档生活的一个额外好处，她会觉得："哎呀，没有朋友是最好的！你有更多时间学习。"但她后来意识到这是个错误，"忽视了孩子的天性"。小珍其实非常孤单。

而且，陈佳玲可能在老师施加的压力之外又额外增加了压力。小珍上一年级时，她的一位老师会在下课铃响后拖堂，一直拖到下节课上课。即使小珍想上厕所，她也不敢举手，她会憋很久，最后尿在裤子里。小珍相当"自觉"和"认真"，甚至会在半夜醒来检查第二天的书包是否装好。因担心迟到，她把闹钟调到早上五点半，这是因为老师会出于各种原因责骂和公开羞辱学生，包括迟到、未完成或弄丢家庭作业、忘记带书以及开小差。

小珍的经历让陈佳玲认真思考起"尊重"的含义，特别是尊重孩子意见的重要性——借助大众媒体广泛传播的育儿建议让这种观念在中产阶级家长中流行起来。她决定不再给小珍"强加"任何兴趣爱好，只给女儿报名她自己感兴趣的课程。在生病事件发生前，陈佳玲会坚决给小珍安排课外学习内容，她想："以后竞争会非常激烈，如果没有一技之长，就没法适应社会。”小珍要是提出抗议、不想练小提琴，就会挨骂。“哎呀，她会哭，她会忍着眼泪练琴。”

“所有这些，”陈佳玲回首过往，说道，“真的有点残忍。”

我用陈佳玲和女儿的故事为本书开篇，以引出形塑当代中国中产阶级家庭生活的诸种压力。尽管小珍一家人与精神病学和药物的遭遇显得不同寻常，但围绕小珍疾病发生的事件指向不少人的共同经历：城市生活的压力、学校的严格纪律、社会竞争的加剧、某种心理学常识的出现，以及面对不确定的未来时母亲劳动的加剧。在刚开始展开后来成为本书的研究时，我意图收集有关中国的童年医疗化的民族志材料，这是受了玛格丽特·洛克对日本出现的“拒学综合征”的研究启发——在这种状态下，孩子表面上想去上学，但最后却在床上待了一天。“拒学综合征”只是诸多“文明病”中的一种，其他还包括“公寓神经症”和“上班族抑郁症”。在1980年代的日本，这些疾病类别使社会问题变得可识别且适于医疗管理（洛克 1991）[511—512]。

我本以为会在中国发现类似的情形，因为我在初步调研时看到，“心理健康”一词在谈及成人与儿童相处的流行杂志和专业文献中随处可见。我想知道有关心理健康的论述有没有延伸到临床管理的方面。在日本，人们似乎对儿童的心理健康有着深切的关注，我于是推测在中国也能发现社会问题的医疗化现象，它同样关注儿童的身体。但是，我在2004年开始田野调查时却遇到了麻烦。童年的医疗化并非足够普遍的现象——至少从昆明这个西南内陆的小城市来看是这样。我最终意识到，在中国，针对儿童和青少年病痛的反应更多是教育性的，而不是医疗性的。

纵然小珍的情况比较特殊，但事实上，中国社会对儿童的心理健康的确有着广泛的关注。当然，身心健康快乐并不是唯一的关注点。父母之间争相培养优秀的孩子、教师之间争相产出优秀的考试成绩、学校之间争相实现优秀的升学率，这些往往胜过一切其他考量，“教育愿望”可谓极其强烈（任柯安 2011）。然而，对教育成就的普遍追求也伴随着心理问题的阴影。对陈佳玲而言，是她那令人不安的个人经历促使她重新考虑让女儿在竞争中争先的巨大热情。而对其他父母来说，引发思虑的可能是邻居或同事、侄女或侄子的经历，也可能是报纸上读到的某个9岁孩子试图服毒自杀的惨剧。

心理健康问题变得重要起来，部分与阎云翔（2011）指出的道德变迁和对幸福与人生意义理解的个体化有关，部分与市场经济之下生活的现实压力有关，部分也与心理学话语被政治工具化以促进民族振兴和“社会和谐”有关。① 不过，这种情况并不必然导致童年的医疗化，反而，心理健康问题主要被视为一个关乎全社会的教育问题。② 党组织、学校、社区和家长都要承担起责任，确保年轻人的心理健康。到了二十一世纪初，“心理健康”概念已成为官方政策层面的关注点。下至小学，上到大学，各级学校都要将促进心理健

① 另见凯博文等（Arthur Kleinman et al. 2011）和J. Yang（2012，2014）。

② 有趣的是，政策文件《教育部关于加强中小学心理健康教育的若干意见》要求警惕对心理健康问题的医学化和道德化：“[我们]不能把学生的心理问题简单归结为思想品德问题。[我们]要注意防止心理健康教育医学化和学科化的倾向。”（教育部 1999，VI.2）

康纳入课程设计，有些学校甚至开设了心理健康和压力管理的必修课。社区的责任更大，需要确保有益健康的环境，并为年轻人提供有益健康的活动。同时，在育儿专家的指导下，父母也要学习如何控制自己的迫切愿望和专断的行事方式。

在中国，给父母的流行建议经由官方和大众渠道广泛传播。建议指南、流行电视节目和杂志、地方报纸、网络讨论、学校组织的讲座以及人们的亲友圈子中均能发现它们的身影。在陈佳玲谈及尊重孩子意见的重要性时，她援引了一个愈发普遍的看法，即应当尊重儿童、将其当作拥有自决权的自主主体来对待（纳夫塔利［Orna Naftali］2009，2010）。当陈佳玲对自己的观念——即成人应该对孩子抱有哪些期望——产生怀疑时，她实际上是在进行专家希望每个家长都能学会的自我反思。陈佳玲的经历可归入中国社会以儿童为中心的大趋势里，这一趋势始于数十年前的独生子女政策，此后，专家用关注儿童内心生活来定义良好育儿的做法加强了这种趋势。从文化上看，这一点意义重大，因为中国的社会化非常重视培养孩子对社会关系的敏感性，希望培养出善与他人相处、精于阅读微妙细节和发现他人需求的个体。在重视关系而非个体的社会体系中，内在心理根本无足轻重。然而，在中国向市场经济过渡的背景下，内心丰富却脆弱的心理儿童的概念出现或者说重现了（见第一章）。[①] 家庭里，需要社会化的不再是不成熟的孩子，而是有问题的父母。

---

① 中国的儿童心理话语和阿德里·库斯罗研究的纽约中上层家庭的“宽容的个人主义”（soft individualism）心理之间有许多共通的主题（2004）。

在复杂的社会问题被还原为个体问题（最常见的是被看成母亲的问题，即她无法抑制对孩子的期望和情绪）的意义上，父母育儿行为的问题化与童年的医疗化并无不同。但就相关建议的激增来说，二者确有不同，因为父母育儿行为的问题化不仅意在改变有问题的个人，而且更重要地，它要在文化本身的层面上实现变革。育儿建议的相关文献中常见下面这种说法，即认为有问题的育儿方式是一种文化现象："中国父母对孩子的关爱，可以说居于'世界领先'水平，但他们像爱财产那样的爱，限制了孩子的自由，不尊重孩子的基本权利。"（陈山原，张健丽 2003）248①

根据专家的说法，中国父母太"唠叨"，他们"揠苗助长"、"恨铁不成钢"、"多管闲事"、笃信"棍棒底下出孝子"、"小题大做"。他们对待自己的孩子就像对待"盆栽"、"精美瓷器"和"私有财产"。他们的管理方式如此专断，以至于孩子的个性、主动性和创造性潜能——这些都是科学进步、企业成功乃至国家伟大复兴必不可少的品质——太轻易就被抹杀了。陈佳玲就是那种典型的会让专家错愕的家长。但对她本人而言，重要的是什么？有问题的父母这种建构遮蔽了什么？如果说文化人类学家的任务是对看似有问题的行为背后的逻辑进行阐释，那么，对这种表面上看起来的"残酷"之举（例如对三年级的孩子期望过高），民族志能够阐明什么？她的巨大育儿热情在何种经验背景下说得通？

本书关注重大历史变革背景下的育儿——这一变革一直

① 关于其他领域中的自由话语，参见莉萨·霍夫曼（Lisa Hoffman 2006，2010）。

以来由国家设计。在这一语境中，“工程设计”（engineering）不仅仅是隐喻。后毛泽东时代伊始便作为政府现代化计划的基石实施的独生子女政策，其背后的设计师恰恰主要是受过控制论训练的控制系统工程师（葛苏珊［Susan Greenhalgh］2003）。他们关注数量，认为将家庭私人生活与国家计划联系起来的独生子女政策是解决阻碍中国现代化道路的人口危机的唯一办法。与此同时，中国的众多技术官僚也关注个体构成的质量问题，他们提出的计划基于这样的信念，即经济的现代化和主体的现代化密不可分。后毛泽东时代的头十年，有关“人的现代化”的讨论众多（巴肯［Børge Bakken］2000）[60—66]，国家主义的关切进入大众领域。家庭的日常生活应置于这一控制之下的变革的大历史背景下理解。在中国，养育孩子既是私人问题，也是政治问题。

不过，本书不只是讨论育儿的政治，而是将当代生活的道德能动性（moral agency）问题作为核心关注。在事事看起来都被“自上而下”决定并受到周遭条件制约的情况下，是否还有可能将人类行动理论化、同时避免将生活经验还原为大尺度的历史进程？我以陈佳玲和小珍的故事开篇，因为她们代表了后毛泽东时代政府的生命政治知识和控制的两个关键节点：“好妈妈”和“高素质儿童”。这些主体位置属于中国的人口关切和治理技术所特有的规范化机制（葛苏珊，韦爱德［Edwin A. Winckler］2005）。尽管这一政治现实不容忽视，但如果因此便认为普通人的生活最好参照更大的社会秩序来解释，这将是不幸的错误和自负。当然，在微观和宏观之间建立关联是社会科学家的工作，但（尤其是）在阐释当代中国的情况时，我们必须贴近手头的民族志材料。

中国的社会现实充满矛盾和不一致，这给实际的行动者带来了持续的挑战——他们需要调和相互矛盾的道德善好（moral goods）并寻找实现个人效能的机会。开篇的案例会让人联想到美国等发达国家中产家庭的疯狂生活，而中国背景下的家庭生活可能更加极端，因为中国仍是一个受到诸种不均衡挑战的发展中国家，例如，存在于人口规模和可用资源之间、大学毕业生的过量生产和无法吸纳过剩白领劳动力的经济之间、良好育儿的新标准和社会竞争的现实之间的不平衡。这些不平衡对中产阶级的志向和渴望构成了巨大挑战，产生了一种中国特有的焦虑和不安全感。反过来，这种日常生活中弥漫的深层不安也调动起同样是中国特有的行动脚本。

本书的最终目的，是通过研究普通父母采取的实际策略如何以潜移默化、非英雄主义的方式提出了一种植根于中国本土思想的替代性权力理论，来试图缓和人类学思想中一对持久的张力，即人文主义和反人文主义解释之间的张力。本书甚至会提出，在国家权力与个人权力之间，在治理术与行动者对现实效力的关注之间，存在着某种对应关系。传统的人类学解读倾向于把国家和机构的治理技术归入“权力”范畴，把普通人的“反应”归入“能动性”和“抵抗”范畴，而我则从一个简单且显而易见的前提出发，即一切人类活动均被卷入由各种观念、人和物构成的关系网络之中。这一前提承认，所有行动都以行动者置身其中的周遭环境为先决条件，无论这个行动者是人、组织还是国家机构。同时，它也承认，所有行动者均参与到了重要的因果链之中，因行动本身的不同产生了大大小小的实际不同。①

“道教世界的因果是一种影响和反应的关系，”一位中国哲学学者写道，“无论是一朵花、一只松鼠、一个人、一片森林还是一个国家，影响和反应都采取在环境中自然形成的模式。”（柏啸虎［Brian J. Bruya］2010）[213—214] 在道教世界中，对影响和反应的理解与“气”的概念（连接和遍布不同生命形式的循环能量）息息相关，而我则将用“情动性”（affectivity）的概念来阐释中国的人口工程及中产阶级的育儿实践②。与人的情绪不同，情动性更广泛地指向人、物和环境

---

① 我对“行动者”的理解受到新亚里士多德主义哲学（汉娜·阿伦特［Hannah Arendt］［1958］1998；谢里尔·马丁利［Cheryl Mattingly］2010，2012，2014；玛莎·努斯鲍姆［Martha Nussbaum］1990，［1986］2001；伯纳德·威廉斯［Bernard Williams］1981）、行动者网络理论（白馥兰［Francesca Bray］2013；雷天助［James Laidlaw］2010；布鲁诺·拉图尔［Bruno Latour］2005）和格雷戈里·贝特森（Gregory Bateson）对自我的控制论理解的影响。尤其受到贝特森的影响，我将行动者理解为许多子系统的组合体。与此同时，单个行动者也可能只是其他更大系统的一个组成部分。例如，我写下当前这句话的能力与我的消化系统有关，后者让我得以将今天早餐的能量转化为页面上的文字。这些文字将继续在与消化无关的其他系统中发挥作用。如何定义一个行动者，一个行动者在何处结束，另一个行动者从哪里开始，这些都取决于关注点。人类学中，我们倾向于谈论人类行动者。按照行动者网络理论，可以只将一个行动者看成更大活动网络中的一个节点。

② 本书在援引理论文本时，将“affect”译为“情动”，参见汪民安，郭晓彦主编《生产（第11辑）：德勒兹与情动》，南京：江苏人民出版社，2016年。在其他地方则依语境将其译为“影响”“情感”“感染”等，以强调“affect”一词在英文中的多重意涵，同时在“emotion”需同“affect”作区分时，将前者译为“情绪”。——译者

施加影响和受到影响的能力和易感性。① 人的活动与非人活动的区别在于，人类行动者有能力对事物进行策略性的精心处置和安排，以此操控现实（余莲［1992］1995）。如何以及何时做到这一点、怎样辨识既存的限制条件和人之能动性限度之间的关系，是一个伦理问题。

国家复兴工程

在《走进孩子的心灵》一书中，中国的大众教育专家王晓春这样写道："有些家长找我来咨询，劈头就说：'王老师，我到您这里来，就是要讨点招数，回去治我的孩子。'"王老师将这种思路称为"有害"的，他告诉这样的父母，"问题首先不在于怎样教育孩子，而在于怎样理解孩子"（2000）[2]。与中国许多其他给出育儿建议的大众专家一样，王晓春推崇儿童心理富有深度、充满复杂性的观点。好的育儿会关注孩子的内心世界，培养孩子的性格、自信、主动性、创造性思维和整体"素质"。相较之下，不好的育儿不仅无法培养孩子的主体性，还会在无意中导致悲剧的发生。孙云晓和卜卫认为，儿童的心

---

① 我对情动的理解受到我在社会理论近来的"情动转向"（"affective turn"）（我将在第 7 章对此进行讨论）与中国思想（即道教哲学）之间发现的共鸣的启发。在情动理论中，"情动"（affect）通常指"施加影响和受到影响的能力"。中国思想中的类似观念被英译为"influence"，这个译法抓住了对流变的调适这层意涵。对于我的研究目的而言，"情动"（affect）和"影响"（influence）都是有帮助的术语。"情动"指向因果关系——因与果（cause and effect），"影响"则给人呼吸般的生命力之感。

理健康问题源自成人，他们写道："大人爱孩子，关心孩子，希望自己的孩子身体健康，但很少有父母能够关注孩子的心理健康，有些父母甚至还没有意识到或正视孩子的心理问题，有些父母甚至在不知不觉中制造新的心理悲剧。"（1997）[319]

诚如尼古拉斯·罗斯（Nikolas Rose）所言，这种向内心生活的转向并非一个私人议题。恰恰相反，主体性的强化是与治理模式联系在一起的，后者在政治议程与"过上美好生活的个人工程"之间制造了对称性（1990）[10, 51]。这一点在素质教育改革的教育改革运动中最为明显。针对家长的建议是这个运动中的一部分，在这里，国家议程和家族希望都汇聚于如何培养孩子全面发展这个问题上。在这一背景下，"心理学"（不光指代精神病学和其他心理学学科，也包括流行建议在内的诸种非正式的主体形塑技术）促成了"倡导家庭作为个人志向之所在，与家庭成为某种产出适应性强和负责任公民的'社会机器'的必要性，这两者之间的调和"（罗斯 1996）[163]。虽然罗斯论述的是西方自由主义社会，但其见解有助于理解为什么在后毛泽东时代的中国，儿童的内在心理成为良好育儿的核心。尽管私人与公共的区分并不适用，但从计划经济向市场经济的转型正是以主体塑造之技艺为轴心的，这一过程被希望能通过向人们灌输企业家精神和创新精神来制造适应市场社会和全球经济要求的公民主体。①

在后毛泽东时代的现代化目标中，素质教育改革运动占有重要地位，它被定位为一项终将使中国立于世界最强国之

① 关于"自我的力量"如何在国家管控的背景下得到释放，可参见《中国的私有化》（*Privatizing China*，2008）。

林的项目。正如一本课程改革指南所言："中国是一个具有悠久历史的文明古国，对于人类文明的发展曾做出过举世公认的、不可磨灭的伟大贡献。然而，从1840年鸦片战争开始，种种错综复杂的原因使我国的发展落后于西方发达国家。对于我国这样一个发展中国家来说，本次课程改革对于中华民族的伟大复兴具有深远的意义。"（朱慕菊 2002）[5—6] 与此同时，在育儿建议的相关文献中，一个令人费解的问题时常被提起：为何中国高中生年年都能在国际常识奥林匹克竞赛和国际数学奥林匹克竞赛中斩获冠军，但在国内接受教育的科学家却从未获过诺贝尔奖？在回答中国缘何"落后"的问题时，专家们将其归咎于从学校到家长再到中国文化的各方。

在如此背景之下，家庭生活不再是私人议题。在毛泽东时代，革命动员、集体化和家务劳动的社会化阻止了私人家庭领域的形成，而在后毛泽东时代，普通家庭必须直接配合人口项目、依法限制家庭规模。普通父母（尤其是母亲）也被赋予了重大责任，在大众专业知识的指导下，协力培养高素质人才。他们的努力将有助于弥补"无知无识的大众"严重缺乏素质的状况（安德训 1995）。

1980年代，一些育儿建议在"优生优育"的口号下传播开来。这些建议关注育儿的"科学"技巧和理性化，旨在培养拥有高智商和强健身体的孩子（尚帕涅［Susan Champagne］1992；伍宁［Terry Woronov］2007）。到了90年代，可以看到这类建议产生了显著的转变，这反映了1992年邓小平南巡开启的深化经济改革的逻辑，这种转变在国家层面转向更"以人为本"的治理，以及最重要的，经济战略从依赖廉价劳动力转向建设知识经济（葛苏珊 2011）[21]。好父母的形象不再是帮助孩子提高和完善的技术专家。父母转而成为伦理主体，致力于治理和提升自己。以“素质教育”之名提出育儿建议的流行专家鼓励父母于自己内心找寻一种“自然”态度。为了重新找到这种“自然”态度，好的父母会关注和调控自己的感受和行为，不好的父母则会阻碍能促成国家转型的人之潜能的表达，甚至可能酿成“新的精神悲剧”。

不过流行建议只是更大的人口工程的一个组成部分，而后者有着相互抵牾的面向。令所有政策制定者、教育工作者和家长无可奈何的是，在学业竞争中胜出最终超过了所有其他考量。在改革政策和流行建议的话语空间之外，以应试为核心的中国教育体制不仅依然稳固，而且其内部的竞争甚至加剧了。许多中国人坚持认为，考虑到中国的人口规模，用考试来衡量学生是最合理的，而且在一个为人处事往往要靠巴结讨好的文化中，考试仍然是最公平的方法。与此同时，历史和经济因素也加剧了竞争的要求——1990 年代末的亚洲金融危机之后，高等教育的扩张催生了更多的大学毕业生，超过了经济所能吸纳的限度。①

我在 2000 年代中期结识的父母，在看到他们自己行业的初级职位竞争有多么激烈时，都颇感学历通胀带来的巨大压力。大学文凭的贬值，加上社会对教育程度的看重，造就了卡罗琳 · 许（Carolyn Hsu）对哈尔滨的研究中所描述的那种状况：甚至在招聘餐厅服务员时，雇主也要看大学文凭，经理

---

① 苏珊 · 布雷恩贝克（Susanne Bregnbæk）对北京精英大学生的研究也发现了素质教育工程的主要矛盾。大学生努力平衡自我牺牲和自我实现这两个并存的社会要求，生活在存在的两难境地之下（2010，2011）。

们则用雇员的高学历来打动外国同行和当地顾客（2007）[170]。毛泽东时代的中国看重为人民服务和为国家服务的价值，而如今，中国社会业已迅速转变为个人奋斗的社会，一种“人上人”的风气跨越了城乡之别。阎云翔指出，成功变得“对个人而言至关重要，因为只有人上人才能拥有各种权力和特权，它们反过来又会给个人带来尊严和社会尊重”（2013）[271]。难怪“不要输在起跑线上”会成为中国中产阶级家长的流行语。在日益层级化的教育系统（它既位于日益分层的社会中，也进一步催生了社会分层）中，收获有分量的文凭从选择正确的学前教育就开始了。

虽然推动1990年代末高等教育扩张的主要是经济因素（预计扩张会通过各种机制刺激经济），不过该政策也得到了学者的支持，他们“补充道，提高国家的平均受教育水平也能达成提高人口素质的目标”（任柯安 2011）[86]。政府实现现代化和提升中国国际地位的宏伟计划，总体上似乎正在产生成效。以联合国的人类发展指数（HDI，其中包含平均受教育指数）为例，葛苏珊指出，中国的人类发展指数从1980年的55.9提高到了2005年的77.7，增加了21.8，而美国和日本的增加值只有6到7（2011）[73]。在综合国力指数（CNP）这一将中国与其竞争对手进行比较的国家指数中，也能看到巨大提升，特别是在人力资本领域——它由“劳动年龄人口占世界总人口的比例和平均受教育年限”来衡量（葛苏珊 2011）[111]。1980年至1998年期间，中国的综合国力指数上升了6.4%，而美国的指数则下降了3%。

葛苏珊正确地指出，中国在1980年代以来发生的巨大转变，必须归功于国家在管理人口规模和提高人口“素质”方面投入的精力和关注。这是一项彻头彻尾的生命政治工程。如果说在近代早期的欧洲，“生命进入历史”产生了新的知识对象和权力主体，即“歇斯底里的女人、手淫儿童、马尔萨斯式的夫妇、性倒错的成人”①，那么在后毛泽东时代的中国，新的知识对象和权力主体便是“高素质儿童”和“好妈妈”。②父母和孩子为了保持健康、规训自我、积累文化资本以及在学业竞争中求生所做的一切微观努力，都同时为宏观层面的国家建构（nation building）做了贡献。家庭愿意承担学校教育相关的经济负担，这支撑了教育系统的大规模扩张，因为家庭支付的额外费用为学校的建设和改进提供了资金（任柯安，Li Shanfeng 2010）。反过来，教育系统的大规模扩张也有助于提高人力资本的总体水平，而且很可能是中国经济从依赖低技能劳动力转向由信息、知识和创新驱动的决定性因素。

定位道德经验

中国转型的速度和强度很大程度上源于微观层面的喧嚣奔忙，其中就包括普通父母为确保孩子学业顺利做出的日常努力，与此同时也要照顾到孩子的心理自我。不过，我将当代中国育儿置于人口工程的背景下，绝不是在暗示人们被欺骗和操

① ［法］米歇尔·福柯著，佘碧平译，《性经验史》（增订版），上海：上海人民出版社，2002 年，第 78—79 页。——译者

② 参见福柯（［1976］1990）[105, 141]；葛苏珊（2011）；葛苏珊和韦爱德（2005）。

纵为国家辛勤劳作。事实上，本书正是对意识形态神秘化观点的批判，这种观点在研究资本主义之下的母职时很常见。

芭芭拉·卡茨·罗特曼（Barbara Katz Rothman）认为，当母亲对孩子进行如厕“训练”时，她们就是在援用技术的意识形态。她还指出，资本主义意识形态将导致母职的无产阶级化：“现在的婴儿，至少健康的白人婴儿，是非常贵重的产品。母亲则好似南非的钻石矿工，是生产贵重产品所需的廉价的、可消耗的、不太值得信赖的劳动力。”（1994）[149] 类似地，在日本，母职是确保家庭和工作之间连续性的劳动形式（菲尔德［Norma Field］1995）。看似单纯的午餐便当盒形象，若经阿尔都塞式的解读，则揭示出一种压迫形式，使日本的母亲和孩子受制于学历社会的规范化秩序（艾利森 1996）。“对特定世界的常识性接受是意识形态作用的结果，它通过掩盖我们日常生活中的强制和压制性元素来起作用，同时也通过让这些日常生活成为熟悉的、令人向往的和我们自己的来起作用。”（艾利森 1996）[83]①

虽然中国人类学关于童年、阶级和人口政治的文献多采用主体化而非意识形态的理论框架——这些文献强调行动主体的形成过程，而不是强调服务于生产关系再生产的扭曲机制——但仍留有一些怀疑，即怀疑个体的主体经验是一种误识。② 文献中描摹的图景是这样的：在现在的中国，权力的运

---

① 客观地说，艾利森的解读有其精细复杂之处——她认为在准备便当时有创造性发挥的空间，但她的论点最终还是偏向意识形态的运作。

② 不过阿尔都塞式的解释框架也是存在的，例如艾华（Harriet Evans）在后毛泽东时代颂扬妇女情感能力的话语中发（转下页）

作形式比此前更为隐蔽，中国的父母（特别是母亲，她们内化了社会准则，占据了“好妈妈”的主体位置）对孩子野心过大，将他们视为工程项目，沉迷于制造完美的孩子。① 在其重要文章《中国的儿童和国家超越》（“Children and National Transcendence in China”）中，安德训敏锐捕捉到了作为体验问题的不确定性，提出了细致复杂的论点，但其核心的分析性隐喻仍在暗示“误识”：“今天，（独生子女）孩子成为自恋的欲望对象，在一个正在经历快速经济转型的社会中，阶级地位侵蚀的焦虑越来越多地被移置（displace）到了这个对象上。”（1997a）[199] 出于阶级地位的焦虑，家长们实践了某种拜物教形式，赋予营养品、益智玩具和备考资料等商品以魔力。（1997a）[218]②

我结识的父母的确感到负担沉重，他们确实雄心勃勃又焦虑不安。但他们所知道和认识到的要胜过对他们的批判性分析所写的。在一项对巴布亚新几内亚的乌拉普米安基督徒（Urapmin Christians）的道德困境的研究中，乔尔·罗宾斯

（接上页）现对女性主体性的“询唤”（hailing）（2012）[134]。在更普遍的人类学学科中，阿尔都塞的声音也依然存在，例如《全球中产阶级》（*The Global Middle Classes*）一书的导言这样写道：“政治和企业领导者对日益普遍的主体 / 公民［中产阶级］的询唤。”（Heiman, Liechty, and Freeman 2012）[7]

① 另一幅图景是这样的：中国的父母被儒家思想禁锢，在为人父母的权威中寻得宽慰，并遵照儒家的等级逻辑将自己的愿望强加给孩子。

② 关于从经济角度阐释儿童抚养，另见安德训（2008）。安德训指出，对童年的管理“牵涉到一种强迫型的商品拜物教（obsessive commodity fetishism）”（63），而“真正的心理痛苦”却不受重视（71）。

（Joel Robbins）认为，“人们很清楚地意识到他们所运用的各种文化资源及其之间的矛盾之处”（2004）[14]。乌拉普米安基督徒陷入的两难境地是要在关注个人救赎的同时平衡社区义务，城市中产阶级母亲陷入的两难境地则是要在高度竞争性教育体制的要求之下平衡对孩子幸福的关注。这样的矛盾暴露了社会理论的局限性，后者未能很好地解释特定社会秩序的不一致或不连贯之处。如果一个社会秩序中矛盾多过有序，那么要求主体遵从特定制度——无论这个制度是亲属制度、宗教教条，还是现代资本主义——的过程到底有多完全和彻底？将日常经验还原为政治经济秩序的解释不仅没能把握现实中的人们如何经验生活，也错失了审视不一致、多重性、讽刺和微妙转变的良机。

关注道德能动性和道德体验能补救结构性分析与政治经济分析的还原论，同时也避免退回到预设理性和道德自主之主体的那种人文主义——对这种人文主义的忧虑贯穿人类学理论的历史。① “道德体验”指的是位于社会规范和道德准则的力量与行动者深思熟虑、仔细权衡处境并努力做出相应反应的能力之间的中间地带（兰贝克［Michael Lambek］2010）（罗宾斯 2004）[14, 315—316]。当行动者所处的情境与既包括历史/文化又包括个体特质的多种力量相交时，他们进行的回应会具有相当程度的独特性。这种独特性反映了给定情境的偶

① 关于19世纪的早期例子，参见爱德华·泰勒（Edward Tylor）的经典文章《文化的科学》（“The Science of Culture”）（［1873］2010）[30—31]。关于当代文献中对这种忧虑的讨论，参见谢里·奥特纳（Sherry Ortner）的《人类学与社会理论》（*Anthropology and Social Theory*）（2006），特别是第127页和第131页。

发性。

这种研究取向最具代表性的文献（也许是首个此类研究），是乌尼·维坎（Unni Wikan）的《管理动荡的心灵》（*Managing Turbulent Hearts*）（1990）。这部民族志是对特定区域研究传统的批判，维坎认为，用于解释巴厘人生活的剧场框架，特别是克利福德·格尔茨（Clifford Geertz）的主张"巴厘人更多受到美学而非美德的驱使"，没能注意到巴厘人活生生的生活体验。维坎在书中反复提及一位名叫苏里亚蒂（Suriati）的女人的故事，为的是展现以保持镇定著称的巴厘人背后的内心挣扎。① 她的研究进路不是将内在主体性颂扬为一种人类的本真性领域，而是着重讨论了生活中的劳作（work）。她告诉我们，巴厘人实际上敏锐地意识到了他们的存在主义焦虑，"经常抱怨'有太多事要操心'"（27）。"事件的巧合和多重的关切"需要他们来管理——"如何在这个世界上寻找方向、展开行动、确保平安，在达成实际目的的同时也不失掉尊严：谋生、获得地位、维系珍贵的纽带、保持心灵的平静"（108）。

在关注伦理和道德领域时，人类学家对判断对与错不感兴趣。正如迈克尔·兰贝克在《日常伦理》（*Ordinary Ethics*）一书的导言中所说："我们的伦理学既非规定性的，也不是普遍主义的（在倡导统一的全球权利或努力争取某种公共善好的意义上）。"（2010）[6] 人类学家真正感兴趣的是日常生活所需的实践理性的运用，以及"什么是我想追求的善好"的问

① 对男性和女性的期望都是存在的，不过女性尤其"需要光彩照人"（维坎 1990）[24]。

题（马丁利 1998a，1998b，2012，2014）。

诚然，人类学家长期以来都能通过证明其逻辑连贯性来相对化地看待表面看来有问题的道德系统，但他们没能进行系统理论化的，是普通人如何应对社会中同时存在的相互冲突的道德价值，更不用说个人生活中的价值冲突。人类学家也未曾想过把伦理视为超越研究方法之外的议题——直到大约十年前“新道德人类学”的出现，这主要是受到福柯对古希腊-罗马的伦理学研究的影响。① 这场新对话的领军者将人类学学科对道德这样普遍之物的忽视归咎于涂尔干——他将道德与社会、善好与集体混为一谈，从而使对伦理的阐述成为一个“既无必要，也无可能”的独立理论问题（雷天助 2002）[312]（兹贡［Jarrett Zigon］2008）[32—36]。但普通人无时无刻不在与伦理纠缠。它是日常生活中离不开的一部分（达斯［Veena Das］2012；马丁利 2014）。

看似矛盾的是，道德人类学将评判作为核心关注点，而文化相对主义则系统地避免评判。但这里需要注意：文化相对主义避免的是对异于西方的道德体系的评判，而道德人类学则意在研究人们如何评判自己、评判自己的处境和评判共同体的其他成员。人们怎样对如何行动做出评判？为什么他们会因无法控制的事情责备自己？人们如何努力缩小他们认为自己应当所是和他们认为自己实际所是之间的差距？②

---

① 参见罗宾斯（2012）。

② 有趣的是，研究中国的人类学家对日常伦理研究的贡献主要集中在“评判”上（石瑞［Charles Stafford］2013）。例如，欧爱玲（Ellen Oxfeld）（2010）的研究展示了对他人铭记社会债务能力的评判如何广泛渗入广东省的一个农业社群的生活。

在追寻道德体验的过程中，人类学家描摹行动者为弄清自己能控制和不能控制的、需要负责和不用负责的之间的界限所进行的劳作。这个界限是如何划分的因文化和社会而异。例如，现代世俗社会的人们倾向于对自己并不完全负责的后果承担更多责任，因为不再有女巫、鬼神和怨灵来分担责任。道德哲学家伯纳德·威廉斯（1981）用两个卡车司机闯红灯的假想场景直观阐明了这一现象。

第一位卡车司机无意中闯了红灯，撞死了一个他没看到的孩子。第二位卡车司机也是无意中闯了红灯，但他走运一点，因为在他开过时没有孩子突然冲到路上。只是附近刚好有一名警察。鉴于同样的过失行为造成了不同后果，我们可能会认为第一位司机比第二位司机更应受责备，这种看法来自威廉斯所说的“道德运气”（moral luck）。第一位司机会因自己在造成孩子死亡中发挥的作用感到非常糟糕，威廉斯称之为“行为者憾恨”（agent-regret），这表明，在人的行为所处的情境与人的能动和可控范围之间的界限很模糊。在上述情境中，第一位司机不仅会感到行为者憾恨，而且可能会想他是不是本可采取不同的行动，尽管这么做可能是徒劳的。例如，他可能会想，“要是我早五分钟出门就好了”或者“要是我没开小差就好了”。

如果说伦理是日常生活中离不开的一部分，那么我们甚至可以在看似引人反感的行为中发现这样的困境，例如安吉拉·加西亚（Angela Garcia）对新墨西哥州埃斯帕诺拉山谷的母女代际海洛因使用的研究。一位名叫莉萨的妇女因女儿死于海洛因过量而深感悲痛，这种悲痛不仅包括失去女儿的感受，还包括巨大的内疚感——她无法确定女儿的过量是不是有意为之。尽管局外人可能会立马指责莉萨向女儿分享海洛因的不道德，但莉萨自己并没有承担女儿之死的全部责任。在莉萨看来，有些原因和力量远远超出了她的控制，比如她交的前男友们和失效的社会服务（2010）[180]。不过即便如此，行动者还是划清了底线：莉萨心想，如果当时知道女儿很痛苦，或许她本可以做点什么。

中国中产阶级母亲的经历显然远不及埃斯帕诺拉山谷的海洛因成瘾母亲的经历那样令人心碎，但与个体责任有关的伦理问题在这里有着同样的重要性。中国的中产阶级母亲为了让自己心安而进行的伦理劳作（ethical work）至多不过是“平平无奇”。而在最坏的情况下，她们的努力似乎是一种盲目顺从，助长了可怕的现实。用一位教育改革倡导者的话来说：“列宁说过：‘千百万人的习惯势力，是最可怕的势力。’我们都是这千百万的习惯势力中之一，我们或者自觉或者不自觉地充当了给孩子们增压增负的帮凶。”（夏克军 2005）[33]专家批评中国父母不关注心理健康，人类学家或许认为中国父母受制于虚假意识，但我认为，父母的这些野心和焦虑遮蔽了一个道德维度，这一道德维度具体表现为行使道德能动性。陈佳玲之所以把女儿的日程塞得满满当当，是因为她担心，如果不这么做，小珍就会在竞争中被淘汰。诚然，陈佳玲在女儿的小提琴课等活动中注入了某种信念，从而为这种商品形式（私有化的教育商品）赋予了魔力。但这种信念不是只看重工具性的效用，它还关注“在行为本身之中实现的”主张和姿态（道格拉斯［1966］1994）[69]。我听很多妈妈们这样说过：“至少我不会因为当初没尽力去做而后悔。”

道德能动性与我想称之为“努力的伦理”（ethics of

trying）的东西有关。它指向一系列道德经验，它们与遵守规范性道德准则关系不大，而与一种实践哲学关系更紧，这种实践哲学视因果和效用、责任和归咎为其核心关注。在一项对抚养有重病孩子的非裔美国家庭的研究中，谢里尔·马丁利描摹了家人对孩子的希望，与之类似，中国母亲的希望也比乍看上去更为复杂。在马丁利的研究中，希望不仅仅是一厢情愿的念想——希望医学治疗能治愈孩子。在我的研究中，希望远不止于父母对社会地位的渴求和孩子用光宗耀祖的方式来回报父母的愿望。在马丁利和我的研究中，希望都是带来道德负担和伦理责任的实践：希望也就意味着，认定某种形势需要采取行动（马丁利 2010）。对马丁利的关键报道人安德烈娜来说，道德问题意味着她是不是真的竭尽所能为自己生病的孩子寻医问诊（114）。对我的许多报道人而言，在激烈的社会竞争下，自己是不是尽了一切努力为孩子争取好的生活，这构成了道德问题的意涵。

不过，努力显然没那么简单。

在确保孩子具备竞争优势的同时，父母也被要求承担起责任，帮助将孩子培养成适应能力强、有创造力，进而能为增进国家实力做贡献的未来创新者。这种要求具有超越话语层面的现实意义，其影响力不局限于寻求专业帮助的人们。对于学生在攀登学业成功之阶梯时到底要付出多少努力的问题，我认识的人们发自内心地感到困惑。“美国的孩子是玩出来的，中国的孩子是苦出来的”的流行说法道出了这种内心的不平衡。不少小学生都有从国外生活回来的同学，据这些同学说，美国和加拿大的孩子除了玩什么都不干。这让他们对童年有了相对主义的看法（即意识到其他地方的童年可能有所不同），并让他们觉得自己的努力并非理所应当。为什么美国孩子可以玩，他们的国家还强大，而中国孩子很勤奋，国家却孱弱？①

家长们也意识到，学业上的要求往往具有任意性。一次，陈佳玲忘了给小珍的家庭作业签字（这是老师提出的一项常见要求，目的是确保家长参与学校的日常教学工作）。她不是总有机会检查女儿的作业，也没时间在午休时弥补这次的疏忽。这让小珍陷入了负面念头的旋涡：没有家长签字意味着课后会被留下，被老师责骂，继而在家里被责骂——如果陈女士时刻注意、完成老师布置的任务，她本可保护小珍不受这些念头的侵扰。

这类事件造成了一种困境：是做随和的父母，最大限度地促进孩子发挥潜能、获得快乐？还是当高度警觉的家长，时刻关注孩子的学习生活，确保她不在学校里丢脸？在这种历史形成的困境之上，还要再加上各种生活偶发事件，例如工作相关的社会职责的增加、武断认定你的孩子不值得花精力的老师、经常在外出差的丈夫、开始表现得“奇怪”的孩子。这些民族志材料呼唤一种认真对待大众关切的理论框架。这不仅是为了避免结构还原论，也是为了理解生活中能带来某种程度的道德安慰的努力——这种安慰来自知道自己在面

① 一次，小珍在问我迪士尼乐园有哪些好玩的，其间她问了我一连串关于我自己的童年和小学的问题：你有多少家庭作业？你什么时候放学？你几点必须到校？高中怎么样？你的老师严格吗？他们有没有骂你？美国老师更严格还是中国老师更严格？你觉得美国更好玩还是中国更好玩？你喜欢学校吗？她对我的访谈比我对她的访谈做得更好。

对现有的条件限制时已经尽力而为。既然有这些起作用（或反作用）的因素，那么辨识、评估何时重视何时放任、何时行动何时认命就变得尤为重要。

宏观层面的经验

关注道德经验能让我们更贴近“实际”过程，但行动不只发生在这个层面上。在国际层面，强大的中国也有其弱点、现实关注甚至道德努力。葛苏珊对政策制定者的民族志研究发现，“独生子女政策由一种深刻的伦理议程驱动，他们认为这一议程将获得全世界的认可……他们认为，通过对中国人口增长施以决定性控制，中国可以降低整个世界的人口增长率，造福全人类。”（2011）[100] 然而，1980 年代的一系列历史突发事件导致中国在农村地区用强力推行计划生育，招致了西方世界的严厉批评，这让中国的人口规划者“对国际人口界表现出的态度转变感到困惑”（2011）[103]。

在国家层面，现实关注和道德困境体现在国家如何对待艾滋病人和精神病患这样遭污名化的群体上。在《深度中国》（*Deep China*）的一章中，郭金华和凯博文分析道：“当满足某些弱势群体的需求会让国家与主流利益和关切相冲突时，国家必须拒绝或忽视这些群体对完全的、社会认可的人格地位所带来的保护和利益的诉求”，即便这样做会招致国际合法性上的风险（2011）[257]。虽然从西方自由主义的角度看，弱势群体的边缘化是严重的问题，但在中国，污名化实际上是非常深刻的文化逻辑的反映，这种文化逻辑用互惠互利来定义人格。污名化是对威胁社会秩序做出的反应，即对那些没有或没能进行互惠互利的人的反应。污名化植根于对安全的深层文化需要，继而在国家层面得到表达。在这里，郭金华和凯博文并不是在为国家层面的忽视辩护，而是在尝试解释为什么它首先会存在。

最后，教育经费的私有化——它支撑了学校的建设和改进——揭示了努力如何贯穿了社会的每一层级。从自愿支付额外费用将孩子送到合适学校就读的家庭，到为了积聚社会资本而慷慨捐赠的商人，再到出于政治压力为与某位干部的政治晋升野心挂钩的建校项目提供贷款的银行，在中国社会的各层级，人人都在参与竞争。① 这包括整个国家相对于世界发达国家而言的“对现代性的痛苦探索”(关信基 2013)。毋庸置疑，推进发展已经并将持续消耗不计其数的社会与人力成本。

布置的技艺

如今许多人类学家（包括我在内）倾向于认为主体性是被建构的，这其实不算什么新鲜的观点。福柯式的“反人文主义”深深扎根于中国本土思想和社会实践之中。国家统治者和普通父母皆以这样的理解来治理和行事，即没有先于权力关系而存在的“个人的美妙整体”②（福柯 1977）[217]。治理的两个领域——管理国家和抚养孩子——均关涉我想称为“布置的技艺”(art of disposition)的实践。布置的技艺是一

① 这一讨论基于任柯安和 Li（2010）、任柯安（2011）[64] 中的研究。

② 《规训与惩罚》，刘北成，杨远婴译，北京：生活·读书·新知三联书店，1999 年，第 243 页。——译者

种道德实践，它既承认人类活动的嵌入性，又寻求进行策略性操控的机会。这一概念有助于将统治者的治理技术与中产阶级父母的生活管理策略联系起来，也有助于将福柯生涯中期对自发性的兴趣与中国早期政治思想联系起来。我从福柯1978年关于治理术的著名讲座中选取“布置的技艺”这一概念。福柯在授课中提到，欧洲早期对治理术的一个定义是：“治理就是对东西的正确布置，对于这些东西，人有责任把它们引向合适的目的。”（1991）[93] 有趣的是，这一观念是中国哲学中的一个持续主题。

弗朗索瓦·余莲在《势：中国的效力观》（[1992] 1995）一书中指出，“势”的概念——一个远不如“道”或“理”受关注的概念——指向对现实如何运作的一种特定文化理解。从中国早期政治理论到论说如何弹拨乐器的文章，各式文本中均出现了“势”的概念，可译为“倾向”、“趋势”或“布置产生的可能性”①。这一概念至今仍具有相关性——“识时务者为俊杰”和“顺势者昌”这样的说法经久不衰②。“势”的概念对理解当代中国人如何行事处世大有助益。

两种形式的布置

在纪尧姆·德·拉佩里埃（Guillaume de La Perrière）这样的十六世纪中期欧洲作者看来，治理的技艺在诸多方面都与君主的统治相异。主权权力试图在特定领土内的君主权力和其他形式的权力之间划出界线，而治理的技艺则试图在它

---

① 《势：中国的效力观》，卓立译，北京：北京大学出版社，2009年，第6页。——译者

② 感谢阎云翔提醒我关注这些说法。

们之间建立连续性（福柯 1991）[91]。君主对其王国而言是外在和超越的，但治理的技艺则具有内在性（91）。主权的最终目的是遵从法律，而治理的目的则是多元的（91—95）。福柯解释道："对于治理来说，问题并不是把律法施加于人，而是对事物进行布置：运用策略而不是律法，或者把律法用到极限，使它也变成一种策略；采用一些特别的手段达成这种或那种目标"（95，着重部分为我后加）。巧妙的治理并不依赖直接武力，相反，它需要制造环境，使其自发产生预期效果，即增益生产力、健康和负责任的自我管理。效果的产生是通过用特定方式安排事物，通过向多个中心授予权力，以及通过针对他人行动采取行动。在这一理论背景下，治理是一种以复数形式存在的活动，可以简单定义为"指导人行为的技术和程序。对儿童的治理，对灵魂和良心的治理，对家政、城邦或者自身的治理"①（福柯［1994］1997）[81]。

如果说对布置之效力的福柯式关注体现了一种反人文主义，将环境置于人的主体性之上，那么类似观念在中国思想中久已存在。《孙子兵法》（公元前四世纪）就是一例。讨论战争艺术的《孙子兵法》声称，一名士兵的德性——无论他本质上怯懦还是勇敢——不如部署他的方式来得重要。勇气是一种"外在情势的'产物'"，因为"夫兵得其势则怯者勇，失其势则勇者怯"②（引自余莲［1992］1995 第 30 页中引用的评论）。

---

①《自我技术》，汪民安编，北京：北京大学出版社，2015 年，第 3 页。——译者

②《势：中国的效力观》，卓立译，北京：北京大学出版社，2009 年，第 9 页。——译者

中国人对人的主体性和历史情势之间关系的看法与此类似。法家文本《商君书》(公元前四世纪)认为:“社会的公共道德也取决于当时的历史状况:如果大环境因专制集权而变得秩序良好,无人可以再作恶行奸,那么连最坏的强盗也变得可以信任(‘势不能为奸’),而在相反的情况之下,所有的人,甚至德望最高的人,都有被怀疑的可能(‘势得为奸’)。”①(余莲[1992]1995)[178]在这里,律法本身只是一种制造特定环境的策略,这种环境必然能实现特定的效果。十七世纪的王夫之思考从封建主义向中央集权的官僚体制的转变,他认为如此重大的历史变化与秦始皇的个人雄心关系不大,而与世袭制度下职务所要求的个人才能与任职的“蠢人”数量之间的不平衡有关。在封建制度内并存的集中趋势(封地的扩大)之下,这种不平衡催生历史转变便是很自然的了。

到这里,有人可能会说,这些关于布置之效力的观点对文化理论有什么贡献呢?它们只不过是在重申,环境因素比主观因素更具决定性。我承认这有道理。但余莲对布置之效力的讨论所引出的——这也是福柯的治理术讲座未能充分重视的——是布置的技艺构成了一种实践的活动。这一点对理解本书所处理的民族志材料至关重要。尽管从本体论角度看,诸种因素的动态互动产生的作用力或许比个人因素更重要,但总存在人类能够发挥主动性、进行管理和操控的空间。在战场上,要靠优秀的将军来辨别特定战局的趋势走向,以寻

① 《势:中国的效力观》,卓立译,北京:北京大学出版社,2009年,第151—152页。——译者

求战略操纵的机会。如果能及时采取适当的措施，就能得胜。胜利不来自一场英勇的战斗，而是对力量关系施以战术部署的结果。

经典历史小说《三国演义》中"草船借箭"的著名故事堪称典范。为了凑齐急需的箭矢，才华横溢的军事家诸葛亮在浓雾低垂的日子于战鼓声中将船队送至曹军寨前，曹军见状纷纷向船队放箭，实则全射在了船上的草把和布幔上。曹军的视线受浓雾阻碍，导致他们上当受骗。诸葛亮通过对力量关系进行部署（即雾这种偶发的力量），以最小努力达成了最大效用。他的谋略缴获了敌军的十多万支箭矢。

尽管王夫之认为历史进程的趋势有其自身逻辑，但人的因素依然重要。因为要想影响事件的进程，或避免特定的事态发生，就必须在趋势的萌芽阶段进行移轨和转向，否则，在积聚的趋势力量面前，任何努力都微不足道（余莲［1992］1995）[191]。这种理解的关键在于，历史是由行动—反应的辩证法支配的，起初再微小的过渡都会随着时间推移酿成大变。因此，如果特定历史趋势注定要更易并最终自行衰竭，那么只要人能等待时机，一切情况便皆可操控。当对立的趋势处于衰颓之态，这时的辨识、等待和行动才能让效力发挥到极致。①

余莲将此解释为对"道德恒常性"的重视，需要"坚固的心志"，还要与时间的进程共存（［1992］1995）[202]。这样一来，原本微不足道的人类主体性便通过与既存环境合作而

① 例如，那些在专制国家鼎盛时期反抗它的人只会"被它击溃"，而那些能够等到"不能时行者自行解体"的人则将受益良多（引自余莲［1992］1995）[200]。

非对抗实现了最大化。① 道教文本《庄子》中“庖丁解牛”的故事能够进一步说明这一能动性模式。在这个故事中，一名普通厨师宰牛时遵循由牛的内部肌理筋骨等物质所决定的天然构造而运刀，并以此了然养生之道（布林德利［Brindley］2010）[59]。布置的技艺并不总是和部署军队有关，它只是要求认识到那些对可能的行动过程产生决定性作用的他者力量。正如余莲所言，在中国，实践理性（“务实之理”）“便是结合运行中的势，任势载其前行而为其带来效益”②（［1992］1995）[263]。

以上这些可能都带着机会主义和盲目顺从的意味，其效果也有可能确是如此。余莲在“赞颂”君子之淡时承认了这种可能性，即，君子避免只依附某一种才性，而是通过培养平淡无味的性格以确保多面向完整性格的发展（［1991］2004）[59—61]。而这正是我的观点所在：尽管中国中产阶级的育儿可能显得庸常、盲从和机会主义，但母亲的努力依然表达了一种尽力去做和精心布置的伦理。就像古代文献中的将领和统治者，父母要努力辨识，找出主动出击和利用趋势的机会。他们面临着可怕的外部力量——竞争，它足以将人淘汰出局。我结识的父母们担心，最细微之处可能就会促成或破坏孩子的成功机会。所以当机会出现时，把握住它们极为重要。这一语境中的“机会”包括那些“文化”类的机会，

① 萨巴·马木德（Saba Mahmood）所描述的一群虔诚的埃及妇女自愿服从的那些日常实践也可以看成是展演了一种参与式的主体性（2005）。

② 《势：中国的效力观》，卓立译，北京：北京大学出版社，2009年，第233页。——译者

例如随处可见的课外班，它们承诺将提高孩子的“素质”，从而赋予孩子竞争优势。机会也可以包括情势上的机会——赶在负面趋势积聚力量之前就对其进行疏导和转移。

对陈佳玲这样的母亲来说，当代中国社会并存的各种矛盾倾向让考虑可能的行动方向成为一件麻烦事。用课外辅导将女儿的日程塞得满满当当是出于对某种历史趋势的辨识，但这一行动方向使她无法看到另一趋势：小珍的不快乐。这让陈佳玲产生了“行为者憾恨”——或许我本可以做点什么。

这表明，尽管中国早期思想中的布置的技艺关注的是工具性效用，但对我的报道人而言，布置的技艺具有显著的伦理维度。正因为行动者在面对积聚起来的力量时几乎无能为力，所以在能够做出努力的时候和方面，尽力去做就变得格外重要。

我将围绕“安排”和“布置”（即一种管理和操控活力与流向的方式）的中心意象展开接下来的讨论，希望能在不同层级的权力运作之间建立起某种程度的对应关系。从根本上看，这是一个重新构想权力概念的实验，我希望能给出一个框架，它一方面能顾及政治理性、专家知识和经济转型方面的考量，另一方面也能顾及行动者的权力观，即对个体效用和影响能力的关注。我意识到，说国家的所作所为和人民的所作所为之间存在任何相似性也许都是违背常理的——尤其是考虑到在这个国家中，有权和无权的人之间存在着非常真实和问题重重的差别。我不否认这一现实，但我想（冒着认可中国古代“精英”文本的风险）指出，不同层级之间的互应是一个相当古老的思想。它不是我的发明。

冯珠娣（Judith Farquhar）和张其成的研究几近提出了一

种替代性的权力理论，本书也在很大程度上受到他们的文章《北京生命政治》(“Biopolitical Beijing”)(2005)的启发。他们认为，北京老人的养生实践——太极、舞剑、交际舞、饮食和营养、控制情绪——是一种生命政治形式，必须放在国家逐渐撤销医疗保障以及晚近历史中剥夺生命的政治实践的大背景中理解。而有趣的是，他们对养生中生命与权力交汇方式的理解是研究现代权力的理论家们未曾设想的。两位作者认为，养生指南会援引《春秋》(公元前五世纪)这样的古老典籍，这些典籍以君主修身养性的能力来评估其统治；在这类指南的启发下的养生活动践行了一种“非现代”(2005)[304]的权力形态。对养生实践者来说，以君王之法行使对自己生命的主权能够产生力量和功效——即便只是在个人意义上。如此养生即便是同时在与国家合作，也“创造了一个独立的空间”(2005)[323]。

城市中产阶级母亲尽心尽力培养既在学业上有竞争力又心理健康、充满个性和快乐的孩子，似乎可将此过程看成她们被骗去为国家议程服务。诚然，驱使父母不断鞭策孩子的焦虑与这样的现实状况脱不了干系：如今，个人和家庭要对自己的生活保障负责，“铁饭碗”不再保障一切。但是，如果把母亲的付出和努力仅仅看作某些隐蔽力量的表达或是权力的变种，那么就会掩盖多种力量和影响的真实并存。其中一些力量与政治经济有关，另一些则与之无关。在普通母亲处理自己眼前的现实问题时，即便同时与国家合作，她们仍创造了一个独立空间。在这个空间中，我们可以发现“治理术”。虽然政治情境和个人情境二者要求的是不同的安排，为的是实现不同的目的，但我认为，如果我们愿意沿着政治—

个人的连续谱重新分配权力、脆弱性和现实关切，那么或许能够拓展思考和阐释的可能性乃至如何生活的可能性。要做到这一点，必须彻底摒弃二元对立，转而追随过程。

布置的技艺的意涵其实很简单。以聚餐为例。组织聚餐的女主人的主体性并不及她的布置和安排能力重要：她是否有能力让多种异质元素进行互动，从渲染特定情绪的灯光到谁与谁邻座，再到开胃小菜的摆放以及它们的安排是否有利于交际。这些能力比女主人本人是否和蔼可亲、慷慨大方或幽默风趣更加重要，毕竟充满个人魅力的女主人也可能组织糟糕的聚会。在陈佳玲的案例中，对小珍的病情而言，没有什么比重新安排关系元素更重要的了。一家人搬回以前居住的小区，缩短了家和学校之间的地理距离以及和邻里之间的社会距离，他们认为这在很大程度上改善了小珍的状况。尽管陈佳玲的主体性（在事后进行反思）在此过程中发挥了重要作用，但产生更大效用的还要属在院子里激活孩子们的能动性，这有效地减轻了严苛的学校生活给小珍带来的压力——哪怕只能维持几年时间。

本书的研究

《不确定的爱》基于多年的文本研究，材料包括儿童和教育相关的国家官方文件、大众流行杂志、电视节目、报纸和针对父母的指南类书籍。民族志调研主要于 2004 年进行，此外 2006 年秋季和 2010 年夏季也有过短期田野调查。我观察了云南省省会昆明市的“新中产阶级”的育儿课程和讲座、中小学课堂和家庭生活。中国的“中产阶级”绝非预先给定的实体概念，而我是根据消费能力将我研究中的家庭归入这一范畴的（张鹂 2010）。我结识的都是双薪家庭，其中不少有休闲旅游的习惯，部分拥有房产和私家车，其中每个家庭都将大量精力和金钱投入独生子女的教育上。我结识的父母出生于 1960 年代末和 1970 年代初，自己也都受过教育。他们比“失落的一代”要年轻，大多数都有大学学历。在我交往密切的十个家庭中，九个是汉族家庭。

我对心理健康咨询师、专家、学校教师和家长们进行了无结构访谈。在研究过程中，我让报道人告诉我他们印象深刻的专家，以此确认流行的建议和育儿行为之间的关联。我记下他们回忆的故事和例子，然后在育儿指南文本中寻找它们。有的时候，家长会直接给我提供他们阅读内容的副本。

一位报道人向我推荐了本书第五章要讨论的流行电视剧。我对这部剧进行了详细分析，试着理解为什么它特别能引起这位报道人的共鸣，以及为何这部剧总体上广受欢迎。虽然过分关注文本往往会让人类学家皱起眉头，但我还是将民族志研究与对流行文本的分析结合在一起，因为后者也是故事的关键行动者。流行文本在重新定义好的育儿进而催生道德困境方面发挥了重要作用。需要指出的是，我所采取的研究进路与诸如文化研究中常用的方法不太一样。我不是从文本开始，然后询问人们对其的反应。我的研究始于人，进而找出哪些文本在占据着这些人的世界。

因为我对流行建议和消费这些建议的人之间的交汇点尤其感兴趣，故我的民族志主要关注专家和父母，特别是母亲。尽管讨论扩展的亲属关系超出了本书的范围，但稍稍提及祖父母是有必要的，因为母亲对祖父母的态度有助于理解讨论的问题所在。在我研究的家庭中，只有一家与祖父母生活在同一屋檐下，在其他的部分家庭中，祖父母会在繁忙时帮忙做晚饭。在开头的片段中，祖母相当多地参与到了小珍的生活中——可能年轻时学外语当翻译的经历让祖母适于成为小珍的家教。但总的来说，我认识的母亲们认为自己必须承担起育儿的全部责任，因为祖父母过于溺爱孩子，也不了解孩子应当避开的各种风险和危险。[①] 此外，中产阶级的育儿行为是高度理性化的，在休闲时间的安排上，预先排好的活动优先（参见拉鲁［Annette Lareau］2011）。这并不是说祖父母不重要，而是代际间的亲密被隐藏在家庭生活的隐秘角落里，而且父母很可能并不全然认同和感激他们自己的父母所做的贡献（参见 Goh Chor Leng Esther 2011）。

研究繁忙的城市家庭极其困难，田野调查的实际情况与马林诺夫斯基一开始神话化的场景——在村庄中央搭起帐篷，观察周遭生活的展开——大相径庭。在我所处的研究环境下，进行民族志研究很像是在洛杉矶（我当时的家）与忙碌的朋友保持联系的过程。我会被邀请到家里吃饭、一同出游、相约去动物园、坐在一起连续喝上几小时普洱茶、分享有趣的

① 举个例子：一位报道人讲述了她公公从外地来拜访的一件事。公公偷偷塞给她 12 岁的儿子 500 元人民币。她恰好撞见儿子把一沓现金收好，于是她劝儿子把钱还给爷爷。儿子听话照办了，但爷爷拒不接受，这让她陷入不得不拒收礼物的尴尬境地。她不得不向公公解释这些钱意味着怎样的“机会”，同时还要考虑到儿子学校周边的“复杂”环境。但两人始终意见不一。她担心自己是否太过直接、缺乏人情味，但还是决定必须坚持和公公讲道理。当她向我讲述这件事时，她不知道公公是否最终会理解她的考虑。

讯息、看场电影、讨论电影，等等。周末，我会和这些家庭的孩子玩游戏，帮助提升他们的英语词汇量。有些情况下，我发现我关注的机构与我已经结识的家庭产生了交集，这让我有了额外角度来理解他们的生活。还有些家庭是我在机构环境中结识的。

我采用个案研究的方法收集材料，将样本量控制在极低的数量，以便从更亲密和更私人的层面了解个人和家庭。考虑到我是一名对昆明当地方言掌握有限的年轻美国女性，我已尽我所能缔造亲密的关系。鉴于我的案例样本量（10 个家庭）很小，我并不会用它们来代表中国城市中产阶级家庭的普遍状况。与任何民族志一样，本书的研究结论只适用于特定时间内的特定人群。尽管我的许多讨论都是围绕我观察到的模式展开的，尽管我时常举出我认为具有代表性的例子，但我还是想提醒读者，对特殊性的关注在理论上和哲学上都是重要的。

生活由语境和历史塑造。但生活也由无数时刻组成，这些时刻关乎人与事的交汇——可能只发生一次，再也不会以完全相同的方式出现。① 人类学是一门关于语境的科学，但它也是且一直都是重视变化 / 差异的实践——跨越时间和空间的变易，个人之间、事件之间的差异。正是本着这种人类学精神，我写下了这本书。

① 参见阿伦特（[1958] 1998）[8]。

第一章

童年的政治

我国企业经济效益低、产品缺乏竞争能力的状况之所以长期得不到改变，农业科学技术之所以得不到普遍推广，宝贵的资源和生态环境之所以不能得到充分利用和保护，人口增长之所以不能得到有效的控制，一些不良的社会风气之所以屡禁不止，原因固然很多，但一个重要的原因是劳动者素质低。

——中共中央、国务院印发

《中国教育改革和发展纲要》，1993

二十一世纪之交，一位叫黄全愈的人描述美国学校和家庭生活的著作在中国市场上出现，让他成了中国城市里家喻户晓的名字。《素质教育在美国》（1999）和《家庭教育在美国》（2001）这两本书中有很多黄全愈在美国读研究生期间养育儿子的经验片段，展示了美国引人羡慕的教育实践。这两本面向大众读者的非理论书籍描摹了普通美国中产阶级的生活（包括家庭生活、义卖活动和足球比赛），旨在揭示中国教育者被认为做错了的地方。①

举一个例子，《素质教育在美国》的第一章讲述了这样一个故事：起初，黄全愈对儿子在美国上的美术课不以为然，不过后来他理解了这个乍看起来完全缺乏结构和目的的课程背后的逻辑。黄全愈用这一经历来质疑创造性能不能教的问题，将孩子的课外兴趣班这样日常的事情与国家命运关联起来。美术课的故事体现了素质教育理念引导下教育者被要求进行的那种转变，其目的是对主体进行现代化来提高中国人口的“素质”。黄全愈在讲这个故事时下的论断极具文化意义：他全然颠覆了有关如何教学的根深蒂固的文化逻辑。

在妻子和三岁的儿子来美国与他团聚之前，黄全愈有次收到了一封家信。信中有一幅传统的宣纸国画，画的是竹子：“疏疏落落的竹叶，斜斜弯弯的竹竿，布局协调，浓淡有致，且远近成趣”（1999）[12]。这幅画简直太好了，黄全愈不敢相信是他三岁的儿子所作。几年后，妻儿已经来到美国，夫妻俩把儿子送到一所大学组织的美术班来继续他的艺术教育。然而，不到五节课后，儿子就开始抱怨，说美术老师一点也不教：“每次都是给一个题目，就让我们自己画啦，想怎么画就怎么画，爱怎么画就怎么画，老师一点不管。画完了老师就知道说‘好哇！好哇！’。”（16）

夫妻俩起初并没有太在意。但儿子抱怨得多了，黄全愈

---

① 黄全愈的著作属于更大的一类有关海外生活的书籍。参见伍宁（2007）对黄全愈著作的深入分析。

便决定亲自去看看是怎么回事。一天，他以送点厚衣服为由去看望儿子，于是目睹了在他看来完全乱作一团的场景。黄全愈回忆道："这天，当值的老师是三个'打工'的美术系研究生。一个男的坐在讲台上，跷着二郎腿望着天花板，一个女的嚼着口香糖在来回巡视，另一个女的望着窗外的鹅毛大雪，若有所思。"（17）与此同时，孩子们画画时都站着、跪着和趴着。在黄全愈看来，他们的作品无论是比例、构图、结构、形状还是规矩都一窍不通。他感觉这些学生甚至连最基本的笔法都不会。这之后，他为儿子退了这堂课，认为这是那种"误人子弟"的绘画班。

后来，黄全愈与一位曾在中国生活和教书的美国小学美术老师聊天，这位老师讲到，她的中国学生在没有参照模型的情况下完全画不出东西，这让黄全愈开始重新思考艺术教育问题。他开始意识到，儿子的艺术水准只是一种"复印"过程的产物。他写道："我开始仔细观察儿子，我发现无论我们给他什么画，他几乎都能惟妙惟肖地画下来，或者说'拷贝'下来，'克隆'下来。但如果要他根据一个命题自己创作一幅画，那就难了。"（1999）[21] 黄全愈认为，这是因为儿子受的教育依照一种简单的传导模式：老师在黑板上画一个样板，学生照着它在纸上重现出来。尽管儿子有足够的技术能力，能画出他这个年龄段来看相当不错的传统国画，但要是给他创作的自由，他却被难住了。他能够复制别人已经做过的东西，但他无法创造自己的东西。

黄全愈的故事意在概括中美之间的所谓教育差异。故事的意义在于，美国教育看似一片混乱，但这恰恰是推进创造力之处。黄全愈后来认识到，孩子的作品有没有良好的比例、构图和结构无关紧要。美国教育者只会提供极少的指导，以鼓励孩子运用自己的想象力。创造力是“教”不了的，但可以通过改变教育方式来提升孩子的主体性。

黄全愈的倡导属于素质教育运动的一部分，素质教育运动是一场由来已久的论辩的新近体现，这一论辩可以追溯到十九世纪末，论辩聚焦于如何实现教育现代化、反对历史上根深蒂固的死记硬背倾向。这种论辩深入中国人对人格对现实本质的理解的核心。黄全愈将传统美术教育定性为一种“复印”过程，这模糊了本土逻辑赋予“复印”的意义。中国有一种强烈的本土文化理念，强调通过模仿来内化各种模式的重要性——无论是文化英雄的义举还是榜样老师的艺术创作。随着时间推移，以“临摹”方式进行、对手头伟大作品进行复制的这种模仿和重复会带来参悟和原创性（巴肯 2000）[134—137，145—146]。正是在个人对外部力量的完全遵从中，才能产生创造的自发性。

值得注意的是，黄全愈用“复印”来描述这一过程，这个词与其他重复型学习的表达同有“重复”之意。不同于“复习”或“反复”尝试，“复印”贬抑地指向一种没什么意义和生命力的机械过程，它无法导向有意义的结果。因此，黄全愈的看法体现了现代自由主义关于主体性的观点，即认为主体性位于个体的内在纵深处，而不是处于影响和反应的动态关系之中——后者在中国本土思想中尤为重要。

这种逻辑上的颠倒产生于何种背景之下？是什么使这种批判成为可能？历经极其屈辱历史之后的文化转型往往会产生“恨”自己拥有的东西的心态（罗宾斯 2004）[9]。就中国而言，这种屈辱通常被追溯至十九世纪鸦片战争的战败。为何一个伟大文明在世界舞台上居于人下？这个问题激发了此后的诸多现代化尝试和努力，其中就包括重新定义好的童年应该是什么样子。二十一世纪初，随着中国为了适应全球知识经济和信息经济整装待发，家庭生活的寻常细节变得尤具政治意义。

现代中国的童年

自 1970 年代末经济改革开始，“儿童”经由独生子女政策持续在思想和实践中与国家命运关联起来。党和国家认为人口规模对经济现代化目标构成了威胁，且现有资源和需求之间存在不匹配，因而实行独生子女政策作为解决方案。该政策实际上意在同时解决两大问题：减少人口规模和提高人口综合素质。在这一背景下，独生子女成为国家希望之所在以及投入和照料的优先对象，他们与所谓要对中国落后负责的“无知无识的大众”形成了对比（安德训 1995）。

当下对儿童的关注和重视是面对外国势力的中国捍卫其尊严的漫长历史的一部分。晚清知识分子向西方寻求思想资源，托马斯·赫胥黎的《进化与伦理》① 成为思考国家境况的一个重要视角（白莉民 2005）[175]。随着 1895 年甲午战争的又一次落败，改革者开始认为儿童教育“对中国的生死存亡至关重要”（175）。传统教育体系被认为让国家青年专注于无用之学，对军事实力或科学创造毫无助益。1898 年颁布的一系

① 中译本即《天演论》。——译者

列改革举措旨在废除科举制度，建立现代学校制度。彼时的重要改革家梁启超认为中国人并不必然不如西方人，而是中国教育要求的死记硬背阻碍了儿童“脑力”的发展（白莉民 2005）[187]。此外，梁启超认为，中国教育把学生当作囚犯对待，这对他们的体力发展有害（195—196）。1905 年清政府颁布的一系列章程正式废除了科举制度，同时强调儿童课程中设置体操课的重要性。

清王朝覆灭后不久，新文化运动（1915—1921）中的知识分子将儿童（同时还有妇女、工人和家庭）视为文化转型和国家振兴之所在（白露［Tani E. Barlow］1994；葛淑娴［Susan L. Glosser］2003）。这些知识分子认为，只有从根本上打破过去，挑战传统权威，促进社会民主，才能实现现代性。他们的变革计划主要从文学入手。新文化运动中的知识分子致力于改革写作实践并试着进行现实主义创作实验（安敏成［Marston Anderson］1990），与此同时，他们中不少人也写作儿童文学、面向儿童写作。他们借由儿童形象来表达对国家发展和国民性格的关注，例如在《上海的儿童》一文中，鲁迅将“衣裤郎当”、“精神萎靡”的中国儿童与不远处“轩昂活泼地玩着走着的外国孩子”作了对比（引自安德训 1997a）[201]。一些知识分子讨论了何为好的童年，他们接受了儿童心理学的发展模式，后者将儿童与成人的世界截然分开。现代儿童文学奠基人周作人认为，中国的成年人不理解儿童以及他们特定年龄段的不同需求，而是“拿‘圣经贤传’尽量地灌下去”（引自安道［Andrew F. Jones］2002）[710]。另一些知识分子则致力于改革家庭关系和育儿方法，这方面的例子包括在国外受训的儿童心理学家陈鹤琴所著的《家庭教育》、鲁迅的文章《我们现在怎样做父亲》和张宗麟的《怎样做合乎时代潮流的父母》("How to Be a Parent That Conforms to Current Trends")。这种对现代童年的探索将在毛泽东时代中断，彼时"农民群众取代儿童成为革命教育的主要对象"(安德训 1997a)[213]。

对儿童的关注在后毛泽东时代得到了恢复，优生学也以运动的形式与计划生育政策的实施同步推进。① 这一时期的优生学思想和实践不仅关乎知识分子，也与普通人息息相关——将普通人的私密、日常实践与一项集体工程关联起来(安德训 1995)。"优生优育"运动对人口质量的普遍关切被集中于个体母亲和孩子的身体和精神之上。婚姻乃至生育周期都成了重要的国家事务，由负责推广节育的计生干部监督(罗丽莎[Lisa Rofel]1999)[149]。

优生优育运动涉及对大众开展教育，向公众广泛传播生殖医学知识。从建议选择受孕时间来孕育聪明的孩子，到建议怀孕期间的饮食和营养，诸多此类文献都将培养高素质人才的巨大责任交与父母(尤其是母亲)。② 优生优育运动的目标之一是尽量减少"有缺陷"新生儿的出生，其实施方式与几十年前西方的优生运动类似(冯客[Frank Dikötter]1998)[160—175]。不过在后毛泽东时代的中国，大部分优生运动构成了一种积极的优生学，强调增益而非减损，教育而非清除。在胎教过程中使用磁带的做法清楚且具体地体现了"优生"和"优育"边界的模糊。一位北京医学院的医生开发的

① 自19世纪末开始，中国知识分子对优生学萌生了极大兴趣。见坂元弘子(Hiroko Sakamoto, 2004)和冯客(1998)。

② 见米尔沃茨(1997)[131]，冯客(1998)[128，132—133]。

胎教方法是，在生育的不同阶段——受孕前、怀孕期间和孩子出生后头几年——分别播放一套三盒西方古典音乐磁带。这位医生在一项后续研究中得出结论，在这些磁带帮助下孕育的儿童更聪明，他们比对照组的儿童更早地进入各发育阶段（米尔沃茨［Milwertz］1997）[131—132]。

在1980年代和1990年代初，人们不只看重儿童的营养和体质，也关注他们的智力发展。苏珊·尚帕涅发现1980年代的育儿指南中满是儿童智力培养的实用建议。这些文献给出了“图表和测试，以便父母能评估孩子的智力；详述了病因，以更好地理解造成智力高低差异的原因；还给出了智力相关术语的具体解释，以更好地帮助父母对孩子进行分类”（1992）[5]。尽管道德教育也很重要，但尚帕涅认为，建议中对智力的关注可能是基于这样一种观念，即智力发展是可以系统地实现和测量的。智力教育应“在正规场合通过单独活动进行，最好能按固定计划定时开展这些活动”（153）。

彼时，人们的确在实施一种“工厂式”的儿童生产模式（后来的教育改革者批评了这一模式），这在当时的畅销书《哈佛女孩刘亦婷》（刘卫华，张欣武［2000］2004）中有所体现。① 刘亦婷出生于1981年，其母刘卫华与其父合写了《哈佛女孩刘亦婷》这本书。刘卫华自怀孕起就为刘亦婷的“科学”培养制订了计划。她在女儿的整个成长过程中都记下

① 我使用的《哈佛女孩刘亦婷》是2004年10月印刷的。这是该书第64次印刷，至此其发行量已达177万册。据《中国图书商报》报道，在2000年和2001年，《哈佛女孩刘亦婷》均跻身全国十大畅销书之列。见《中国图书商报》2005年1月21日的报道《十年最热畅销书》（www.cbbr.com.cn/info_893_1.htm）。

了日记，在写《哈佛女孩刘亦婷》时便参照了这本日记。养育孩子是一个共同完成的项目："当女儿只有两周大时，刘卫华就开始用手指和毛绒玩具追踪她的视线，训练女儿的注意力。到9个月大时，刘卫华会故意把东西放在亦婷够不着的地方，亦婷需要更加努力才能抓到她想要的东西。刘卫华以此教育女儿坚持不懈和克服困难"（伍宁 2007）[37]。当亦婷被交给他人照料时，刘卫华会为照料者提供"自己使用的儿童早教指南的副本。她会要求照料人阅读这些材料，每天按其计划执行，并时常向她汇报女儿的进展"（38）。

1990年代发生了重点的转变——从"优生优育"转向了"素质教育"。这与一些历史发展是同步的：邓小平南巡、市场经济改革、经济飞速发展、公共产品私有化、计划生育去中心化、从减少人口数量到提高人口质量的重点转变、政府绩效优化，以及总体（尽管不完全）迈向新自由主义治理和人口活力增强。① "素质教育"的首次出现是在1988年，在教育部颁布《中共中央国务院关于深化教育改革，全面推进素质教育的决定》（任柯安 2006）[300]（国务院 1999b）这一官方政策文件后，"素质教育"得到了更广泛的使用。"素质教育"起初是教育研究者在《中学教育》《科学教育研究》和《义务教育研究》等专业杂志上用来描述怎样进行能力教学的概念（任柯安 2006）[299]。此后，它成为普通家庭中相对常见的词汇，含义也变得更为宽泛——将人的素质与广义的学习联系起来。

---

① 葛苏珊和韦爱德（2005）以及葛苏珊（2011）对治理的转变进行了精彩讨论。

如果说1980年代的“优生优育”运动和晚近的“素质教育”运动都以科学合法性为标志，那么二者的相异之处在于，素质教育中的“素质”将众多各不相同的治理领域联系在一起，并不局限于生物性的生育过程和养育过程。“素质”话语在乡村发展、国内人口迁移、私营企业和公司文化等不同领域均有体现。它将国家实力和经济发展问题转变为人的提升问题，鼓励个体按自己的意愿行事，从而强化自我负责的意识。尽管“素质”常被用来描述可以通过个人努力来培养的潜能，但素质话语经常会起到为社会和地域等级秩序甚至不正当使用强力正名的作用。① 儿童（尤其是城市儿童）被构造为“价值的储藏库”，与那些无法体现价值的人相对，因而服务于维续“素质”的等级结构（安德训1995，2004）。接受“素质教育”的孩子承载着国家转型的希望，而农民工则象征着人口质量提升工程存在的根本原因。因此，素质话语通过符号暴力遮蔽了农民工对中国飞速发展做出的巨大贡献。②

总之，将儿童与国家命运相关联的做法由来已久，必须在这个大背景下理解教育改革的相关努力。中国教育最近一次遭到质疑与人口治理的扩张以及中国想要更好适应全球知识和信息经济的目标有关（葛苏珊2011）。在黄全愈这样的专家看来，纵然中国的现代化成就在无数摩天大楼和高速公路中轻易可辨，但在人的主体完全实现现代化这方面，还有很

---

① 特别参见伍宁（2003）[5—57] 和阎云翔（2003）。

② 许多研究中国的学者都分析了“素质”话语。见D. Davies（2007），Friedman（2004），卡罗琳·许（2007），任柯安（2006，2007），Murphy（2004），W. Sun（2012），阎云翔（2003）以及L. Zhang（2001）。

长的路要走（2001）[4]。中国的其他专家也有这份担忧，而且很重要的是，政府最高层也有这些关切。自独生子女政策实施以来，从儿童抓起、提高中国人口素质一直都是国家追求的一项协同项目。在这一背景下，日常生活的寻常细节与一个控制论和系统论指导下的（字面意义上的）社会工程项目联系在一起（葛苏珊 2003，2011），受到一系列官方政策文件的指引。这些文件是一种政治技术，表明了国家如何渴望更好的未来并为之努力——与普通民众（尤其是家长）无异。

建设蓝图

伍宁在一篇有关以学校为基础努力提高儿童道德素质的文章中写道："一项关于今天的儿童如何利用他们所掌握的话语资源和物质资源学习自我管理的研究表明，国家如何为培养高质量的儿童设定了可能条件，但它同时也表明，国家划定'素质'概念边界的权力有其局限。"（2009）[569] 伍宁发现，官方和成人的期望与年轻人的实际生活之间存在很大差距。她观察的一堂德育课本想向同学们灌输热爱定期锻炼的观念——这要求艰苦付出和自律，但学生们举出家长太忙等原因来说明他们为何很少锻炼。另一案例中，共青团员在野外徒步活动时带上垃圾食品的新闻报道让成年人感到震惊——这些孩子竟然离开垃圾食品几天都不行。不过，垃圾食品乃更大的消费文化的一部分，而素质教育运动也卷入消费文化之中，因为官员、教师和媒体劝说家庭消费各种商品——食品、书籍、生活用品和人生经历，这些商品承诺提高孩子整体“素质”的方方面面。在伍宁看来，这些例子表明素质教育是一个“内在矛盾的工程，其中国家主导的努力与市场经济的要求相抵牾”(569)。

素质教育运动的确是矛盾的，国家在促进改革方面也的确发挥了关键作用，因为它将教育作为国家振兴的关键战略来优先考虑。但值得注意的是，国家只是更大活动网络中的一个节点。暂且不论政策执行层面的现实复杂性，我将教育改革相关的官方文件视为规定国家前进方向的社会工程项目的（字面意义上的）建设蓝图。

鉴于素质教育项目的内在矛盾性和1999年《全面推进素质教育的决定》的缺乏具体性，伍宁指出，教育改革与其说是蓝图，不如说是种想象（2009）[572—573]。伍宁将缺乏具体性与官方政策的广泛性联系起来是正确的，但我认为，像1999年《全面推进素质教育的决定》这样的文件，就其目的而言相对来说是具体的，而且此类文件本身就是矛盾的。换言之，官方文件很少会像《十诫》那么简单——只是到了具体执行环节才出现复杂性。张力是内在固有的，因为这些文件是在复杂的历史形势下做出的反应和行动：党和国家的合法性有赖于经济上的成功，而经济上的成功又依靠向世界开放和增加国家的人力资本储备。既要保持前者，又要推进后者，这是个棘手的问题。举例而言，指导教育改革的官方文件强调现代化和面向世界，它们鼓励那些能促进独立思考的教学法和切合学生实际的课程设置。但与此同时，也是这些文件要求确保、维护和促进社会主义与党和国家的合法性，并持续强调社会主义德育的重要性。即便在官方话语中也如此充满张力，这提醒我们，国家与人类行动者一样身处历史之中。

事实上，从使用素质教育概念的国家官方文件中，我们可以读出一段历史。国务院印发的《中国教育改革和发展纲要》（1993）是一份重要文件，因为它是在后毛泽东时代的历史分水岭，即“社会主义市场经济”一词的确立和官方呼吁深化经济改革之后制定的。该文件将一系列社会和经济问题归咎于劳动者的较低“素质”，不过在谈及素质问题的解决办法时，该文件并未使用“素质教育”一词。“素质教育”一词首次出现在1999年的《面向21世纪教育振兴行动计划》（国务院1999a）中，推进素质教育是该计划的主要目标之一。1999年的《全面推进素质教育的决定》是对该行动计划的回应，旨在“加快实施科教兴国战略”。

自1999年起，推进素质教育开始出现在关涉教育、儿童、青少年等方面的各种文件中。1999年8月，教育部发布了《教育部关于加强中小学心理健康教育的若干意见》。文件开篇将心理健康教育与素质教育改革联系起来，并引用了1999年《全面推进素质教育的决定》的内容：“[我们]要培养学生坚韧不拔的意志、艰苦奋斗的精神，增强青少年适应社会生活的能力。”教育部在2002年印发的《中小学心理健康教育指导纲要》中重申，心理健康教育是素质教育的一个重要方面，并将关注心理健康问题与促进社会主义美德（如对挫折的忍耐力）相结合。

在《中国儿童发展纲要（2001—2010）》的十年发展规划中，教育部分的内容包括推进素质教育、促进学生的全面发展及其“创新意识、实践能力和科学精神”。相较之下，大约十年前的1992年，国务院印发的《九十年代中国儿童发展规划纲要》中并未提及素质教育。不过，“素质”一词多次出现，如该文件的第一句话："今天的儿童是二十一世纪的主人，儿童的生存、保护和发展是提高人口素质的基础"。还有一条专门强调了"全面发展"（即德、智、体）的重要性。但除此之外，这两份儿童发展纲要的主要篇幅聚焦的是降低母婴死亡率、消除营养不良、普及义务教育、扫除文盲、为儿童构建健康的社会环境等问题。

有关"家庭教育工作"（包括针对父母的教育）的两个重要政策文件也反映了类似的发展过程。《全国家庭教育工作"十五"计划》（全国妇联和教育部 2002）指出，应根据 1999 年《全面推进素质教育的决定》的精神开展工作。相较之下，《全国家庭教育工作"九五"计划》中未曾提及素质教育（全国妇联和国家教委 1996）。不过，《全国家庭教育工作"九五"计划》对"素质"本身有所提及，如在讨论主要目标时有这样一句话："引导家长树立正确的教子观念，掌握科学的教育方法，提高家长素质"（全国妇联和国家教委 1996）。

以上关于素质教育概念如何进入官方话语的简短历史梳理之所以重要，是因为它提醒我们，国家与因果关系网络中的任何其他行动者一样，都要受制于影响与反应的动态过程。诚然，国家是一个重要的权力中心，但它同时也参与到更大的世界中，这个世界被无数力量和线索交织贯穿，国家受这个世界影响，也影响着这个世界。教育改革针对的是一个不断变化的世界，中国渴望成为其中的主要竞争者。将教育政策和现代化关联在一起是有意为之。素质教育概念逐渐进入官方话语的过程，揭示了起初对一项全球化教育事业的关注如何逐步影响了官方话语。反过来，国家（即国务院、教育部和全国妇联）通过发布指示和指导、解释教育改革为何以及会如何改变国家命运，反作用于世界。

作为社会主义国家的治理者，中国政府运用自1949年中华人民共和国成立以来便存在的政治技术，在社会工程中持续发挥着主动作用。各类型的政策制定发布了各式指令和行动指南，其中包括“通知”、“建议”、“纲要”、“决定”和“行动计划”。一些文件的颁布是为了设定五年或十年内要达到的具体目标。可以将此类计划理解为战略设计的工具，在政治权力去中心化的时代，它们成为中央计划的堡垒（关信基 2013）[19]。

“社会主义建设”是后毛泽东时代治理的一个关键概念，“社会工程”的说法不只是个隐喻。中国的统治精英主要由技术官僚组成，他们坚信科学定能设计和规划一个有序的社会。尤其是在改革开放头十年，技术官僚精英们对人的行为的微小细节和生产有关人的提升的知识的新研究领域的发展产生了极大兴趣。他们希望能将此类知识应用于培养现代个体。这些技术官僚精英坚信，现代化和人的发展是齐头并进的，他们将自己的工程学背景应用于制定社会问题的解决方案。例如，航天工程师钱学森提出文化的系统工程，其中涉及发展“教育、科学、文学和艺术、新闻和出版、广播和电视、公共卫生和体育、图书馆、博物馆和消遣娱乐，以及其他提高人们教育水平的活动和机构”（巴肯 2000）[58]。钱学森的计划表明，“人的技术”概念不是研究治理术的学者的理论独创，仅仅用来指向一种刺穿表面的不带感情的工具。“人的技术”是为了对经验世界的实际管理而特意规划出来的。

尽管素质教育运动背后的精神更多反映了1990年代的人文主义而不是1980年代的技术官僚逻辑，但强调该运动重要性的官方文件本身即是技术性的，因为总体而言，政策文件都旨在提供建设计划。与“工程”一样，如果把“技术”理解为人发明的、将精力和注意力引向特定方向的手段，那么“技术”也不只是隐喻。祈祷就是一种技术，它引导信徒的精力和注意力向内集中于自身。期中考试是一种技术，它将班级的共同注意力集中在一个特定主题上。灌溉是一种技术，它将水流引向某个特定方向。考察中国政府政策中常出现的主动动词就会发现，这些文件通过将读者引向一系列优先事项来引导其精力和注意力。经常出现的动词包括：“贯彻”政策、“建立”制度、“奠基”、“创造”条件、“集中”资源、“坚持”重点、“重视”、“进一步”、“推进”、“促进”、“落实/实施”、“优化”、“开展”、“发展”、“拓宽”范围、“深化”改革、“普及”知识，当然还有“提高”素质。有趣的是，这些动词中有不少涉及强化既存的努力，这表明通过鼓励长期的持续行动，国家项目被赋予了“钢铁般坚定的特性”。①

素质教育并不以国家为起始和终点——国家项目本身也嵌入情感关系之中。官方文件表明，政策中开始使用“素质教育”一词是在这个词首次出现在专业教育期刊杂志上的十年后。此外，文本分析表明，素质教育计划的矛盾性可以回溯到官方文件本身，这些文件制定的指导方针既要面对世界谋求发展，又要确保社会主义和党/国家的持续合法性。矛盾充斥着整个中国教育领域。它们不仅存在于普通家长的矛盾

---

① 有人会说，这些都是空洞无物的政治术语。但如果使用口号具有“重要的社会和政治效果”（葛苏珊 2011）[90]，那么这些动词在引导和支持一系列改革举措方面便发挥了重要作用。“钢铁般坚定的特性”这个概念借用了拉图尔（2005）的说法。

心理中、课堂教学中和政策执行过程中，而且国家制定的议程本身也是矛盾的，这让“社会主义现代化”的建设任务蒙上了偶然性和难以预见性。在我偶然看到的一个令人吃惊的案例中，某市政府试图制订详细的官方计划来推进创新工程：2011 年，宁波市斥资 5000 万元人民币，欲在五年内“打造”十个史蒂夫·乔布斯式的领军人才。①

传播育儿知识

如果中国的国家建设工程将宏观议程与微观的普通人自我提升联系起来，那么实际上激活这种联系的是什么？是什么促成了政治雄心和个人志向的结合？

一个关键的结合点可以在中国城市广泛存在的有关养育之道的流行建议中寻得。独生子女政策、社会快速转型和激烈竞争的环境之下，城市的年轻家长急于咨询专家建议。我常听到的一种看法是：“你没当过父母，肯定不能用你父母当初教育你的方法。”与此同时，出版业也急于利用这种育儿书籍的市场需求。（相较于资本主义国家的出版业同行而言）中国出版社直至近来才随着政府撤回支持而获得经济上的独立，因此，如今中国的出版物与其说由意识形态议程决定，不如说更多地由大众兴趣和市场需求决定（孔书玉 2005）。

2000 年，当黄全愈的《素质教育在美国》一书成为畅销书、与大获成功的《哈利·波特》系列同登销量榜时，各大出版社开始注意到素质教育的商业潜力，并着手研究黄全愈

① 《徐冠华：政府造不出来乔布斯》，《新京报》，2012 年 3 月 7 日（http://scitech.people.com.cn/GB/17312132.html）。

的书，试图复制其成功。黄全愈本人在续作《家庭教育在美国》中提到，他的第一本书在一年内就重印了18次。如果把正版和盗版都计算在内，该书在2001年便达到了70万到80万册的流通量（2001）[1—2]。

教育部2000年的"减负"政策对学校组织学生购买规定教科书之外的图书施加限制，这对出版业造成了负面影响（因为学校通常是儿童书籍的一大销路）。此时打着素质教育名号的出版物为出版业缓解了压力。一家出版社社长指出，素质教育的"热度"有望帮助应对政府对学校售书的限制和竞争激烈的图书市场所带来的挑战（李元君2003）。

我在昆明的图书城（多层的大型商场）购物时，最强烈地感受到育儿和教育类书籍的市场需求。这些书店不仅给育儿和教育类书籍划出很大空间，也为相关的大众心理学和励志类书籍留足了位置。有些书店还会举办新书作者的免费讲座。一次，我在一家新华书店听一位当地心理学家作讲座，讲的是"社会转型与心理适应"。这是次很有趣的活动，大家都站着参加，活动进行到最后是签售环节，听众可以在现场买到演讲者的著作。当下的心理学热与此前视心理学为资本主义学科加以批判的情形形成了强烈对比。

除了书籍，还有互联网、报纸上连载的畅销书，《父母必读》《家庭教育》《儿童心理学》等流行杂志，以及中央电视台涉及育儿问题的节目，如《心理访谈》和《实话实说》。地方政府和公办学校在传播大众建议方面也发挥了重要作用。学龄儿童的家长参加学校组织的讲座，讲座内容与商业传播的建议互相应和——即如何理解和增进孩子的主体性。一次，我在昆明的一所重点中学参加了为一年级学生家长举办的讲座。讲座题目是“帮助孩子度过青春期”，讲者谈到青少年的心理需求、他们面临的特殊社会压力、他们在自我意识方面经历的变化，当然还包括如何帮助他们解决学习上的困难。

在昆明，一年级新生的家长必须参加“学前培训班”。[①] 课程讲师们关注的内容各不相同，涉及的主题包括管理期望、表达爱意的重要性、如何与学校合作以及学业上的实用建议（例如怎样从读拼音过渡到读汉字）。这些培训班由当地妇联组织，在孩子入学前的一两个月进行。完成课程会颁发证书，家长凭此证书才能为孩子报名上小学。一旦孩子上了小学，他们会定期带回家一份名为《家庭教育文摘》的报纸，这是《昆明日报》下属的一份报纸。与《人口与家庭》（一份由计划生育办公室发行的建议类报纸，2000 年代初停刊）一样，《家庭教育文摘》也是免费的。

育儿建议经由如此众多渠道流动传播，主要是国家对所谓“家庭教育工作”投入的结果，这再现了社会主义时期的群众动员。在《九十年代中国儿童发展规划纲要》（国务院 1992）以及随后主要由全国妇联起草的一系列文件（全国妇联和国家教委 1996；全国妇联和教育部 2002、2004）中，家庭教育工作旨在多渠道传播教育的“科学方法”来提高父母的“能力”，并向父母提供“正确”的知识和方法。[②] 特别值

① 学前培训班是一系列要求的培训中的第三项。第一项是办理婚姻证要求的培训，第二项是办理生育证要求的培训。

② 《九十年代中国儿童发展规划纲要》是对联合国有关儿童权利的宪章的回应。《九十年代中国儿童发展规划纲要》涉及广泛议题，其中包括生殖健康、母婴健康、食品安全和水安全以及消除文盲。宣传普及家庭教育知识的议题在文件的靠后部分才出现。

得注意的是《全国家庭教育工作“九五”计划》(全国妇联和国家教委 1996)。这份文件为办好“家长学校”进一步指明了方向，并要求加强理论研究，“充分利用现代传媒宣传普及家庭教育知识”。该文件特别指出，电视台和报纸刊物必须承担起责任。正如上一节的讨论所示，这些文件（视其出版日期而定）将议程的重要性与素质教育联系起来。

如果说培养一批全面的、有进取精神的人才来提高人口素质已经成为后毛泽东时代的一个主要政治关切，那么流行专家和专业知识就成了调和国家议程和个人抱负的中介技术。通过赞助和支持育儿专业知识的传播普及，国家（体现为家庭教育工作相关的官方文件）行使了一种权力模式，具体表现为对他人行动采取行动。不过，这种权力模式在中国治国术的历史上并不新鲜，因为自汉代（公元前 206 年至公元 220 年）以来，指导人的行为以及具体指导教育者行为的文本就已经广为流传了。①

---

① 司马安（Anne Behnke Kinney）提醒我们：“虽然汉朝保留了推崇法家的秦朝的大部分机构组织，但儒家思想家认为，与秦的严格律法和责罚相比，道德教育会对犯罪起到更有效的威慑作用。”（2004）[16] 在这种政治思想不断变化的背景下，教育机构在整个帝国内建立起来，古典典籍得到官方的正式确立和支持（14）。这些文本之一的《礼记》将在接下来的两千年里持续成为教育理论和实践的权威来源（白莉民 2005）[16]。《礼记》探讨了童年的不同阶段以及成人应抱有什么期待、何时能传授什么内容。

这一时期，前汉代的“胎教”理念也得到了进一步发展，将胎儿发育与王朝命运联系起来，将教育儿童与为扩大的官僚机构输送人才的实际需要联系起来。刘向《列女传》中的《母仪传》打破了此前的幼儿德育观念，拓展了受教育的年龄，并赋予母亲一个重要职责：她们对孩子道德发展的责任始于胎儿（转下页）

不是自上向下施以强力，而是创造一种教学环境，这样，通过对人作用于自己的能力施加作用，便能自发地产生效果。就当代流行建议而言，只是接触其美学特征就足以带来转变——就算转变微小而短暂。如果提高人口素质被认为是一项奠基性的工程项目，以及（这是我的补充）一个将人（读者）与物（文本）拼合（assemble）在一起的项目，那么流行的专业知识就构成了一种中介技术，将父母的精力和注意力导向特定方向。接下来的两章将具体解释这一过程是怎么发生的——即这些专业建议如何带来改变，但同时也制造了新的困境。下一节我将讨论素质教育运动中模糊性（ambiguity）的作用。

培育情感主体

研究中国的人类学家注意到了素质教育的模糊性和灵活性，指出这一概念和项目缺乏精确定义和具体性。诚然，常有令人意外的内容被塞进素质教育的框架里，这反映了素质教育的官方地位以及它能赋予那些援引“素质教育”话语的人的合法性。① 但模棱两可并不总是偶然意外，也并不必然反映话语的局限或不一致。改革倡导者甚至家长自己都坚持要让素质教育的定义保持模糊性。因此，我想提出的问题是，

（接上页）时期。在一种“对吉利的发端和正确的礼仪的关注”之下，母亲不仅要注意自己的所视、所食、所听和所言，而且要管理自己的仪态（司马安 2004）[21]。孩子出生后，母亲要继续对孩子的环境保持警觉，直至其青年时期——以上这整个育儿项目被认为“总是有效”的（25）。

① 感谢任柯安向我指出这一点。

这种模糊性有没有可能是某一更大历史趋势的逻辑结果。

在黄全愈这样的流行作家看来，素质教育是一种态度、一种取向、一种思维方式。在《素质教育在美国》大获成功后，记者、家长和教育工作者们纷纷让黄全愈对如何开展素质教育给出更具体的指导。但黄全愈强烈拒绝这么做。人人都想要“降低复杂性”和“具体方案或举措”（2001：8—10）。黄全愈坚称，素质教育无法被简单概括和操作化。他认为大家要他拿出一个具体清单来，这本身就暴露了“中国社会的急功近利与浮躁”（2001）[10]。在如此环境下，素质教育不仅会失去意义，也会变得苍白无力（10）。如果创造力——打破规则和常规（92）——是素质教育的核心，那么素质教育应当包含哪些内容就必须是开放的问题，因为创造力实际上就只是一种潜能。

我相信黄全愈真心关注孩子们的幸福成长，我相信当读者要他开出一剂能快速见效的药方、用他自己的话来说就是“点金处方”（9）时，他颇感困扰。对黄全愈这样的作家而言，倡导教育改革能提供一种批判中国社会问题的手段，在这里即一种普遍的谋利心态。但与此同时，不可否认的是，他所鼓励的教育方式也与政府最高层政治考虑的转向之间形成了呼应。改革旨在释放被认为已压抑太久的人的潜能和经济潜能。鉴于此，各类型的治理者都必须重新思考自己的方法，将自身转变为引导者而不是直接统治者。

自1980年代起，中国的知识分子、官员、企业和老百姓开始批评行政干预（奖、惩、定额、命令）“太重”，由此制造出工具理性的被动主体（席格伦 2006）[499]。随着1992年“社会主义市场经济”一词进入官方政策，市场被视为“有利于创造更优的主体性”（500），这反映了重大的概念转变。知识分子和官员指出，计划经济抑制了经济发展和生产力；类似地，教育改革者认为，等级权威限制了人的发展。不同于计划经济制造的被动主体，市场被认为“有利于打造更优秀的公民和企业”；类似地，教育改革者相信，不同于应试教育下的被动主体，素质教育也具有上述作用（500）。计划经济被认为忽视了“价格、货币［原文如此］和税收等经济杠杆在塑造和引导经济上的重要性”（501）；类似地，教育改革者认为儿童主体性的重要性遭到了忽视。这两个层面的改革都强调不干预的重要性，为的是促进治理对象自身内部机制的起效（关宜馨 2012）[1098—1099]。

如果诚如邓小平所言，经济发展必须来自技术突破，那么素质教育计划的模糊性在功能上便与“突破”的性质有关：它是无法预见的。素质教育运动的一大主题在于扩大成功的定义，这与该运动强调的最大限度促进潜能的发挥息息相关。2000 年 2 月，江泽民在政治局常委会议上发表的重要讲话中指出：“也不是只有上了大学，才能成为人才。社会需要的人才是多方面的。‘三百六十行，行行出状元’”（2001）[5]。随后江主席表达了对一系列青少年暴力新闻的关切，而社会需要“多样化人才”的观点业已成为政策关注。通过发展职业和技术教育来促进教育体制的多样化被确立为满足经济多样化需求的战略，中央官员和地方政府都在尝试提高职业和技术培训的吸引力。①

---

① 任柯安描述了为加强职业教育对家庭的吸引力而进行的努力，尽管如此，家庭仍把职业教育看作迫不得已的最后选择（2011）。

黄全愈也试图扩大成功的定义。在《家庭教育在美国》的开篇，他澄清道："本书不是仅仅为培养哈佛天才或牛津奇才而写的，我自己的孩子就不一定上得了这些学校，实不敢信口开河。本书是为普罗大众、为千千万万普通家庭的孩子的素质教育而写的。"（2001）[13] 为了让"普通"概念更具说服力，黄全愈比较了中国和美国的教育。应试教育体制下的中国家庭教育旨在培养虚幻的"天才"，而美国的家庭教育则更注重培养"现实生活的成功者、获胜者"（23）。

尽管素质教育运动常与"中国教育为什么培养不出诺贝尔奖得主"这样的发问相关联，但黄全愈这样的流行作家往往强调平凡普通的价值。下面这段话就很典型："素质教育的宗旨，是最大限度地发掘人的潜能，让人的素质得以最全面地发展。因此，我们应该理直气壮地告诉孩子：'当你的潜能得以最大限度地发挥，你的素质得以全面地发展，你就成功了！'。"（2001）[14] 中国的教育专家通常认为，要想促进人的潜能的充分发挥，正确的态度至关重要——而且只要有正确态度就足够了，在这之外他们往往拒绝给出更具体明确的答案。甚至普通家长也表现出了这种"模糊的逻辑"。我认识的一位父亲在解释他对"优秀"的理解时说，在当今中国社会，一个人不一定要成为某个领域的佼佼者才算是优秀。他告诉我："只要你有一技之长，能找到合适的工作，做你感兴趣、愿意做的事，同时能为社会做贡献，那你就是一个成功的人了。这就很好了。"另一位家长用类似的语言阐明了她对"成为有用的人"的理解——这也是她对女儿的希望："实际上，我认为成为有用的人不一定要按照我给她规划的道路走。而是说，不论她对什么感兴趣，我都想让她自由地说出来。"

这种“潜能”观念带来了新的道德责任和经济责任。如果一个人只要发挥了潜能、只要有机会探索自己的兴趣领域，就能在社会中找到属于自己的位置，那么父母就要负责“挖掘”潜能。他们必须为孩子提供尽可能多的机会去探索和发展个人兴趣，以此挖掘孩子的潜能。父母提供的机会越多，孩子的潜能就越有可能实现。这里的文化逻辑与其说是技术统治论的（即假定一个可量化输入和输出的制造系统），不如说是一种遵循环境反馈环路的情感逻辑。昆明的专家王玲玲援引霍华德·加德纳（Howard Gardner）的观点乐观地说：“肯定有适合你孩子的特长”，因为每个孩子都很聪明（2004）[71]。① 在王玲玲写的一本旨在帮助读者适应时代的指南中，有一章的标题叫做“树立市场经济的育儿心态”，其中王玲玲提到，父母无权代表孩子做决定。“父母只能研究孩子的能力和兴趣，以便创造条件来培养和实现这些能力和兴趣”（112）。

父母要研究孩子这种理念反映了一种历史趋势——有些人称之为“后福特主义”或“丰田主义”，其中生产者和消费者之间形成了一个快速的反馈环路。丰田主义下，工厂和市场之间保持着不间断的直接沟通。福特制生产模式围绕生产展开，然后再进行销售，而丰田主义生产模式则保持“零库存”状态，只有在沟通好市场需求之后才生产商品（哈特 1999）[93—94]。与此类似，家长也应该在对孩子的期望方面保持“零库存”状态，只有在孩子表达意愿之后才开始创造条

① 霍华德·加德纳是一位多产的作家，在哈佛大学教育学院研究生院工作。他在 1983 年的《智能的结构》（*Frames of Mind: The Theory of Multiple Intelligences*）一书中首次阐述了自己的理论。

件。像这样以开放姿态应对儿童的兴趣，便对应上了信息、知识和创新驱动型经济所要求的开放性。父母的灵活、理解和宽容有助于这种经济所依赖的多样化和专业化的发展。经济、教育和个体的多样化是为了制造不同层次的强度，从中可能涌现出意想不到的东西：特长、竞争优势，甚至可能诞生下一个乔布斯。

知名专家孙云晓讲的一个故事能将上述主题串连在一起。他曾结识一位活力四射的女生“秋儿”，她在舞蹈、作曲等方面都极有天赋。让孙云晓大为震惊的是，秋儿在上高二时自杀了。在这件事的震动下，孙云晓与朋友合写了一篇报告文学。在调查写作的过程中，他发现秋儿在上初中时有一些文化课上的弱项，于是，考虑到自身的局限和兴趣点，秋儿决定毕业后报考幼儿师范学校。但秋儿的父母强烈反对，非得让女儿走重点高中上大学这条路。秋儿在高二会考中两门课不及格，还因此与一个男生在交往中感情受挫，这时，她未加犹豫就寻了短见。

故事的最后，孙云晓给家长的建议是：“多问孩子的想法”，还要多加留意孩子的情绪所传达的感受，但无须掌握孩子的一切所思所想（2006）[150]。在孙云晓看来，反应迟钝的父母酿成的悲剧是没能注意到孩子的潜能。他写道，在秋儿的遗体告别仪式上，她的几个同学感叹：“其实，凭秋儿的任何一项特长，都可以过上快乐的生活，她却偏偏败在自己的弱项上，这都是她父母逼的。”（149）

我结识的父母普遍表示会尊重孩子的意愿，会根据他们的兴趣来选择培训班。我的朋友张欣和我讲了她儿子的情况：“比如钢琴，他一回家就不停地练琴、练琴、练琴。然后就不想练了。他觉得太单调了。所以我说，如果学不好，就算了吧，不要紧的。”不过学奥数他们还是坚持了下来，因为“他还是愿意学的。而且没有任何负担。他回家后不用额外做什么。他们就只在课上学”。

通常来说，培养孩子的特长只要考虑孩子的要求或兴趣表达即可，无需太多额外努力，不过我也见过家长谈论用超自然方法来协助判断孩子兴趣的情形。我曾观察过一群母亲热烈讨论一种看手相的测试，它能预测孩子的潜能，早在孩子出生的第一年内就能确认八种主要才能。一位母亲解释道："这个可以帮你决定要培养孩子的哪些方面。”一位母亲认为，因为人的指纹不会变，所以这个测试很有道理。另一位则提到这个测试源自“某个哈佛的人”。此外，还有位母亲觉得这个测试与《易经》这一古老占卜指南或许有什么关系。聊天的最后，大家分享了一些先天残障者的天才事迹，以说明每个人都有隐藏的潜能。挖掘这些潜能正是成人的职责所在。

我结识的家长会把孩子送去各种“特长班”、“特色班”，越多越好，只要孩子受得了。这些特长班包括羽毛球、书法、象棋、中国古典文学、作曲、舞蹈、绘画、电子琴、英语、围棋、奥数、钢琴、乒乓球、琵琶、游泳和小提琴。自2000年红塔体育中心开门营业以来，昆明的中产家庭孩子还可以学滑冰，一些家长还会专门找私人教练来教特定运动。家长们认为，为孩子尽可能争取学习机会是在履行父母帮孩子培养兴趣的责任。孩子们得到的信息越多，他们的经历就可能越丰富。家长们还普遍强调，这些五花八门课程的意义不在于培养专业的艺术家或钢琴家——这都是功利的目的。特长班的真正意义在于促进孩子的全面发展，这一目标呼应了官方议程与改革倡导者的愿望。①

潜能的逻辑在整个教育领域都有回响，显示出改革项目的某种聚合力。为了释放人的潜能和经济潜能，管理者和教育者要尽可能地提供多样化的渠道，无论这意味着扩大教育选择和机会，还是为儿童培养尽可能多的能力。渠道越是多样，发挥潜能的可能性就越大。发挥的潜能越多，意想不到的东西出现的可能性就越大。专家构想的素质教育切不可是技术统治论的。不过，这些专家倒是与技术官僚精英一样，憧憬着即将到来的辉煌未来。

然而，还有一点很重要，那就是在家庭生活的语境下，潜能的逻辑与争取社会认同相融合（安德训 2004）[194]。特长教育或许意在促进潜能的发挥和孩子兴趣的培养，但与此同时，父母的行为动机也与中产阶级的考量和文化资本的获取有关。值得注意的是，这种竞争与其说是为了追求自身利益和阶级地位而进行的理性计算，不如说体现了在艾利森·皮尤所谓“尊严经济”中生存的意志——在“尊严经济”中，社会可见度和社会认同至关重要（2009）。在这里，特长教育被认为不仅能带来竞争优势，而且能给孩子自信——缺乏自信可能会在未来给孩子带来心理不适。一位母亲解释道：“她去上大学，遇到不同层次的人的时候，不会觉得低人一等。”

---

① “全面发展”概念可以追溯到19世纪晚期和赫伯特·斯宾塞（Herbert Spencer）对中国知识分子的影响。全面发展关涉德、智、体三方面，这一定义自毛泽东时代的教育政策一直延续至今（伍宁 2003）[52—54]。在这三个方面之外，有时也会加入其他内容，如蔡元培提出的美育，以及后毛泽东时代提出的心理素质。最重要的是，当代的“素质教育热”让人想起一个相当古老的说法：“雅人四好”——琴棋书画。

的确，与美国类似，可以说中国城市中产阶级父母也在进行社会学家安妮特·拉鲁（2011）所说的“协作培养”——他们征求孩子的意见、发展孩子的兴趣、努力培养孩子的潜能、围绕对未来有益的活动来组织家庭生活，这些做法符合专家对良好育儿的定义，也符合那些再生产了社会经济不平等的中产阶级社会规范。不过，中国中产阶级父母与美国中产阶级父母的经历也存在重要区别，这主要是中国社会经济状况的独有特征导致的。当孩子们步入初中、开始为两大关键升学考试之一（这场考试将决定每个考生的命运）作准备时，特长班终将退居次席。

考试制度

每隔一周的星期六，我会给参与我研究的一些孩子上英语课。在这一天，我把孩子们分成了不同时间段的两个小组。我用心制订课程计划，让孩子们更多地参与游戏，尽量减少正式的教学。我最不想看到的就是自己成为孩子们的又一个学习负担，所以我尽量让大家共度的时光有趣起来。

有一个叫艾比的 9 岁孩子很喜欢我的活动，她两个小组都参加了。她来的时候总是表现得很积极，所以当她在 7 月的一个星期六表现得情绪不佳的时候，我很惊讶。她一到就开始抱怨自己很累，说除了我的课之外她还有两门英语课要上，还有一大堆暑假作业要做。我试着让她高兴起来，说道：“如果你现在做完了作业，到了 8 月就可以玩了。”她反驳道：“8 月我会有更多事要做！”

几个月后的一个周末，在中秋节的晚餐后，我去看望艾比和她的父母，这才对她抱怨的原因有了更多了解。艾比的父母一直在解释说，尽管夫妻二人在育儿上相互协作，但在特长班这个问题上两人持有不同看法。艾比的妈妈说道："她爸爸觉得没必要去上那么多特长班。但我感觉，孩子之所以今天这么优秀，和上这些特长班有关系。"

艾比估摸着，在她 9 年的人生中，她肯定至少已经上了 12 种不同的课程。她尝试为我列出这些课程，不过马上就把手往空中一甩，说："我自己都记不清了！"

随后艾比的爸爸开口了："我之所以有这样的观点，是因为我觉得在学习特长方面，就像专家说的，要按孩子的兴趣来，不要强行给他们增加负担。专家说孩子的天真单纯也是很重要的。可能创造一个轻松的环境，对她的身心健康有益，就已经很好了。可能她也没办法一下子吸收这么多特长班的内容。"

艾比的妈妈为自己辩护说，这些课程就是根据艾比的兴趣来选的。她让我问艾比之前那个周末发生了什么。看来艾比还记得那天的情形，她知道我说的是哪个周末。

"你那天怎么了？"妈妈要艾比说。

"那天的前一天是星期五，对吗？星期五晚上我去上了英语课。第二天早上我去上了书法班！然后下午我去上了你的课！"

妈妈很惊讶地问她："你把去关老师那儿当成上课？"

"对。我确实把它当成上课！"

"但你不是说你很喜欢关老师教的吗？"

"对啊！但关老师教的单词我必须全都背下来！我一回家

你就考我！我答不上来你就骂我！你会说，”艾比开始模仿妈妈，“‘哎呀！她都不收费了，你还不当回事！我再也不让你去了。’”

这番话自然让艾比的妈妈颇为尴尬，房间里的气氛一下子紧张起来。但这一刻也很能说明问题。我其实一直因为自己也成了孩子们的课外班负担而深感内疚，但同时，我也确实为了让家长开心时不时地教孩子们一些新单词。我完全不知道艾比会在家被考这些单词。

艾比的妈妈赵海华是一位受过良好教育的职业女性，她相信与女儿保持友谊很重要。她试着遵循专家的建议来提升女儿的主体性。例如，她曾给我讲过她把女儿从“小饭桌”小组里接走的故事（“小饭桌”是有人照看的孩子们的午餐小组，是学校老师为那些愿意并有能力支付额外费用的忙碌父母开设的）。“小饭桌”的老师总是抱怨其他孩子模仿艾比的一举一动。如果她吃了两碗饭，其他孩子也会吃两碗饭。赵海华说，艾比的老师普遍不喜欢艾比有个性这件事。尽管赵海华无法消弭学校文化与女儿个性之间的冲突，但她至少能把艾比从“小饭桌”接走，保护她的个性不被“磨平”。

赵海华总是自豪地谈起自己与女儿的亲密无间和母女情深，然而，中国考试制度的逻辑妨碍了她成为友好家长的努力。要想在严格的教育体制提出的要求与营造家庭“温暖”（用赵海华的话来说）之间取得平衡总是很棘手的问题。

尽管改革倡导者和政策制定者力图改变应试教育体制，但考试的地位依然稳固，每个人的未来就取决于高考和中考的表现。考试在中国儿童及家庭的生活中的核心地位怎么强调都不为过。纵然中国的中产阶级父母想按照专家建议去做，但随着孩子年龄增长、越来越临近关键的入学考试，确保学业生存的压力变得越来越大。

以市为单位的中考决定了学生在国家规定的九年义务教育之后能否继续就读高中，以及就读什么样的高中（普通高中还是职业技术高中）。全国性的高考决定了学生最终将进入什么样的学院或大学（学术型还是职业技术型，“211”还是非“211”高校），以及选择什么样的专业。鉴于这两场考试事关重大，家长们认为就读合适的初中极其重要，因为这是学生准备中考的阶段，而中考之后则是学生准备高考的阶段。争取进入一所好名声的学校不只是执迷于社会地位的表现，更重要的是出于实际考量——确保有效的教学方法以及（对一部分人而言）确保孩子能有一定的生活质量。既然所有学生都参加同样的标准化入学考试，那么那些过度依赖复习课、布置大量家庭作业却又没有高升学率的学校便不受青睐。相比之下，在声誉好的学校，有能力的老师会用聪明的方法缓和学习强度。

在昆明，我结识的大多数家庭都希望孩子能上云南大学附属初中，该校的高中升学率每年都排名第一。这所初中声誉极佳，以至于人们常开玩笑说，云南大学才是这所初中的附属学校。作为一所民办学校，它向非大学教职工家庭每年收取 7000 元人民币，三年下来的教育费用共 21000 元。该校的入学选拔考试由语文和数学两个科目组成。① 根据《义务教育法》，在九年义务教育阶段，所有儿童都有权接受免费教育，在所在地的学校免试入学。但昆明的许多家长愿意“择

① 这是 2000 年代中期的数字。

校”，即在指定片区外找学校上。虽然21000元对普通的双薪家庭来说是一笔巨大的开支，但家长们都争着把孩子送进云大附中。我结识的一个家庭决定不把女儿送去这所学校（尽管她被录取了），原因是每天的通勤时间太长。他们最后对这个决定颇为后悔，因为女儿如今淹没在海量的作业中，而且通过云大附中的入学选拔考试也实属不易。

学生通过在校学习做好准备参加标准化入学考试，这些考试强度很高，要在三天时间里测试学生三年来的多学科知识积累。学生必须学习掌握和死记硬背下来的材料（无论是几千年的史实和数字，还是无穷无尽的数学题——它们有些可能会出现在考试中，有些则不会）之多，对不在这个体制里长大的人来说简直难以想象。很常见的情况是，学校会用整个学期的时间来复习而不上新课，因为学生有太多内容要记忆。

当代考试制度植根于唐朝开始的帝国官员选拔制度——科举。这是一种全帝国范围内实行的标准化、择优录取的政府官员选拔机制。没有什么比金榜题名、晋升士绅阶层更荣耀的事了。参加科举的考生必须背下四十多万字的内容才能掌握包括儒家经典在内的诸门课程，同时他们也会求助神灵并使用占卜手段来应对压力（艾尔曼［Benjamin Elman］1991）[16]（2000）。时至今日，诉诸迷信依然常见，足以体现标准化考试带来的焦虑和不确定：父母会在当地寺庙敬神，还会用“聪”和“算”的同音字食材（即葱和蒜）做饭。同时，学生会避免摄入任何不吉利同音字的食物或饮品，他们甚至会避免理发，以免“从头开始”。我认识的一个女生还会穿红内衣来求好运，这是她妈妈的主意。

高考出了名的折磨人，它是一种将学生推向人类忍耐极限的制度（任柯安 2011）。中考同样会带来焦虑，因为不同于高考（理论上一个人可以多次参加高考，直到考出满意的分数），学生只能参加一次中考。以 2007 年为例，中考一共包含六个科目：语文、物理、数学、政治 / 思想品德、英语和化学。总分是 660 分，根据预测，昆明重点高中的分数线在 600 分左右。参加考试后，考生需要在不知道自己分数的情况下，根据模拟测试的结果和往年各高中的分数线（分数线每年都会按照报考总人数和整体成绩的不同发生变化）进行估分，填报志愿。因此，入学考试都包含填报志愿这一额外工作，它需要有权衡各种因素和预测结果的能力。理想状态下，填报的志愿应与模拟考成绩相匹配，因为那些你可能考得上但在志愿中排名靠后的学校，可能不会接收你。

就中考而言，考试成绩高于学校分数线的可以作为公费生入学。而低于学校分数线 10 分的可以选择以择校生的身份入学，实际名额视指标而定。和在划定片区外上初中一样，择校生上高中的费用也很高。（这样的学生有时也称为自费生。）我没能核实到具体的费用，但我多次听到和读到，择校生需要为低于分数线的每一分支付 1 万元。

择校现象很普遍，这首先是因为人们对优质教育意愿强烈。好学校设置了很高的录取分数线，要求未通过的学生支付额外费用。其次，即使在同一个城市，学校之间的教学质量也参差不齐，所以尽管就读划片之外的学校要支付高昂费用，大家还是争着送孩子去更好的学校。这第二个因素与高收入社区还是低收入社区关系不大，而与中国的具体教育政策有关。[①] 好学校能将择校带来的收入投入其发展之中，与其他收入一道，服务于改善基础设施、招募一流教学人员，以完成学校知名度和地位的再生产。学校的发展又反过来强化了学校的教育资源，让高收费和低录取率更显合情合理。

支持择校的人认为这是一种亟须的市场机制，能让筹资渠道多样化，公众和个人皆从中受益。他们认为，择校现象只不过反映了大众对优质学校教育的渴望，这种渴望通过市场体制对资源的合理配置得到满足，同时也弥补了国家资金的不足（云南省人大常委会教科文卫工作委员会 2005）。择校的批评者则指出，择校违反了教育公平原则，加剧了学校之间既存的差距，助长了腐败，还给民众带来了过重的经济负担（云南省人大常委会教科文卫工作委员会 2005；杨东平［2004］2006）。由于往往需要支付择校费才能把孩子送进理想的学校，家庭因而倍感压力，不得不利用手头的一切资源。由于入学考试成绩与要不要支付数万元额外费用直接相关，学生因而心理压力倍增，必须刻苦学习。由于评估学校和老师根据的是学生的升学率，提供教育因而变成了狭隘的"应试教育"。

以应试为中心的教育体制带来的一个意外后果在于，学校和老师倾向于关注有前途的学生，而"歧视"其他学生——不公正地对待他们，让他们留堂、停课，开除他们（Man Qimin［1996］1997）。这类歧视现象在享有盛名的精英重点中学尤为突出，不过它早在小学就开始了。我常听到这样的故事：有孩子被施压或被要求离开学校，有家长因孩子

① 中国学校之间的差别植根于"重点学校"政策，这一政策按照更大范围的国家计划将国家支持导向指定的"重点"学校（杨东平 2006）。

与小学主科老师有矛盾而将孩子转校。对学生而言，一种可能发生的最坏情况就是老师不再关注他们了，这一现象的根源在于教师承受的压力和面临的竞争。在昆明，从小学到中学，班级规模都相当庞大。老师要引导足足50—70名学生迈向成功，这让老师也感到负担沉重，对学生的越轨行为没什么耐心。

我之所以强调择校问题，是因为在家长看来，正是择校这一中国应试教育的具体表现，成为他们面临的最紧迫的道德问题和实际问题。家长都希望自己的孩子能过上好日子，这意味着确保他们有朝一日能找到一份“好工作”，成为受人尊敬的人。为了能让孩子找到好工作，家长必须确保他们踏上通向好大学的道路、取得有分量的学位。为了让孩子踏上正确的道路，家长必须通过补习班和日常监督来提高孩子的应试能力，同时想办法负担进入好学校的费用。如果孩子与老师发生冲突或产生误解，家长必须要么帮孩子重获老师的好感，要么寻找新学校，因为在普通家长看来，与老师的关系好坏能决定学业的成败。

放眼全球，焦虑是中产阶级的内在组成部分，一代代人都必须通过教育成就来确保中产阶级身份地位（克雷默-萨德利克［Tamar Kremer-Sadlik］和古铁雷斯［Kris Gutiérrez］2013）[137—138]。和美国中产阶级母亲一样（尽管课堂的情况有所不同），中国中产阶级母亲也积极干预和学校有关的不利状况（拉鲁 2011）。在中国，考进好学校的热潮也与艾利森·皮尤在加州湾区的高收入和低收入家庭中发现的“铺路消费”（Pathway Consumption）相类似。“铺路消费”是为了创造那些能塑造人生轨迹的机会，以及确保“舒适”的学习环境（2009）[177—214]。因此，从比较视角来看，中国中产阶级父母的强烈焦虑并不是完全独有的现象。全球经济鼓励个体“将自己视为可资管理和发展的人力资本投资组合”（安德训 2013）[13]，并期望个体和家庭能吸收系统性矛盾的“冲击”（15）。各国的就业市场十分不稳定，毕业生失业的阴影笼罩着许多国家。通过对教育投入金钱和精力来投资人力资本的做法虽然不能保证回报，但至少是中产阶级家庭掌控之内的事。

在中国，导致竞争和不确定性的诸因素可谓晚近历史所特有。我在 2004 年初开始田野调查，彼时 2003 年的毕业生刚进入就业市场不久。这是中国高等教育史上重要的一年，因为这批学生 1999 年入学，这一年中央政府决定扩大高等教育规模，其中包括大规模的高校扩招。1998 年至 2004 年，全国高校的入学率从 9.8% 跃升至 19%。从教育部的角度看，这无疑是一项成就，因为原定目标是在 2010 年前达到入学率 15%。① 然而从求职者的角度看，这意味着就业市场的竞争加剧了近 50%。就业机会受限不只是由于竞争者数量上升，还因为他们渴望高薪、高地位的工作（集中在沿海城市），因为国家僵化的户籍制度，因为雇主偏好本地户籍的毕业生，因为对重点大学乃至“211”大学毕业生的强烈偏好（而且这些大学本身就偏好本地申请者）②，以及因为受教育的劳动力数量与经济现状（仍由建筑和制造业而非知识和服务业主导）

---

① 这些统计数据来自白莉民撰写的报告（2006）[128—129]。

② 一百多所大学被官方认定为“211”院校，即被选入旨在重点建设研究型大学的 211 工程，能够获得政府支持。云南大学就是一所 211 大学。约 40 所“985”大学甚至更为精英化，它们被指定为政府支持对象，目标是成为“世界级”大学。根据毕业大学的等级地位，求职者被区分为不同层次（陈永杰［Chan Wing-kit］2012）。

之间的结构性不匹配。① 如北京大学光华管理学院的一位教授所言："本应由工业化带来的高端工作岗位，例如研究、营销和会计等，都只留在了西方。" ②

高等教育的扩张本是为了刺激国内消费，但却带来了教育通胀。在供过于求的情况下，区分赢家和输家的是相对任意的过程——这一过程与人力资本理论所设想的理性选择机制并存，甚至取代了后者。一位研究者借助筛选理论对此进行了解释："当具有相同教育水平的申请者数量大幅增加时，雇主的筛选成本也相应地增加了。"（陈永杰 2012）[35] 在这种情况下，求职者被录用不一定是因为她 / 他最具竞争力，而是因为她 / 他的文凭给了雇主更强的"信号"。鉴于此，精英大学的学生"一入学就可以开始庆祝了"（35）。与此同时，小学学龄儿童的父母已经开始考虑如何确保孩子的长期竞争力，因为并非条条大路都通向罗马。

两个和尚和一口井

在我 2010 年来昆明时，我遇上一群母亲，她们从自己的孩子上二三年级时起就彼此成为朋友。她们的孩子刚刚上完

---

① 关于这些不同因素的更多讨论，见白莉民（2006），陈永杰（2012），Ding（[2003] 2005），冯文（Vanessa Fong 2004，2011），X. Wang and Liu（2011）。另见 Ted Plafker, "As China Churns Out Graduates, Job Prospects Are Dicey," *New York Times*, February 17, 2004。

② 引自 Lillian Lin, "China's Graduates Face Glut," *Wall Street Journal*, August 22, 2012。

初一和初二。当时是七月中旬，正是刚放暑假那会。

不过，即将步入初三年级的孩子们已经开始上补习班了，为了备战次年夏天举行的中考。初三是极为关键的一年。在家长会上，学校官员可能会用“硝烟弥漫”这样的词来宣布新学年的开始。

一天，我跟着吴琳琳和菲比来到一个为期一周的高强度语文补习班。一位颇具性格魅力的老师在领着学生讨论和讲解他们前一晚写的作文。同学们朗读自己的作文，老师便以这些文章为例来说明中考对作文的要求，例如怎么写会得分，哪些地方会扣分。她至少提醒了两次“你们的作文是写给‘汉堡’（‘憨包’）脑袋的老师看的”，这是在用昆明俚语凸显作文清晰、有条理、符合标准的重要性。

与这群母亲相处——她们正面临着辅导孩子、帮他们做好准备参加首次标准化考试的压力——让我强烈感受到这一时间点多么关键。她们用各种生动比喻来表明人生这一阶段努力奋进的重要意义，例如“耕耘”、“铺垫”和“储备”。为了进一步解释这些表达的意涵，一位妈妈给我讲了一个故事。有两个和尚，他们每天去井里打水时都会遇见彼此。每天他们都为了取水徒步上山下山，往返于寺庙和那口井之间，就这样过去了很多年，直到有一天，其中一个和尚不再来井边了。另一个和尚想知道他的朋友去哪了，担心他病了。他于是前往朋友的寺庙一探究竟，结果惊讶地发现朋友正在安然盘腿打坐。他问朋友为什么不再下山打水了，朋友答道：“我不必再打水了。我花了很多年掘通了水源。我不必再去井边了。”

类似这样的谈话传达出了特定阶层的紧张和焦虑。一位母亲解释说，中考将决定你上什么学校、能否遇上好老师以及周围会有什么样的同学，另一位母亲更直白地指出，一所好的高中决定了“你将来生活的层次”。

本书接下来的章节会将这些阶层化的表达置于伦理语境中进一步理解。在这里我需要指出，与受阿尔都塞启发的人类学家构想的意识形态主体不同，家长们其实相当明了整个系统的任意专断性。然而，他们觉得除了“适应”之外别无他法，因为他们看不到还有什么其他选择，也不敢放任黄全愈无比推崇的美国教育实践中的那种混乱。我想论证的是，父母育儿的强度体现了一种道德能动性，这种道德能动性将适时适势的努力看作在世间产生效力的一个关键因素。这种能动性源于顺从而非抵抗，给出了一种实际行动的民间哲学，回应了有关主体位置与个人体验的人类学讨论，以及本真性和身份认同的西方假设。一方面，给家长的流行建议宣扬以儿童为中心，颠倒了关于人格和现实之本质的根深蒂固的文化逻辑；另一方面，父母（尤其是母亲）的实践智慧则坚持一种与此不同的在世存在（being-in-the-world）方式。两个和尚的故事以及“耕耘”或“储备”的概念皆体现了“势”的理念，即布置带来的潜能。微小的行动会随着时间推移积聚力量，萌芽之势也会变为现实。①

---

① 这正是为什么文化资本能以其方式发挥作用。长远来看，小细节会带来大不同。或者换个说法，童年时期看似微不足道的事埋下了“持久的性情倾向”，后者制造并强化了阶级区隔。在布迪厄那里，这一过程全然外在于资产阶级的意识，因此，他的理论在品味社会学和精神分析之间制造了一种亲缘关系：两者皆研究“否认”（1984）[11]。但就当代中国社会而言，布迪厄的分析有其局限性。我的报道人很难说是无意识的社会行动者。他们的育儿策略就好像是在有意遵照一种阶级形成的理论。

第二章

可怕与模范

如果说素质教育运动有助于父母更多地关注孩子的内在心理，那么这种效果很大程度上要归功于专家们高超的讲故事技巧。讲故事可以通过提出相应的个人例证来实现简单的训诫无法达成的目标。本章将特别关注知名育儿专家以“素质教育”之名讲述的两个故事，一个是值得仿效的正面模范，另一个则是需要避免的负面典型。在素质教育理念变得不言自明、合乎常理的过程中，专家发挥了关键作用。在中国的人口素质提升工程中，这些专家对讲故事技巧的运用也体现了布置的技艺。如果说布置的技艺关注如何通过对事物的特定安排来产生自发效果，那么，向学习者提供可效仿的典范显然符合这一定义。而且，如果说布置的技艺关乎操纵情动以达成人的目的，那么运用典范就是布置性的行为——它利用了典范施加影响的力量及学习者受到影响的能力。

单单是接触到余莲所谓“美德的激励力量”就会产生一

种自发的效果（[1992] 1995）[66]。正如不论是历史还是战争艺术中因力量关系而起的趋向，模范教育制造了这样一种状况，即模范的呈现会引发“效仿”。在中国的治国之道中，模范教育长期以来被作为政治工具使用，但我认为，模范教育之所以能够发挥作用，与影响和反应的自然动态过程有关。① 接触某个事物就是进入一种新的关系，这不可避免地会带来某种转变。植物生命与变化无常的阳光雨水的接触会在叶子、茎干和枝条上得到体现。水流与河岸的相互作用力会影响水的特性，也重塑了河岸的轮廓。让一对具有相反性情倾向的幼童待在一起会改变二人的个性，即便这种改变只是暂时的。这便是情动性的规则：事物因接触和重新组合而改变。

孟母三迁的著名故事提供了一个情动叙事的例证。当孟子与母亲邻墓地而居时，孟子学着大人哭嚎和办丧事；当他们搬到市集时，孟子又学起了做买卖；在他们搬至学校附近时，孟子学会了适当的礼仪且渴求知识。这个故事道出了中国人的理念，即学习的过程与接触的环境相互交织，环境的影响（难以察觉且起效缓慢）是最为深刻和持久的。正因此，提供模范和榜样一直以来都是教育青年和管理社会的首选方法。榜样被认为是施加影响的“载体”（巴肯 2000）[157]，它们作用于天性以制造第二天性（陶西格 1993），在前概念

① 在官方历史、传记传统、流行用语中，以及在社会主义中国的群众庆祝和国家赋予个人、家庭和城市的荣誉称号中，皆存在对模范的展示（安德训 1997b；巴肯 2000；费侠莉［Charlotte Furth］2007；任柯安 2011；J. Li 2001；Munro 1977）。展示模范的目的，是用激励而非自上而下强施法律的方式来推进良好行为——即便是无人留意之处（Munro 1977）[137]。

（preconceptual）层面与有意识的道德评价层面之间运作。

艾米·奥伯丁（Amy Olberding）在讨论作为模范主义美德伦理学的《论语》时指出，模范主义与其说意在阐明伦理概念，不如说给出了实例，从中生发出关于道德善好的详尽叙述。换句话说，概念框架首先是在榜样中并经由榜样产生的。奥伯丁解释道："当我们通过直接参照来学习榜样时，我们还并不明了其行为、举止或性格的哪些具体特征值得学习。我们必须考察自己对榜样的反应来明确这一点。"（2008）[632] 存在一种先于概念化过程的审美反应，其中包括一种如同魅力般的"美德如其所是"（633）的入魅般的感觉。这种初始经验拒绝阐明，因为文本囊括了各式人物的看似琐碎细节，例如《论语》仍然"孕育"着多样的可能性（632）。奥伯丁这一有关理论发展的论述或许有助于解释为什么榜样成为一种经久不衰的治国之术：即便在"缺乏理解的情况下"，它依然能有效地对人们施加影响（630）。

在当代中国，以素质教育之名提出育儿建议的专家们常讲故事。他们的故事（就像《论语》一样）往往指向一个先于指导建议的"如其所是"。我之所以开始认真考察讲故事，是因为我的对话者在表达对我研究项目的支持时，常向我讲述可怕的故事，即负面范例。① 在采访和闲聊中，我听到过有关赌博、霸凌、网瘾、虐待动物、上吊自杀、喝农药、杀害同学以及用碘酒假自杀等诸多故事。人们认为这些故事值得深思。谈话刚开始几分钟，素不相识的陌生人就会对我大

① 谢里尔·马丁利在 2004 年美国人类学协会（AAA）会议上的评议帮助我意识到可怕的故事的理论意义。

加赞扬，说我在研究一个重要的社会问题。他们的热烈赞许与所讲的故事相吻合，这些故事似乎就是引发社会思考的源头。可怕的故事表明年轻人有心理问题，但对这些故事的解读往往导向对中国教育现状的质疑，继而导向规范性准则的制定问题。

我最常听到的可怕故事是关于一个叫徐力的少年的，他用榔头杀死了自己的母亲。这起事件发生在2000年的冬天，地点是浙江省金华市。这件事完全没有预谋——它就这样发生了。

这一新闻事件令公众震惊的自然是杀人本身：一位母亲死在自己儿子手中。但更令人震惊、也令人倍感疑惑的是，这名少年是一名成绩优异、品格正直的学生。这一案例常被称为“好学生弑母”的故事，它引发了一系列问题：是什么驱使一个孩子这样做？应当归咎于徐力本人吗？我们的教育系统出了什么问题？

我将在本章论述，对“好学生弑母”案这样的可怕故事的集体解读如何制造了一个道德场域，有关如何抚育孩子的真理在这里被制造出来并得以自然化。[①] 我会把这个案例与一个叫周婷婷的女性的模范案例放在一起讨论。周婷婷先天失聪，注定要过着被社会排斥的生活。但由于其父亲在前景晦暗的情况下仍然努力教育她，周婷婷最终打破了命运和社会期望。她被人称为天才，在一所常规小学跳了两级，获得过“全国十佳少年”的称号，并远赴美国读研究生。周婷婷的成功让其父周弘成了明星：他出版了不少讲自己教育方法

① 这种解读受到Goodman（2005）的启发。

的书籍，在全国各地进行巡回演讲，还担任南京一所聋人学校的代理校长。

尽管可怕故事与模范故事在内容上截然相反——一个是要避免的错误，一个是要效仿的智慧——但二者一道让素质教育理念变得不言自明、合乎常理。它们嵌入流行建议中，为“好”与“坏”的育儿方式给出了正反两面的范例，运作于审美和道德之间。可怕故事让人震惊，模范故事令人起敬，两者都将不协调的特质融合到单一人物身上——犯下冷血谋杀的好学生与残障的天才儿童。同时，叙事的顺序构成了道德观点，将特定原因与特定结果关联起来。可怕故事和模范故事提出了道德论证，认为应当关注儿童的内在主体性，它们还制造了有待发掘和理解的新范畴：心理健康和人的潜能。

有关好坏育儿方式的故事嵌入流行建议中，在国家振兴的宏大计划和日常生活的寻常细节之间发挥了关键的中介作用。它们给出示范：父母应如何行事才不会威胁到孩子的心理健康或阻碍其潜能的发展实现。诚然，中国有诸多讲述伟大学习者如何克服艰难险阻取得成就的叙事和谚语，但在这里，正面模范的重点并不是学习者的个人特质，而是着重强调父母对孩子特定方式的爱。周弘通过关注女儿的内心世界让她的潜能得到了发挥。而徐力的母亲则被描述为思想偏狭，只关心儿子的学习成绩，极少关注他的兴趣和感受。由于中国希望自己的经济战略从依赖廉价劳动力转向发展知识经济，如何培养孩子于是成了非常重要的问题。在素质教育（它伴随着“以人为本”的重大治理转向出现）的名号下，育儿与其说是提升和完善孩子的技术工程，不如说是尽力优化孩子培养环境的“农艺”项目。这种情况下，父母才是需要社会化的人群，因为他们（连同学校和教师这些改革的其他主要对象）既可能帮助、又可能阻碍被认为寓于儿童主体性之中的国家变革潜能的发挥。流行育儿建议的受众（在培养有竞争力的孩子和培养心理健康的孩子之间努力取得平衡的普通中产阶级母亲）所经历的道德困境必须放在这一更大的话语背景下来理解。

好学生弑母

徐力的案件很不寻常，因为他犯下的罪行让人难以理解。不过此事的非比寻常还有另一个原因。如果当事青少年事后自杀，通常不太可能知晓他们是在何种想法和感受的驱使下做出此举，而在“好学生弑母”案中，备受煎熬、终诉诸暴力的孩子亲口讲出了自己的故事。

卢勤是中国最知名的教育专家之一，她还有个名字是“知心姐姐”。卢勤最早是一名记者，近年来她出版了多本育儿建议类的书籍。她为儿童和家长创办了一本杂志，也叫《知心姐姐》。她还在全国各地为成人和在校生举办讲座。在弑母案发生后，卢勤得到机会采访了徐力，她在电视媒体和出版物上均谈到过这次采访。为了分析这个案例，我将参照卢勤在《素质教育的呼唤》一书中对这次采访的叙述，这本书由新华出版社于2001年出版，集合了多篇讨论、演讲和文章。在这里我不打算深究卢勤多大程度上如实讲述了她和徐力的交谈，因为我同样感兴趣（甚至更感兴趣）的是她如何向公众讲述徐力的故事。

卢勤的章节分为几个部分，各自对应她理解的素质教育概念的原则。这些原则包括“成长需要空间”、“成长需要理想”、“成长需要体验”、“成长需要沟通”以及“成长需要肯定”。卢勤的章节从她抵达金华市开始。她与两名记者一道来此倾听徐力的诉说，“寻找产生悲剧的根源”（2001）[221]。她描述了阴沉的天气和飘落的细雨，映衬着将要调查的悲剧。走过一段石板路后，她来到一间四面漏风的看守所。

在一间光线昏暗的屋子里，卢勤第一次见到徐力。徐力穿着蓝色毛衣，头戴黄色的毛线帽。卢勤颇为惊讶眼前这名“瘦弱高挑、脸庞白净、表情平静温和的男孩，竟然是打死自己母亲的凶手”（221）。卢勤与徐力面对面坐着。她注意到徐力的紧张，便主动说起自己就是“知心姐姐”来破冰。徐力立即变得友好起来，同意谈谈自己的家庭和母亲。

徐力开始讲述一个压抑的世界——他在家中毫无秘密可言，朋友打来的电话也会被母亲拦下。他告诉卢勤：

> 我母亲总是问得清清楚楚，才把话筒给我。我跟母亲说过不要这样，但是她说，你可能在外面交坏朋友，根本听不进我的话。后来，同学们都不敢给我打电话，还嘲笑我说：“徐力呀，谁敢给你打电话，你妈太厉害了！”我有时候觉得孤独，想打电话给同学，母亲就说：“有什么事在学校都讲完了，还有什么好说的，打什么电话？”（223）

卢勤心想，只有仇恨才能驱使孩子杀死父母，她于是问徐力有没有因为母亲拦截他的电话而恨她。徐力告诉卢勤，他并不感觉恨，只是压抑感越来越强。他继续讲述母亲如何只关心他的学习。他回忆起，有时打完球晚了十分钟回家，母亲便会用棍子、皮带和扫帚打他。“在学习方面，父母是站在一条战线的，他们对我的要求都非常高，让我考北京大学、清华大学，至少要考上浙江大学。根据我自己的能力，根本考不上。”（224）

大约在上高中以后，“怨恨”开始慢慢滋长。徐力考上了高中的重点班，还取得了好成绩，但这只让母亲的期望越来越高。一旦考试成绩不理想，母亲就会打骂徐力。“我感到，长这么大，她还以对小学生的方式管我，我心里非常难受、非常压抑。我喜欢踢足球、看书、看电视，但妈妈认为这些都影响学习，老是阻止我在学校与同学交往，他们谈些新闻、电视剧，我什么都不知道，插不上嘴。我想看看报纸，妈妈又说，高考又不考报上的内容。”（224）徐力继续说着他的日常生活多么单调、不开心、没有意义。

卢勤想知道弑母事件发生的原因，便小心地问道：“你和母亲的矛盾是怎么激化的呢？”（225）徐力讲了事发当天的情况，作为回答。那是午饭后，徐力的母亲开着电视在卧室里织毛衣。徐力想过去看几分钟电视，但母亲立马开始像往常一样说他：“我告诉你，考不上大学，我不会给你第二次机会，期末考不到前十名，我就打断你的腿。反正你是我生的，打死了也没关系。”（225）深感受伤的徐力拎起书包，一声不吭地往门外走。走到门口时他看到鞋柜上有一把铁榔头，便握着它冲回了卧室。

卢勤不忍细问徐力杀人的过程，转而问他事后做了什么，这个问题引出了令人不安的细节。在大街上漫无目的地游荡了几小时后，徐力忽然意识到，他应该做点什么来救妈妈。但母亲已经失血过多，生命无可挽回了。于是……他把母亲的尸体装进了一个箱子。

不协调带来的视角

“不协调”这个主题在上述故事和其他许多公开流传的可怕故事中反复出现，给读者带来审美和道德的双重影响。千百年来，它一直是中国各式文学体裁中的一个流行主题。按照林培瑞（Perry Link）的说法，“所有资料均表明，人们对怪异、奇妙和出乎意料的事物怀有强烈的兴趣。同一人物身上结合了明显相反的特点，例如脸孔古怪的乞丐同时心怀大善，或是迷人的妙龄女子同时也是能将人掷出20英尺的武术家”（2000）[222]。相反的特质带来了一种“奇”的感受，“千百年来它在中国的叙事传统中颇为重要，[且]其吸引力来自这样一种天然的张力——一方面是太过奇怪以至很难让人相信的叙述，另一方面则是隐含的断言，即，尽管如此，它们确实是真的”（226）。

不协调有助于使问题更加戏剧化。这是怎么做到的？维克多·特纳（Victor Turner）有关仪式美学的观点可能对此有所启发。在特纳关于阈限性——入会仪式中结构之间的阶段——的文章中，他考察了传授圣物的三个平行过程（1967）。前两个过程，即不相称性和怪异性，与我们这里的讨论有关。第一个过程“不相称性”指的是例如将某个面具上的鼻子表现得（与其他面部特征相比）极不相称，或是极度夸张地表现某个仪式塑像上的特定身体部位。特纳在解释为什么某些特征被夸大而其他特征被缩小时指出："这种方式的夸大、缩小或者变色是抽象的基本模式。特别夸张的特点变成了反思的对象。"①（103）

类似地，怪异性在仪式过程中也具有引发思考的作用。特纳借用威廉·詹姆斯（William James）的说法指出，通过分离法则，怪物"教导新入会者明确区分现实中的不同因素"②。也就是说，两个不属于同一整体的元素，在引发恐惧的同时，也制造了一物与另一物的分离。人之所以会有这种反应，是因为认识到 a 和 b 不属于同一整体。两者均"会变成头脑中抽象思维的对象"③（105）。特纳解释道："各种怪物形象促使新入会者去重新思考他们视为想当然的周围环境中的物、人、关系和特征。"④（105）

尽管在特纳研究的恩登布这样的小社会中的仪式功能与晚期社会主义国家中的媒体功能之间肯定存在差异，但二者中的仪式或叙事美学都提供了能引人反思的象征符号，将平日习以为常的文化元素从其语境中抽象出来。在仪式中，美学有助于将入会者从一个社会类别转向另一个社会类别；在大众传媒的育儿建议中，美学有助于改变根深蒂固的教育态度和教育实践。肯尼斯·伯克（Kenneth Burke）提出了"不

① 《象征之林：恩登布人仪式散论》，赵玉燕，欧阳敏，徐洪峰译，北京：商务印书馆，2006 年，第 103 页。——译者

②③ 《象征之林：恩登布人仪式散论》，赵玉燕，欧阳敏，徐洪峰译，北京：商务印书馆，2006 年，第 104 页。——译者

④ 《象征之林：恩登布人仪式散论》，赵玉燕，欧阳敏，徐洪峰译，北京：商务印书馆，2006 年，第 105 页。——译者

协调带来的视角”的说法，他观察到：“任何将事件中人物放在一起的新方式都是一种改变人们的尝试……它是不敬的……因为它破坏了业已建立的各种联系。它试图……更改我们反应的性质。”（[1935] 1954）[86—87]

徐力的故事被嵌入一本意在宣扬“老路”不再是“正路”的书中。这一故事以典型的人物形象（满怀希望的父母与正值青春的少年）和熟悉的情境（打篮球和交朋友等课外活动为学习让路）开篇。然而，故事的发展绝非寻常无奇。除了杀人带来的冲击和震动、一种对日常生活的灾难性打破，这个故事的力量还在于其不协调的美学特质。通过将求知若渴、青春年少、勤奋刻苦的学生这一常见的理想化形象与冷血罪犯的形象结合在一起，这个故事提出了一个需要解释的问题：犯罪的原因应在何处寻找？谁该为发生的事负责？徐力自己的叙述让读者觉得他是一个“好孩子”。他的叙述给出了大量证据表明徐力既是一个有着不错学习潜力的高材生，也是一名品行正直的青年。① 在回答卢勤的问题“你有哪些值得自豪的事”时，徐力提到他曾是“学雷锋”小组的成员。他这样解释自己加入小组的动机：“我想，以后总有一天要独立生活，烧菜做饭不能不会，学着帮助老奶奶，就是提高我的能力。”（卢勤 2001）[230]

这一优秀青年形象与杀人后的场景形成了鲜明对比。在徐力把母亲的尸体装进箱子后，他开始了逃亡。他吓坏了，

---

① 这不同于 Arai（2000）在《1990 年代日本的“野孩子”》（“The ‘Wild Child’ of 1990s Japan”）中描述的“少年 A”（Shōnen A）事件，也不同于美国媒体对校园枪击案的报道，后者中，媒体会揭露是什么在背后困扰着孩子。

不敢回家，在当地的一家旅馆睡了一晚。但为了装作无事发生，当父亲周末回家时，他便也回家了。徐力告诉父亲妈妈出差了，而实际上“妈妈的尸体就在我房间的隔壁，我一直觉得心惊肉跳”（226）。周末结束时，徐力逃到另一个城市的旅馆，在那里被抓获了。像这样的逃亡者叙事构型（narrative configuration）让主人公的形象呈现出怪异性。

不过，在徐力的故事中，更隐晦的不协调才是真正的可怕之处：徐力母亲畸形的育儿方式。乍一看，徐母似乎平平无奇。中国父母被困于独生子女政策和以分数论成绩的应试教育系统之间，充满焦虑。确保孩子能过上美好生活意味着确保他们待在正确的学业轨道上，最终进入一所好大学，进而找到好工作，因此父母“站在一条战线”是颇为常见的情况。然而，教育改革倡导者认为，只盯着考试成绩的养育方式无法满足新经济形势的需求，即培养中国青年的自我意识和创新进取精神的需求。在“知心姐姐”的叙事重构中，徐力的母亲既是一个常见角色，又构成了徐力成长的障碍。她拦截电话的行为让徐力越来越感到窒息。对一流大学的执迷让她忽视了孩子其他潜能的发掘和培养。而且，也许最令人吃惊的不协调——这恰好也是将人的发展与国家发展联系起来的转喻——在于，徐母不让徐力读报纸和看电视。正如冷战导致了中国的发展滞后，母亲的限制让徐力在朋友面前陷入“插不上嘴”的窘境。他对时事新闻和大众文化一无所知，因此无法参与社会交流。

如果不相称性和怪异性能激起恩登布人新入会者的反思，那么耸人听闻的流行故事激起中国公众讨论整个教育系统的问题也就不足为奇了。“好学生弑母”案推动了2000年短命的“减负”政策的出台。禁止周六上课和在校门口为书包称重，这是旨在减轻学生学业压力的诸措施中的两项。① 时任国家主席的江泽民对徐力事件很是震惊，甚至在政治局常委会议上表示，从学校到党组织的各方都要努力将家长的迫切愿望引导到正确的方向上来（2001）[4]。勤奋刻苦是对的，但“不能整天把青少年禁锢在书本上和屋子里”（4）。江泽民在讲话一开始罗列了一系列可怕的故事，仿佛要将听众带到令他震惊的事发现场。这些当初让他震惊的场景——这些“即如此”——为他接下来的讲话打下了基调。

道德编码与诊断

哲学家、文学批评家和人类学家早已向我们展示了叙事的修辞力量。选择叙述特定事件而非其他事件、将不同片断整合进单一情节中——这样，故事便做出了道德论述。在对北美职业治疗师的研究中，谢里尔·马丁利发现，治疗师在团队会议上讲的故事不只是在叙述“事实”，而且还在复杂的道德情境中无意中构建了一种“善好”（good）。马丁利写道：“善好从未被明确提及，而是在讲述的过程中被自然化了。”（1998b）[289] 与此类似，罗纳托·罗萨尔多（Renato Rosaldo）收集的伊隆戈人（Ilongot）狩猎故事也有办法让人对特定经历的评价变得无可争议。“讲故事的人不会直接说一件事可怕、危险、奇异，而是往往将他们的评判嵌入叙述本身”（1986）[116]。

---

① 减少课程并不意味着减少学习。针对什么是学习，将有质上的重新定位。对减负运动的量和质方面的讨论，见伍宁（2003）[111, 144]。

在现代中国，我们看到了对叙事的修辞力量的明确承认，这一力量在不同时期以不同方式被主动用来推进宏大社会目标。二十世纪初，文学、文化被认为是社会改革的有力工具。按照安敏成的说法，中国知识分子“推想，较之成功的政治支配，文学能够带来更深层次的文化感召力。他们期待一种新文学，通过改变读者的世界观，会为中国社会的彻底变革铺平道路”（1990）[3]。起初，他们寄希望于西方现实主义，后者体现了吸引中国知识分子的诸理念，如科学主义和横向社会关系。但随后中国知识分子展开了长久的论争，努力使西方现实主义本土化，直至1942年毛泽东的《在延安文艺座谈会上的讲话》为艺术和文学实践奠定了唯一确定的正统观念（安敏成 1990）[73]（林培瑞 2000）[21]。毛时代的主流流派社会主义现实主义认为，文学作品既要反映现实，又要作为映照理想的一面镜子。正如安敏成所言，社会主义现实主义“既要反映、描写现实，又要指引、推进现实”（1990）[57]。在我们的讨论中，可以把叙事的工具化看成布置的技艺的一种表达，因为叙事能激活一种反应，这种反应会聚集起自身对社会变革的潜在推动力。

卢勤重述的徐力故事具有社会主义现实主义文本的特点。谈话中，卢勤问了一个带有道德意涵的问题：“你知道你是怎样长大的吗?”徐力回忆起母亲为他操劳和付出，卢勤这时提醒他，有许多孩子远比他不幸。听到这里，徐力哭了，说道：“我是个畜生，竟然用自己的双手把亲生母亲‘送走’了，我十分后悔。”（2001）[226] 这个故事里的徐力从一个无法抑制怒气的少年，变成了一个懂得感恩、深深悔过并希望人们从自己的错误中吸取教训的少年。[1] 卢勤在这一章的最后附上了一封徐力写给同班同学的信，信中徐力希望同学们以自己为诫，珍惜拥有的一切。他写道："我希望你们珍惜现在的学习机会，不要在失去的时候再去珍惜。""同学们，我想你们，假如有一天能够出去，我希望能看到你们个个成才，个个成为国家的栋梁。"（232）

但"好学生弑母"案的意义也不止于展示正确的道德立场。徐力的故事呈现了并非生性暴力的孩子实施的难以言喻的暴力，这揭示了某种社会疾病的症状。杀人的过程太难启齿，所以实际发生的行为被隐藏在叙述之外。叙述还没结束，徐力的声音就越来越低："于是我冲进卧室，就……"（225）在弑母之举发生后，我们重新回到了徐力的内心世界。他回忆道："做了那事后，我一个人在大街上跑了两个小时，我不能理解自己为什么做出这样残忍的事情。我的脑子里一片空白，头也很晕。跑着跑着，我忽然想起，那是我妈，我得去救她！"（225）在愤怒的激情支配下，徐力在行为过程中出现了意识的空白。此刻的空白夹在对称的道德规范状态之间（犯罪前是"学雷锋"小组的成员，犯罪后陷入深深的悔恨），仿若一种症状，控诉着徐母的育儿带来的创伤。

徐力事件和其他类似事件既反映了育儿方式的错误，也

---

① 这里我受到安德训对《农民日报》上一则故事的解读的启发。这个故事讲述了一位看八字的算命先生意外获得一块"遵纪守法户"门牌的经过。在最终导致他获得门牌的一系列事件中，这位算命先生在自发性和社会主义行为规范这两个对立面之间来回移动。安德训认为这是社会主义现实主义的一个典型的结构化装置（structuring device），它将政治意识与前政治身体（这一身体容易受到政治理性之外的享乐的影响）对立起来（1997b）[104—105]。

回溯性地构成了一个有待发现和理解的独特现象：儿童的心理健康问题——违背素质教育原则的育儿方式会危及孩子的心理健康。如果说不协调会激起审美反应，进而引起反思和讨论，那么症状就构建并自然化了一个关于创伤和偏离理想健康状态的真相。一位评论家写道："实际上这个问题的表象是一个孩子不堪重负，打死自己的亲生母亲。但是我们从心理学和教育学角度来看，这恰恰反映了孩子严重的心理问题。这是已经被不少心理学家所认同的。分析这个案例，大家也感到这恰恰反映了我们的家庭教育忽视了心理健康方面的问题。"（王卫国 2001）[136]

在拉康精神分析中，唯有诉诸言语（病人讲述的故事），事件才能被确认为症状的根源。这也决定了"症状的排除"（拉康 1977）[46]①。然而，分析症状无法揭示有关创伤性过去的隐蔽真相——真相其实在于症状的表现形式本身，即精神分析交流过程中产生的话语，其中病人的全部言语都表现为症状。斯拉沃热·齐泽克（Slavoj Žižek）这样解释："症状是无意义的踪迹，其意义不能从隐蔽的、遥远的过去发现和挖掘，而只能回溯性地建构。精神分析制造真理。也就是说，精神分析提供表意框架，而表意框架为症状提供象征位置和意义。"（1989）[56]

公众对徐力故事的解读为这一症状提供了象征位置和意义。一名好学生被逼犯下如此暴行，说明家长的育儿方式有问题，违背了专家建议和素质教育原则。这样的诊断很

① 《拉康选集》，褚孝泉译，上海：上海三联书店，2001 年，第 264 页。——译者

大程度上有赖于叙事形式。如果说美学有助于将问题戏剧化，那么叙事中的“症状排除”则使因果关联自然化了。叙事将“日常生活的嘈杂和偶发性转化为紧凑的因果论证（即情节）”，于是，先后发生的事件变成了具有因果关系的事件（马丁利 1998a）[45]。

因此，卢勤重述的事件序列解开了驱使孩子杀人的谜团。徐力之所以被逼杀人，是因为母亲对他期望过高，因为母亲没有给他成长空间，因为母亲没能给他积极的生活体验，没能抱有现实一点的希望，没能与他平等交流，没能肯定他的成就——这些行为违背了卢勤的教育原则。这个案例于是带来了一个无可争议的道德评判：徐力才是先被杀死的那个人。

逆转残障

如果说“好学生弑母”事件提供了一个负面示范，指出了需要避免的育儿错误，那么周弘回忆自己如何养育女儿周婷婷的著作《赏识你的孩子》（2003）则构成了一个正面示范，道出了值得仿效的智慧。徐力的母亲被呈现为总是批评儿子的形象，周弘则把自己描绘为爱之源泉。在周弘看来，即使是在孩子失败时，父母也应不断给予积极肯定。他用自己竖起的大拇指（这一形象在他的公开照片中随处可见）来象征父母对孩子的爱。他指出：“不同的手指有不同的含义。有的家长在教育孩子时，总用食指指着孩子的脑袋：你这个小傻瓜，咋这么笨啊？”（39）在周弘看来，中国父母的大拇指肌肉是萎缩的。

但周弘眼中的良好育儿不仅限于鼓励和表扬。事实上，他感叹家长们常误解他。他的教育方法可以用“赏识孩子”来概括，这需要关注孩子的内心世界。当周弘决定将耳聋女儿当成普通人来培养，他决定采取的第一“招”（这个词常用于对弈、武术和军事战略中），便是帮女儿找到一种“好孩子的感觉”。

周弘讲述了周婷婷刚开始学珠算时的情形。周婷婷打算盘的速度是全班最慢的，她自己也知道这一点。周弘写道：“孩子自己都觉得慢，这时候如果你再说她不行，她肯定会想：连爸爸妈妈都说我慢，看来我是真的不行了。我要让她找到打算盘的感觉，让她相信自己行。”（45）于是，周弘告诉女儿，他相信她打算盘速度很快，女儿表示不解，周弘便用一个试验证明给她看。他拿出表给女儿计时，周婷婷开始打算盘。每当她算对，周弘就表扬她，感叹自己在她这个年龄完全不及她的水平。在四十天内，婷婷的打算盘水平突飞猛进。周弘坦承，在试验过程中，自己实际上多次对女儿撒了谎。如果她打算盘花了 13 分钟，他会看看表然后告诉她，她在 12 分 50 秒内就完成了。

周弘在他的著作和讲座中指出，正是这些具体的方法促成了周婷婷的成功。婷婷生来就失去了听力，但她不仅没有上聋童学校，还在小学里连跳两级，获得“全国十佳少年”称号，并远赴美国攻读硕士学位。这个故事有何吸引人之处？好的成功故事本身自然就很有吸引力，但什么构成了好的成功故事？是什么让周弘在我结识的家庭中成为家喻户晓的名字？

在本章的余下部分，我将基于我在“好学生弑母”案中阐发的观点来解读周弘的叙事。我将着重分析《赏识你的孩子》这本教育指南。尽管“好学生弑母”与周弘的故事位于相反的两极，但它们采用了相似的叙事美学，在何谓好的育儿的问题上提出了趋同的道德论断。

抗争命运

与“好学生弑母”故事一样，周弘的故事也以不协调的叙事美学为特点，描绘了兼具对立特质的人物：残障的天才儿童、未受过正规训练的教育专家。类似“好学生弑母”的故事，周弘的叙事也提出了发人深思的抽象概念。如果说前者引发了“徐力之罪该归咎于谁和什么”的问题，那么后者则提出了周婷婷和周弘的成功该如何解释的问题。

《赏识你的孩子》以疾病的故事开篇，讲述了婷婷失聪的原因、寻医问药的过程以及经历的社会排斥和污名。其中有一段十分催人泪下的情节。婷婷在上幼儿园时，因为不会向老师表达自己，经常尿在裤子里。在春、夏、秋季，这都不是什么大问题。但一到冬季，“心急如焚”的周弘会在工作结束之际冲出工厂大门去接女儿。他回忆道：“接到女儿的第一个动作：先摸女儿的裤子，如果裤子湿了，我的心也湿了。骑车带她回家的路上，我泪如泉涌，寒风吹在女儿蜷曲哆嗦的身上，仿佛万箭穿心。”（2003）[3—4]

周弘接着讲到，一次他在抹眼泪，没控制好自行车，导致婷婷从车上摔下来，头栽在泥地里，哇哇大哭，引来路人侧目。回到家后，周弘把婷婷浑身上下清洗干净。他写道：“没有暖气，就用我的身体给她取暖。心酸的眼泪一滴一滴掉在女儿娇嫩的小脸上，女儿用一双无比困惑的眼睛看着爸爸。”（4）这个故事中，对身体分泌物——尿和泪（后来与泥土混在一起）——的突出表现从“诉苦”体裁中获得了意义和可理解性。

高度戏剧化和情绪化的“诉苦”是土地改革时期的一种叙事手段。为了推进土地和财富的再分配，革命干部鼓励农民讲述自己的苦难，并促使他们认识到这些苦痛源于自己遭受的剥削。以血与泪的形式（其中泪既被言语道出又被展演性地哭出）出现的身体增强了“诉苦”叙事的修辞力量。这一“身体的自发事实”将直接经验与不平等的经济交换体系关联起来（安德训 1997b）[23]。

不过，“诉苦”叙事旨在让农民从阶级剥削而非时运不济的角度看待苦难，而周弘在讲述婷婷的疾病故事时则常常提到“残酷的命运”。① 上海的一位医生告诉他：“没有办法，双耳全聋的孩子在全世界都属康复禁区，她今后唯一的出路只能是上聋哑学校。”（3）这位医生的话似乎宣判了婷婷注定要过被社会排斥的生活，注定走向人生的黑暗。周弘回忆：“由于做父母的屈服于命运的安排，女儿3岁前的时光是在孤独和泪水中泡大的。”（3）

开启周弘的转变过程的，是一部日本电视剧《血疑》。“就在我们走投无路、山穷水尽之际”，周弘在大岛茂这个角色身上获得启发，后者“无尽的父爱”为他身患绝症女儿的生与死赋予了意义和完满。“从此，”周弘忆道，“我带着双耳全聋的女儿，走上了一条与命运抗争的路。”（5）

在“屈服于命运的安排”和最终带来成功的“与命运抗

① 见安德训（1997b）[29]。

争”之间，周弘的故事在绝望和希望之间划出一道戏剧性的弧线。在这个过程中，周弘自己也经历了转变。在反思女儿的成就和自己的人生轨迹时，他想，自己这个“老三届毕业生，工厂技术员，一个与特殊教育毫不相干的父亲，却调进南京聋人学校当了副校长。父女的命运产生了戏剧性的变化!”(16)

周弘反复强调自己老三届毕业生的身份，从而强化了其人生故事的讽刺性。“老三届”指的是1967年至1969年的初高中毕业生，在建设社会主义现代化的热潮下，这一代城市青年牺牲了正规的学校教育，纷纷上山下乡。虽然不少人在回到城市后取得了成功，但大多数人在车间从事体力劳动，周弘本人便是一名工厂技术员。老三届毕业生当中存在着很深的愤恨和很高的隐性失业率，他们中的许多人在市场改革中沦为“多余的人”。① 所以当周弘提及自己的老三届身份时，他意在强调自己一路走来的不易成就，以及他的人生本可轻易变成另一种状况：“像我这样的‘老三届’，许多人都下岗。我还是幸运的。”(170)

残障儿童成为天才，蓝领工人变为无师自通的专家，单个人物身上结合了互不协调的特质，类似心怀大善的乞丐或杀人的好学生。与“好学生弑母”的故事一样，周婷婷和周弘的意外成功也引出了一些问题：这对父女是如何在社会条件和身体条件的制约下取得成功的？周弘的叙事与美国人熟悉的“白手起家、从贫到富”的故事颇为相似，这并非巧合。周弘强调自己与命运抗争的决心和努力，从道德上论证了人

① 见 Hung and Chiu (2003)。

的努力之潜能。事实上，他的受欢迎程度远远超出了教育改革运动的范畴，乃至可与“成功学”这一体裁联系起来，后者涵盖了诸如比尔·盖茨和沃尔玛的山姆·沃尔顿这样的成功企业家的故事。① 这类故事宣扬了这样的新自由主义观念，即仅凭个人努力便能实现社会类属的跃升，这是一种“新自由主义的自立寓言”，将个人发展与经济发展关联起来。②

同时，周弘故事中的英雄主义也表明，成功故事在持续地吸收利用中国叙事传统久已熟稔的叙事实践：给出值得效仿的模范。这些成功故事“循环利用中国传统的‘名人故事’体裁”（安德训 2004）[195]。有趣的是，在市场改革时代，许多模范人物都是残障人士或残障儿童的家长或老师。这些人物包括张海迪、邓朴方、安妮·莎莉文、海伦·凯勒和十九世纪的德国人卡尔·威特（Karl Witte）（卡尔·威特出生时有些“痴傻”，但得益于父亲的教育方法，他最终打破常人的期望，成为一名法律学者）。③ 这些教师和学习者克服重重障碍，亲证了人们长久抱有的信念——“人具有可塑性”，不过他们的故事还有助于构建一个新的范畴，我接下来就转向这个范畴。

自然化潜能

乍看上去，周弘的《赏识你的孩子》和其他的流行书籍

---

① 见 D. Davies（2007）；安德训（2004）。

② 这一说法来自安德训（2004）[195]。这类“寓言”也参与到了对个体的传记式或自传式颂扬之中。与成功学一样，这个体裁也是在后毛泽东时代才出现。见冯珠娣（1996，2002）。

③ 关于邓朴方，见 Kohrman（2005）。

很像，例如《哈佛女孩刘亦婷》和《卡尔·威特的教育》。它们都展示了父母的高强度劳作和投入如何为孩子创造了价值，这些价值可以在知识经济中用于交换。这类成功指南中的孩子日后都进入了名牌大学，或是从事脑力劳动的职业。

不过，周弘的教育方式与这类作品中其他家长的截然不同。尽管他也投入了大量精力教授具体技能（比如打算盘），但《赏识你的孩子》与其说写的是如何管理孩子，不如说是如何管理自己。通过强调自己不抱期望（这种态度靠的是他对自己进行的情感劳动），周弘的建议鼓励父母成为伦理主体。像《哈佛女孩刘亦婷》这样的教育指南则有所不同，它们更多是以产出为导向的。

周弘的叙述和知心姐姐对徐力故事的重述都强调了孩子主体性的内在深度，而不是只关注产出或理性的生产手段。在“好学生弑母”的故事里，公众对事件的解读回溯性地构建了心理健康和心理素质等范畴。从某种意义上说，徐力先于其母被杀死，这是因为中国的父母不关注孩子的心理健康。类似地，周弘关于抚养婷婷的叙述，回溯性地构建了一个虽有所不同但与此相关的范畴——潜能，并将其自然化了。如果说“好学生弑母”事件的专家解读揭示了一种隐匿的症状，那么周婷婷的戏剧性转变则揭示了一种隐藏的潜能。心理健康和人的潜能成为有待发掘和理解的范畴。

当周弘被问及他是如何做到这一切的，他坚持认为自己的方法对每个人都适用。为了发掘孩子隐藏的潜能，家长必须去重新发现一些“自然”的育儿方法。他坚持认为，“这是一种神奇而又普通的教育方法，也是一种新鲜而又古老的教育方法。更有趣的是，它是所有家长本来就有，却未曾发现，都本能地使用过，却又无意中遗忘了的教育方法”（17）。这便是一种心态，一种未被唯分数论的选拔体系催生的社会竞争所侵蚀的心态。在周弘看来，这种自然的态度可以概括为“行”这个字——坚信孩子能行。[①] 在社会化的早期阶段，当孩子刚开始学走路和学说话的时候，家长会抱持这种态度。周弘认为，在这样的早期阶段，家长自然没有任何期望，因为每个孩子总有一天能学会走路和说话。他写道：“由于坚信孩子‘行’，在孩子学走路时，家长就能允许失败……孩子在学走路时，哪怕跌十次跤，一百次跤，一千次跤，家长都会鼓励孩子站起来。”（58）

谈到家长对学龄儿童的高期望（正如徐力妈妈表现出来的）时，周弘鼓励家长找回自然的态度，即一种允许失败并不断给予鼓励的态度，这样来管控家长的期望值。周弘将育儿比作种庄稼，借此说明没有坏孩子，只有不好的教育方法。他写道：“我认为没有种不好的庄稼，只有不会种庄稼的农民。庄稼长势不好，我们从未看到一位农民双手叉腰，怒不可遏地站在田边抱怨：‘我起早贪黑，披星戴月，吃了多少苦，流了多少汗，仁至义尽了吧！你们为什么长不高？’”（37）如果只有不好的教育方法，那么父母应当批评的不再是孩子，而是自己。周弘称，每当女儿出现问题，他就会反思自己，问问自己哪里做得不对。这种态度与徐力母亲的形象形成了强烈对比。

如果将注意力转向自身，父母就更能赏识孩子。周弘认

---

① 作形容词的“行”表示“有能力”或“能胜任”。作动词的“行”可表示“走”或“去”。但这个词对周弘而言有着更广泛的意义。

为，良好的育儿方式需要用具体的日常练习来培养乐观精神。他说："如今每天早晨起来，我总是习惯性地面对自己，告诫自己，用珍惜的心情度过每一天，用感激的心情迎接每一天。"（174）这里，周弘不只是在给出育儿建议，更是提出了一种生活模式，这种生活模式援引了儒家的美德伦理，即修身/自我修养是协调人际关系的前提。这种理念可以追溯到儒家经典《大学》的著名段落，其中阐明了不同尺度的人类现象之间的自然对应关系，即，在治国、齐家与正心、诚意、格物、致知之间存在的对应关系（万俊人 2004）。

许多研究中国的人类学家指出，后毛泽东时代的治理术或生命政治借助了更古老的修身/自我修养传统。周弘也不例外——他强调要找寻自然的态度。但同时，不可否认周弘的建议也反映了当代的逻辑，更不必说商业自助的乐观态度。通过将自己的方式与所谓大多数中国家长的行事方式相对立，通过培养本注定要生活于边缘的女儿取得学术成功，周弘有力地证明了，所有的孩子都具有潜能，只不过表面上难以发现。要是他都能将孩子培养得学业有成，为什么普通孩子的家长培养起来竟如此困难？周弘认为，绝大多数父母"善用胡萝卜加大棒的方式"，把孩子当作"私有财产"，变得越来越贪婪，"拔苗助长"，所以孩子们变得垂头丧气，其蓬勃发展的潜力遭到扼杀。在周弘看来，这些态度是根深蒂固的："自古以来，中国君臣父子的伦理关系，造成了人性的压抑。"（2003）[160]

与许多改革倡导者一样，周弘也关心着国家的命运。那种压制潜能、无视孩子主体性的育儿方式无法培养出积极主动上进的主体。周弘的建议将个人发展与国家发展联系起来，这在下面这段话中表现得尤为明显：“关键是让孩子理解竞争的意义，从内心产生竞争的愿望，培养良好的心态和健全的人格；要教会孩子启动发动机，而不是推着孩子走。”（71）这里有趣的是，家长对高素质主体的培养，似乎并不依赖于投资教育商品来为孩子赋予价值，而更多地依赖于家长针对自己进行劳作，为的是不让自己威胁到或阻碍到孩子个人潜能的发挥。成为理解孩子主观需求的家长能确保孩子身上的潜在资源得到更好的培养和发掘，并在时机成熟时加以利用。周弘认为，人的潜能是一种自然资源。

在中国经济重心转向知识经济转向的背景下，人的潜能已经成为尤其突出的概念。潜能并非伸手可及，唯有通过主体间的努力才能把握和激发。对潜能的发掘和培养需要参与个人发展的各方——无论是家长、教师还是公司经理——都承担起新的责任。育儿专家们的故事就如何对待孩子进行了道德论证：应当将孩子们当作主动的、思考的、感觉的主体来对待，相应地，只有那些能积极地、自觉地、由衷地反省自己的父母才能帮助实现孩子的潜能。只有增强儿童和家长的主体性，才能保证国力的增长和现代性的实现。一个娓娓道来、树立起“如其所是”模范的故事，对政府官员和教育工作者乃至家长自身都影响深远。

风吹草倒

巴肯观察到，在后毛泽东时代，国家在模范的宣传方面出现了“信仰危机”。自我牺牲、广行善举的社会主义英雄已经失去了吸引力，甚至还出现了模范被嘲笑和攻击的案例（2000）[186—194]。尽管如此，巴肯正确地指出，纵然官方模范不再受欢迎，但“总体而言，推选模范的做法似乎依然在很大程度上保持了其原有的教育功效”（181）。

专家讲故事不太可能是受了与他们有关的国家机关的指示。实际上，讲故事的倾向反映了一种潜在的文化逻辑，很可能受到这些作者自己多次接触模范的经历所支撑。即使专家讲的故事具有规范化的效果，它们并不会招致巴肯提及的那种来自民众的质疑。读者和听众对好的和失败的育儿故事感兴趣并潜在地接受它们，是因为这些故事叙述的内容与他们自身的关切和困境直接相关。换言之，巴肯的观察下，官方推选的模范和中国年轻人之间存在很大距离，但我研究中的育儿专家和中产阶级父母之间则更为切近。

此外，专家讲的故事并不给人规范性的感觉，因为它们往往与普罗大众流传的育儿故事连在一起。这些故事常常被转述，在大众媒体的范围之外进一步流传。因此，它们看上去不那么像（趋向神话的）模范，而更像是普通的闲聊八卦（类似“可能会发生的事”），这让文本得到了更广泛的阐释和个人化。① 在良好育儿的定义引发争议的情况下，突出生活的偶然性（而非恒常的美德）尤能激发人的思考，甚至带来行为上的短暂改变。在一个正经历快速变化的社会中，人的生活可能会有无所依托之感，因此，有关他人生活的故事便可为涉足未知领域提供指导。在这个意义上，专家的故事拥有情感之力。

---

① 这里借用了努斯鲍姆（[2001] 2006）[240—246]的说法。

在下一章里，我将关注普通家长如何看待婷婷和徐力的故事，以论证上述观点。不过在我们结束本章之前，我想提及一段平平无奇的闲谈。

一天下午，我十几岁的朋友格蕾丝开始给她母亲和我讲述一个母子关系出问题的故事。这个故事是她从一个朋友那里听说的，这个朋友恰好住在当事家庭的隔壁。让我们称故事中的母亲为兰女士，儿子为穆光。

一天早上，穆光和兰女士发生了争执，这场争执最后以穆光的失踪告终。事情的起因是兰女士试图喊穆光起床："穆光，起床！""我再睡5分钟。""穆光，起床！""别管我。""穆光，起床！""我不起。""穆光，起床！""我就是不起。""穆光，起床！""我就是不起，你想干吗？"兰女士放弃了，她走到屋外去取一些食品杂货。结果穆光把母亲锁在了屋外。[1]两人又开始你来我往，不过穆光拒不开门。"穆光，开门！""我不开。""穆光，开门！""我就不开。"

兰女士从一扇开着的窗户爬进屋里，两人吵了起来，最后兰女士让儿子滚出家门。她接着把穆光的衣服一件件扔到屋外过道里。穆光离开了家。

好几个小时过去了，随着怒气渐消，兰女士开始担心起来。她给儿子的手机打电话，让他立马回家。穆光却没有这么做。

这时，深感苦恼的兰女士向邻居（也就是向格蕾丝讲述这个故事的另一位母亲）寻求建议。她边哭边叹："我就是不

---

① 不同于大多数中国城市居民住在公寓楼里，兰女士和家人住在一幢漂亮的别墅里。

知道怎么对付这孩子。”邻居尽力安慰了兰女士。

当我的朋友格蕾丝向她的母亲和我讲述这个故事时，她乐不可支。毕竟故事中的事件确实近乎荒诞。而格蕾丝的母亲宋华则保持沉默，她很认真地听着，将原本午睡前翻阅的报纸摊放在腿上。格蕾丝的母亲和我不时轻声笑起来，主要是因为格蕾丝的模仿极其生动和夸张——她完整再现了各种咕哝、嘟嚷和唱戏一样的哭声。

这个故事让宋华和我都很吃惊，因为兰女士是当地文化界颇受尊敬的人物，她对人与人之间的伦理道德和如何做新时代的中国人都大有见地。当我们聊到这个故事的讽刺意味时，宋华还小小地模仿了一下她在当地电视节目上看到兰女士发言时尽显威信的神态。我同情兰女士，说道："和儿子发生这样的冲突，她一定很心碎——任何人都会心碎。”宋华表示赞同并补充道："这是一个悲剧。”

第二天早上，当宋华来到女儿的房间叫她起床吃早饭时，她充满了温柔爱意！平日里，她倒是也不会大声喊叫催女儿起床，但她的确会因为格蕾丝总在大家庭中最后一个起床而给她难堪。格蕾丝最近考完了高考，所以宋华想让女儿补补觉。但她也很矛盾：看到女儿睡懒觉，她心里不太舒服。她曾经说过："睡懒觉的人是失败者。”在某些情况下，她会利用女儿的内疚。当备好的早餐升腾的热气开始消散，她会喊女儿说："所有人都在等你！”

就在这一天，宋华和我促膝谈心，聊了聊育儿问题。作为一名多年前丈夫因病离世的单亲母亲，宋华觉得自己有责任同时扮演“严父”和“慈母”的角色——这是在援引俗话“严父慈母”中表达的传统性别分工。宋华承认，“有时我对她很凶”，“但如果你现在不教育和引导孩子，将来她就会怪你”。我们的谈话没有提及的是，教育和引导也可能让孩子怪父母。

如果说“有德性的为政者激发民众向善的过程，就像风在草上吹、草必随风倒一样”（奥伯丁 2008）[630]，那么宋华的矛盾心态便反映出流传的闲话八卦——在这里是一个负面案例——给她打下的短暂印记。故事里的冲突竟会出现在备受尊敬的公众人物和她十几岁的儿子之间，这让宋华意识到，事情的走向总是难料的。亲子关系的确可能出问题。这个故事激起了她对较为让人省心的女儿的爱的赏识，这种赏识具有一种外在于时间的特质，超越了日常生活安排。不过，不像徐力和穆光，格蕾丝对母亲并无怨恨。在她看来，妈妈的唠叨只是一堆叽里咕噜的啰嗦罢了。

第三章

“手不听使唤”

2006年秋天的一个雨天，胡秋丽的公寓热闹非凡。胡秋丽是一名下岗工人，对儿童教育有着浓厚兴趣，她把家中带顶棚的阳台改造成了一间教室。这天下午，胡秋丽组织了活动，我和她的朋友王燕（她带着女儿吴琳琳来见我）一同登门拜访。不过，吴琳琳这个精力充沛的10岁孩子显然对其他事情比对我更感兴趣。胡秋丽家中到处都是玩耍的孩子。

吴琳琳和另外两个女孩准备一起下跳棋，她们也友善地邀请我加入。此时，王燕仍穿着她的黑色长雨衣，站在不远处的厨房柜台旁，假装在看报纸。当然，她其实是在看我们。她多次叱责女儿看向近旁其他人玩的电脑游戏，责备道：“你总是分心，这样怎么做成事呢？”

王燕不喜欢女儿注意力不集中，但还有别的事在困扰她。终于，因为吴琳琳不太有兴趣和我交流，母女俩发生了口角。“我不是带你来玩的！快点！”两人你来我往，言语尖锐。

吴琳琳还是听从了母亲的话，我和她试着交谈了一会。但没过多久她就又溜走了，跑去看一群男孩玩电子游戏。

这时，王燕转向我，仿佛展现出“双重人格”般露齿一笑：“我太焦虑了，是不是？”

在我看来，那天的整个下午集中展现了王燕所说的“矛盾”。就在她责备女儿之前，我们正在聊着，家长在面对越来越不服管教的十几岁孩子时如何越来越觉得需要克制自己。在不少其他谈话中，王燕坦承自己是个暴脾气，她也在不断反省，想控制自己的脾气，努力成为更好的家长。她热衷于阅读专家们提出的育儿建议，这些建议一再呼吁父母们培养更多的耐心。她急于遵循这些建议，因为吴琳琳毕竟是她的独生女。更重要的是，王燕看到了两个社会之间的巨大差异——一个是王燕的父母想让王燕适应的社会，另一个是吴琳琳有一天必须面对的社会。因此，王燕之所以努力控制自己的暴脾气，也是因为她觉得这对女儿来说可能不好。然而，由于心理需求之外总有其他更紧迫的问题，王燕总处在一种矛盾状态。

本章描摹了中产阶级母亲的“情感劳动”，将她们的自我怀疑置于良好育儿观念变化的背景中理解。阿莉·拉塞尔·霍克希尔德（Arlie Russell Hochschild）基于其对美国空乘人员的研究将情感劳动定义为“要求一个人为了保持恰当的表情而诱发或抑制自己的感受，以在他人身上产生适宜的心理状态”①（1983）[7]的劳动。在霍克希尔德的研究中，空乘

① 《心灵的整饰：人类情感的商业化》，成伯清，淡卫军，王佳鹏译，上海：上海三联书店，2020 年，第 21 页。——译者

为了让顾客满意而压抑自己的愤怒，而中国的母亲则为了培养孩子的内在主体性而控制自己的怒火。

专家认为，如果父母给孩子施加太大压力，为一些小事生气，那么他们不仅阻碍了孩子实现潜能，而且会威胁到孩子的心理健康。专家常常诉诸讲故事来阐述观点，在读者和听众中产生美学和道德影响，因此他们的建议在普通父母中一直很有影响力。但与此同时，专家建议会与高压的教育系统这一现实相冲突，后者要求一种时刻警觉的育儿方式，这与素质教育理念相悖。尽管普通家长愿意接受专家的建议，但他们必须要平衡两种不可互通的善好：是维护孩子的幸福还是确保孩子的生存？这些互不相容的价值引发了个体的内在冲突。

我结识的母亲们就恰当的育儿方式方法表达了诸多复杂感受，并为自己的失败感承担个人责任，但我认为，母亲们的愤怒和矛盾是在流行建议的管理话语、育儿职责的性别化以及高度竞争的教育系统的压力这三者共同作用之下形成的。① 正如理查德·施维德（Richard Shweder）所言，情感就是“故事的全部”（2003）[155]。尽管专家们认为过度的情感是有问题的，但经历有问题的情感也可以看成是伦理主体性的一个构成过程。这些有问题的情感构成了对外部环境的一种评判，而且它们还强调，作出反应与承担责任不可分割地交织在一起。

① 这种对主体性的分析受到了 Biehl，Good 和凯博文（2007）的启发。

育儿建议与职责的性别化

专家的建议话语所定义的良好育儿，根本上是要家长以专家提供的形象为指导进行自我管理和自我改进。这是一项性别化的项目，包含两个隐含假设：（1）母亲是主要照料者；（2）母亲尤其在自我控制方面有问题。通常，专家们会把没能关注孩子内心世界的问题归于父亲和母亲两方，但“过于情绪化”尤其是母亲的问题。《破译孩子的心灵密码》这本育儿指南的作者姜雪蓝写道：“在引导、规范孩子的言行时，我们这些当妈妈的常常容易发怒。”（2006：6）

《破译孩子的心灵密码》一书中充满了虚构的生活逸事，旨在破解儿童行为中令人费解的秘密，而且每一件逸事后都会附上一段评语。姜雪蓝向读者娓娓道来她的评论：“好妈妈，别着急，请您慢慢来吧！”她谈到，发脾气会阻碍父母和孩子之间的沟通渠道，最终会导致不好的行为和不愿看到的后果。为了保持沟通渠道的畅通，为了进入孩子带“密码”的内心世界，妈妈们必须进行情感劳动。例如，第12节“孩子为什么会在被套上剪洞洞？”讨论了宽容和克制的重要性。

> 宝宝床上一直垫着的毛毯该抽下来清洗了。两床棉被也该换成一条薄些的了。衣柜的冬装都得一件件清洗干净，贮存起来……
>
> 洗衣机从一大早一直不停地转到下午。妈妈的手脚一刻也没能停下来，手上正拆的被套撒满碎碎的小紫花，岁月已把它洗得软软的。
>
> 忽然，妈妈惊呆了，她发现：不知什么时候被套上

横七竖八地出现了许多洞，是小剪刀剪出的尖角洞。

妈妈翻枕头时，又看见前天“失踪”了的虎头袜也被剪了两个大洞。

妈妈心想，除了调皮的宝宝，还会有谁来做这等好事？想到这里，妈妈气不打一处来，吼叫着冲进小书房。此刻，宝宝正盘腿打坐在地上，静静地组装他的“超级警察局”。

妈妈大喝一声：“宝宝！”

“什么事？”宝宝头都没抬一下，漫不经心的态度把妈妈刺激得七窍生烟。

“你床上的被套怎么长了那么多眼睛？”妈妈又追问了一句。可是，任你把眼睛瞪得灯泡大，宝宝瞥一眼后，便去专心地干自己的活去了。

“什么？又用彩色笔在被套上画画了！”听了妈妈的喊声，爸爸问道。他曾经穿了件被宝宝涂鸦的衬衫上班去，差点出了大洋相。

“这回更令人气愤，你看看去吧！”妈妈急了。

“你究竟想干吗？”妈妈发誓不放过宝宝，心想这次不收拾收拾他，下回怕要上屋拆梁了。

宝宝听出了妈妈话中的火暴滋味，怯生生地说：“我本来想试一试手工剪刀有多锋利的。”

“那怎么会一下子出现那么多洞洞？”

“我想看看被套里会不会有瞌睡虫。”

“什么？”妈妈简直不敢相信自己的耳朵，儿子的想法简直太奇妙啦。

妈妈不禁笑了起来。

这个故事提到了四次妈妈的情绪：她气不打一处来、被刺激得七窍生烟、眼睛瞪得灯泡大、宝宝听出她的怒火。虽然这个故事过于简短，没来得及描绘任何“情感劳动”，不过它展示了从怒火到笑声的转变。这样一来，它给出了一个情绪克制的典范案例，并与紧随其后的评论一道，说服妈妈将孩子的淘气行为看作科学发现的种子。要是按照“惯常的思维方式”，采取预防措施对宝宝进行惩罚是合理的，因为宝宝下次没准会做出更严重的事。这种思维方式植根于一种趋势 / 倾向的逻辑，体现在诸如“小时偷针，大时偷金”这样的俗语中。但与此相反，姜雪蓝希望读者能够理解，宝宝的行为是出于一种天真的好奇心，所以妈妈的怒火并不是恰当的反应。

母亲尤其需要控制情绪这一假定基于的是对性别的生物学理解，自新中国成立之初开始，这种理解就有助于推进经济发展和国家建设。妇女进入劳动力市场伴随着妇女卫生和生殖健康相关知识的传播，这些知识建立在两性的生物互补性和由生殖功能定义的性别观念之上（弋玫［Kimberley Ens Manning］2006）。此外，这一时期还出现了针对情绪调控的诊疗。1950 年代的专家们重拾了前现代的处方疗法，告诫妇女在月经期间不要动怒，并建议孕妇控制食欲和情绪（艾华 1995）[380]。

尽管在当今中国，性别差异依然是从生物学角度来理解和想象的，但毛泽东时代和后毛泽东时代对性别差异的理解有很大不同。在毛泽东时代，虽然性别差异被放在生殖问题的背景下讨论，但除此之外，官方关于性别的论述“并未将人格还原为生理学术语”。按照白露的观察，“直至近来，情感和性格的领域一直与毛泽东的思想传统相绑定，后者强调社会阶级，而非性解剖学或‘性别’”（1994）[277]。相较之下，后毛泽东时代则见证了赋予女性的性别特征的扩大化。① 在1980年代和1990年代，女性被认为具有丰富的、超越逻辑的感知力，觉察隐藏细节的能力，以及使她们有别于男性的关心和感受力（克罗尔［Elisaberth Croll］1995）[150—155]。

根据这些对女性的表征，女性尤易进入情感领域。然而，这种优势也可能成为一种负担，特别是在育儿专家眼中。这种论调并非中国独有。在战后的加拿大，母亲常被视为威胁，甚至被指责为儿童病态的根源，因为母亲“自然地”倾向于“溺爱”或过度表达爱意（格利森［Mona Gleason］1999）。行为主义心理学家约翰·华生（John B. Watson）——他相信父母可以像技术员那样设计和操控孩子的行为——认为母爱是科学育儿的阻碍（格兰特［Julia Grant］1998）。在日本，医学专家认为“教育妈妈”的狂热很容易转变成“育儿神经症”（洛克 1993）[10]（怀特［Merry Isaacs White］2002）[108]。这些不同的例子均表明，将情感能力归于妇女可能会让母亲遭受指责，进而为专家的干预制造空间。

长期以来关于性别差异的观念，加上近来性别特征的扩大化，让“情绪化的母亲”这一观念在后毛泽东时代的中国变得无可争议。但育儿建议的性别化还有另外一层含义，它

① 艾华观察到，伴随着“表征领域”的扩展，如今主题变得更广泛多样了（1995）[389]。罗丽莎则注意到她所说的“后社会主义现代性的寓言”。按照这一寓言，毛泽东政权在推进性别平等和两性同体时压抑了对自然差异的强调，这表明出现了历史上未曾有过的巨大断裂（1999）[217—256]（2007）[65—83]。

与新中国建立以来妇女不得不承受的双重负担有关。在毛泽东时代的中国，妇女解放意味着在家庭之外进行有偿工作，家务劳动的社会化在一定程度上将妇女从家务中解放出来。①尽管如此，期望妇女来承担余下的家务劳动这一点却未曾受过质疑。党“没能把性别等级制的生产作为一个文化乃至阶级和经济问题来解决”（艾华 2008）[104]。值得注意的是，1957年，妇联主席蔡畅“提出妇女应当肩负起‘她们对家庭的主要责任’，直到国家能够‘解决家务和工作之间的矛盾’”，这实际上重申了早前的性别劳动分工（107）。

在毛泽东时代，男性常被要求在家庭领域帮助女性。②例如，在1950年代，承担部分家务的丈夫会被作为模范婚姻“大加称赞”（达文［Delia Davin］1976）[183]。在城市和农村，男性被告知他们的帮助有助于支持工作的妻子，但这种鼓励从未强调两方的平等职责。纵然改革时代育儿建议的作者往往针对的是父母而不只是母亲，然而，女性应承担主要责任或已经是主要责任方的假设，总是若隐若现。1980年代，虽然新闻报刊有关科学育儿的报道文章面向的是父母双方，但这些建议大多出现在女性杂志上（韩起澜［Emily Honig］，贺萧［Gail Hershatter］1988）[180]。到了近来，尽管理想化亲子沟通的杂志文章提到了父母双方，但它们给出的例子说的却是母亲和女儿（艾华 2008）[95]。当意在指出中国家长的育儿问题时，隐含的

---

① 见克罗尔（1978）[247]；达文（1976）；艾华（2008）[107]；弋玫（2006）[577]。

② 见葛淑娴对新文化运动时期的知识分子廖书安（音译）构想的友伴婚姻的讨论，以及对企业家尤怀高构想的小家庭劳动分配的讨论（2003）[44—46, 159—165]。由于篇幅关系，我的讨论仅限于新中国。

受众通常是父母双方，但唯有母亲总是被呈现为情绪化、过于投入或喜怒无常的形象，因而亟须专家指导。这一隐含的假设在《破译孩子的心灵密码》一书中展露无遗。

昆明的中产阶级父亲在养育孩子问题上的确有很重要的话语权。但在我的报道人中，中国妇女长期以来承受的双重负担以一种相当意外的方式表现出来。我认识的大多数父亲都不赞成在学校压力这么大的情况下继续给孩子增加不必要的压力，这和“严父慈母”的俗话刚好反过来。如果孩子不愿去上课外培训班，她 / 他向爸爸求助更可能如愿。我结识的一些母亲认为她们的丈夫过于“随意”，只要孩子完成学校布置的作业，就愿意简单地“顺其自然”。在课外学习提升孩子“素质”这方面，我认识的父亲们做贡献的方式包括当司机、当钓友、当羽毛球陪练或者当教练。但他们的期望是不一样的。与此同时，我认识的母亲们（她们都有全职工作）不仅为家庭收入做贡献，还承担了确保孩子具备竞争力的重任。她们如节拍器般“滴答滴答”地管理着家庭领域，还要不断调整自己提要求的力度、音调和语气，怕惹孩子不快。下面这段话最好地概括了我观察到的这种“严母慈父”现象——这是一位朋友与我分享的她自己想象的儿子对她的看法：“爸爸最好了。妈妈是个小气鬼，这也不让做，那也不让做。她还让我学这个，让我学那个。太烦了。”正如这句话表明的，性别不平等体现在父亲在亲子关系中享有的随意性。

这种不平等并不是中国独有的。① 加州大学洛杉矶分校

① 这种现象并非中国独有，不过中国的性别不平等可以追溯到某些特定的来源。例如，全心奉献的母亲形象常见于各种文化文本中，尤以名人故事最为普遍（石瑞 1995）[71—78]。（转下页）

斯隆家庭日常生活中心（CELF）开展的一项重点关注南加州多族裔中产阶级家庭的研究发现，母亲尤其“倾向于自我反省”。对于“为了过日子而不得不图省事”和每天监督孩子做作业造成的亲子关系紧张，她们深感沮丧和内疚。由于父亲比母亲晚回家，母亲总体而言承担了监督孩子做作业的绝大部分责任，这使她们陷于尴尬境地，成为“专横、唠叨”的家长，而不是那种关心孩子一天过得怎么样的家长（奥克斯［Elinor Ochs］，克雷默-萨德利克 2013）[235]。父母之间情感劳动的性别分工很可能是一种全球现象，在按照人力资本积累来分层的竞争性社会中皆有体现。①

案例一：手不听使唤

我第一次见到王燕是在当地一个私人组织的妈妈培训班上。王燕做行政工作，丈夫是公务员。夫妻俩在女儿的教育

（接上页）这样的母亲悉心关注每一个小细节，不惜一切代价让孩子走上正道。一个突出的例子来自胡适，他曾饱含赞扬地叙述说，一次母亲为了治好他的眼翳，用舌头舔他的病眼，因为她听说这样可以舔去眼翳（76）。在山东，六年级学生要背诵唐诗《游子吟》，这首诗讲的是“老母亲在烛光下为儿子缝衣服，为了能让他把一切时间用来学习，进而去远方做官”。（任柯安 2011）[145]

① 在 CELF 的研究中，与母亲相比，父亲有着更多的私人专属时间（格莱希［Anthony Graesch］2013）。而且，在休闲、交流和照料孩子这三个类别上，花在孩子身上的时间是成反比的。母亲会花更多时间与孩子进行非休闲性的活动，父亲则相反。不过，格莱希也指出，这一发现反映的是平均状况。事实上，家庭与家庭之间存在高度差异性（38）。

上花销非常大。在我们初次见面时，王燕的女儿八岁。王燕在育儿方面的投入给我留下了深刻印象，在很多方面，她都是那种典型的中产阶级母亲，周末送女儿上各种培训班：舞蹈、美术、英语、奥数和乒乓球。她就是本章开篇那位露齿一笑的妈妈。

王燕第一次和我谈起她的情感劳动，是在回答我的一个提问——我问她觉得育儿建议有没有帮助。她给我讲了第二章中提到过的周弘（老三届毕业生成为聋人学校校长）的故事。周弘采取他称之为“赏识教育”的肯定式育儿法（倡导耐心、理解和经常表达对孩子的爱），将失聪的女儿培养成了神童。王燕说，读了周弘的书之后，她不再用分数来衡量女儿，这让女儿能在没有压力的状态下面对考试。不过，她也指出，一个人能在多大程度上应用“赏识教育”这样的方法，取决于这个人的“性格”。我让她解释一下这话的意思。

王燕：因为在照顾她一阵之后，我就没那么有耐心了。我跟你说！有时候我甚至感觉，唉呀，啧，要是我再有耐心一点，这孩子可能会更优秀、更好。但是我没耐心。噢，如果她不听话——

（她扬起一只手，仿佛要给人一巴掌。）

关宜馨：（笑）我很喜欢你的描述。

王燕：就是这么回事。我心里想的是：“不要扇孩子。这不好。”但那只手还是想扇过去。然后我就开始吼她。哎呀，啧，有时候我都不知道到底怎么回事。有时候，我心里想的和我最后做的不一样。我其实不是那种人。我这个人一般是知道自己在那个时候应该做什么的。

本来人就是很情绪化的。我也觉得我……我绝对可以承认，这是我的弱点。我非常情绪化，我告诉你。哎呀，我很有耐心的时候，我都佩服自己。要是没什么耐心的时候，唉，就只说错两个字，我——我——我——我就控制不住自己了。

在朋友圈子里，王燕很招人羡慕。她的女儿吴琳琳非常聪颖，而且没有对上课外班这件事表现出厌烦——事实上，吴琳琳真心喜欢上这些课外班。她不仅有着极大热情，而且成绩优异。吴琳琳还爱读书，王燕的朋友们将这一点归功于王燕给女儿的“启蒙教育”。吴琳琳还在蹒跚学步时，王燕就教她如何阅读，她把识字过程变成游戏，将卡片面朝下散放在地上，让吴琳琳找出特定的字。正因为王燕成功培养了热爱学习的聪明女儿，所以有一次她当着我的面对女儿说的话让我感到疑惑。

一天晚上吃完饭回到家，王燕想拿我当范例：“你看关老师，看她多开心？她是怎么开心地做事情的？你应该向关老师学习，快乐地学习！”这让我颇为惊讶，因为在我的印象里，她和女儿之间的事都是自然发生的。王燕这么惹人羡慕、女儿这么出类拔萃，为什么还需要提醒女儿要有快乐的心态？后来我问王燕，她解释说，吴琳琳不善于接受批评，也许自己的期望太高了。

王燕：她不知道怎么安排时间。她……我们在家里装了一个秋千，她喜欢坐在上面晃荡。我就说：“等你做完作业就可以在上面荡了。”“吴琳琳，你现在该去弹琴了。你该去做这个或者做那个了。”这肯定惹她烦了。你在告诉她做什么，这肯定会惹她烦。

然后她就不理会你。你就得吼她。所以就出现了这个问题。我不知道该怎么解决。

我想让她养成一种习惯，自己去弹钢琴。让她自己安排时间，这是好事。“我应该做这个，这个和这个。”这是我希望看到的。但可能这个希望太……成年人都做不到，怎么指望孩子做到呢？这真的很矛盾，父母真的很矛盾。

“矛盾”是我与妈妈们交谈时常听到的一个词。王燕用身体来表达她的矛盾：纵然她心里知道应该做什么，但那只手却不听使唤。虽然她想变得更有耐心，解决“吼”女儿的问题，但她也觉得自己性格使然，难以真的做到。她责备自己耐心不够，心想，如果她能够控制自己，吴琳琳是不是会更优秀。

案例二：明明就是该生气

文慧是王燕的好友。两人的孩子同龄，在同一所小学上学，还上同一个课外英语班。我初次见到文慧时，她常开玩笑说儿子李胜春太过听话和体贴了，仿佛这是件值得抱怨的事。一次她给我讲了个故事，说她的儿子留心捡起了她不小心落下的钱包。她想，一个男孩子需要这么细心吗，于是对他说：“反正这也是垃圾，就丢在那吧！”

李胜春升入三年级时，文慧担心的问题变了。李胜春在语文课上遇到了很大的困难，因为老师不再用拼音。李胜春开始表现得反常起来。他原本是个害羞、内向和体贴的男孩，现在突然变得叛逆、调皮，还对妈妈说伤人的话。于是，一天晚上，文慧就这个问题咨询了妈妈培训班（我就是在这里见到的王燕）的老师。

我很好奇文慧还记不记得这次咨询，于是，在那次谈话的两年后，我问她有没有觉得哪个专家的育儿建议对她有过帮助。她也立马提到了周弘，不过不是在肯定周弘的育儿心得，而是在举例说明为什么专家建议很难应用于现实。她详细复述了周弘在昆明的一次公共讲座中所举的例子（周弘赞扬女儿在十道数学题中做对了一道），以及听众应当从中学到的经验。

> 文慧：听完讲座之后回到家，我想，“我应该也对孩子这么做吗？”然后我就感觉，哎呀，我以前为什么要……我会骂他。有时候我还会发脾气，我甚至打过他几次。这种事发生过。所以我想，“哎呀，我为什么会这样？”然后你就会想，就用周弘的方法。他管这叫“赏识”，那就赏识吧！但是没有用。这样做了两天，他就不听了。
>
> 关宜馨：（笑）什么意思？不听赏识？还是不听训斥？
>
> 文慧：要是你对他说：“哎呀，李胜春！李胜春，你做得真好！哎呀！”类似这样的话。他就会对你说：“唉，妈妈，你净骗人。”

我问文慧，儿子是不是感觉她的赞美不真诚，她想，“也许是因为孩子已经大了”——不过周弘故事中的女儿和当时文慧的儿子年龄相仿。但随后她开始暗示，真诚的确是个问题：“他有自己的观点，而且他很懂成年人的话，懂你说话的意思。啧。所以有时候大声称赞，我会觉得，我怎么会……为什么会说这样的话？明明就是该生气的事，但就要变得不生气？！”

虽然朋友和熟人常夸李胜春是个优秀的孩子，但文慧觉得她只看得到让她生气的事。

> 文慧：他每天都惹你生气。每一天。唉呀。他不会按你想的来做他该做的，安排好自己的事。他总是这里放松一下，那里捣个乱。要是你不监督他……要是你想让他 10 点准时上床睡觉，除非你监督他，不然他不会做的！没人监督的话，他就不可能做你想让他做的事。他没有时间观念。只要他想，他可以整晚不睡觉。他不在乎。

与王燕一样，文慧也提到了时间管理问题上的挫败感。尽管文慧没有用身体表达来描述她经历的矛盾，但她两次提到了事后的自我指责。第一次是在听完周弘的讲座后（她很清楚地记得这次讲座的细节），她想，自己怎么能责骂甚至动手打儿子呢。然后是第二次，在尝试言语赞赏儿子之后，她想，在本来就该生气的时候，自己怎么能表现得不生气呢。甚至儿子都能察觉到她的矛盾，对她说“你净骗人”。

案例三：有时你别无选择

我第一次采访周华玮时，她带着一张白色的索引卡，上面列有她想谈的话题的提纲。此外，她还带了一沓流行材料，包括一沓最近出版的当地报纸《春城晚报》。报纸上连载了知心姐姐的畅销书《告诉孩子，你真棒！》(卢勤2004）的节选。知心姐姐是著名的育儿专家，曾得到机会采访了弑母的好学生徐力（第二章）。

周华玮自豪地给我讲了个故事，说有一次，她在和女儿的老师会面时为女儿出头。她想成为女儿的知心朋友，这样“如果她有什么话想说，就可以和我说”。但同时，周华玮也承认，自己可能“性格急”。她和我说，她感到困惑，究竟什么行为才算是“家庭暴力”，这个概念最早是她在流行的育儿建议著作中看到的。周华玮说：“如果你不给女儿个教训，她就很难成为有用的人。”

她给出了两个对比鲜明的例子来说明她面临的两难。第一个是中国著名剧作家曹禺的例子，他极为宽容，从不打骂他的三个孩子，总是对他们好言好语。“但三个孩子没有一个成材”，周华玮指出，“一个都没有。”与此相对，享有国际盛誉的郎朗从小就被逼着弹钢琴。周华玮提到她在报纸上读到的一则逸事。一天，郎朗的父亲外出办事，回家时发现儿子在和其他孩子玩耍，而这个时间他本该在练琴。郎朗的父亲当即拿起一瓶药说道：“如果你不想练了，你喝一半，我喝一半。你妈妈也可以和我们一起死。”这瓶药后来就一直放在钢琴上。

周华玮承认郎朗的父亲很无情。与“好学生弑母”案类似，这个故事流传出来之后，公众倍感震惊，一时成为热议话题。一家音乐培训学校甚至因为这一报道拒绝录取郎朗。他想追随的导师也不愿对可能出现的家庭悲剧负责。但尽管周华玮承认郎朗父亲的措施很极端，她也指出，他的极端严厉确实培养出了一位著名钢琴家。现如今郎朗的父母过着惬意的生活。

周华玮：郎朗可能挨了不少打！他……但他学有所成。这是一种结果。有些人，你就算打他们，他们也成不了材。不仅如此，他们还会弑父弑母，自己也不想活了。这种情况也存在。但是这叫家庭暴力吗？有的人这样成了材，有的人成不了材。

关宜馨：这是家庭暴力还是育儿方法？

周华玮：唉，是呢。

关宜馨：不好说？

周华玮：的确。所以有时候，我也觉得对我的孩子，我已经告诉过她一次了，我觉得她听到了，所以她今天可能不会再犯。但是过两天，她又会犯同样的问题。如果她再不听话，你就没有别的办法了。你只能给她个教训。你只能打她，骂她。这样她才会记住。我不是说我立马就会打她。不是说我们很随便就打她。我们只想让她疼一下。不是要把她打得——

关宜馨：打得开花。

周华玮：嗯，打得开花，像你说的。我们不是要把她耳朵揪下来，类似这种。只是让她稍微疼一下。让她身体上有点疼痛。让她记住这个教训。

所以这个，我真不知道这种方法合不合适。但我就感觉，如果你完全不惩罚她，真的会很难让她……这跟美国不一样，对吧？一个人可以去上班，另一个人可以留在家里，专门负责保持耐心。如果是这种情况，我可以做到温和克制。我会把全部心思放在孩子身上。但这不是我的生活。我有一大堆事情要做。

和王燕一样，周华玮道出了她耐心的限度。在一个理想世界里（正如美国所象征的），她可能会是更有耐心的家长。然而在既要工作又要养育孩子的现实世界中，周华玮面临着一种矛盾，这种矛盾体现在面对两个对立典型时的模糊性，即剧作家曹禺和钢琴家郎朗的父亲的案例。这两个典型都既是正面又是负面的。曹禺更接近专家理想中的家长，但他的孩子却没能取得成就。郎朗的父亲用了人们觉得可怕的方法，但他的确培养出了一位著名音乐家。这两个典型的模糊性让周华玮困惑于究竟什么才算是“家庭暴力”。

情绪管理的规则

王燕和周华玮将她们的缺乏耐心归咎于性格，仿佛情感体验主要是个体问题。当王燕认为无法协调心中所想和手上动作是自己的一个弱点，她就是在为没能更加克制情绪而自责。在上述案例中，王燕尤其明确地将自己的情绪描述为不加掩饰、自发自然的，这唤起了一个常识性的理解，即情感与理性相对立。然而，从人类学视角来看，情感从来都不只关涉个体。它们产生于人参与世界的过程，并普遍受到文化规范的约束，即如何恰当地控制或表达情绪。从民族志资料中可以看到，愤怒通常被看作有问题的情绪，需要加以管理和克制。①

在当代中国，母亲们将自己的愤怒和焦虑置于省思和纠正之下，这发生在具体的历史语境中，在这一历史语境下，大众传媒景观中充斥着周弘这样的模范父亲和杀人的好学生形象。②周华玮提到有的人会“弑父弑母”，这反映了接触

---

① 在道格拉斯·霍兰（Douglas Hollan）居住过的一个托拉查（Toraja）社群，愤怒被认为是对人与人的关系以及人与超自然世界的关系的破坏。托拉查人用一些非正式策略来“冷却”他们的怒火，从而制造一种“温暖、友好和好客”的公共形象（霍兰1988）[56]。乌特库人（The Utku）对愤怒和不稳定情绪有着强烈的约束，这些情绪与他们的核心价值“关怀”背道而驰（Briggs 1970）。他们通过开玩笑和放声大笑来释放紧张情绪，让批评与温暖和欢愉交融，以此进行情绪控制。此外，他们还通过表达关怀来驱散他人的愤怒。乌拉普米安基督徒极为重视内心平和与善念。他们在忏悔和驱除愤怒的仪式上处理愤怒，或是避开那些容易让人顽固任性的情境，因为任性与愤怒相连。在上述前两个案例中，对社群的所有成员而言，愤怒都是不好的（霍兰 1998）[69 n.16]（Briggs 1970）[333]，在乌特库人的案例中，唯有儿童尚属例外，但在乌拉普米安人的案例中，大人物必须用愤怒来成事，以此代表他们的追随者承担道德风险（罗宾斯 2005）[199—200]。有关情绪控制的文化指令的更多例子，见维坎对妇女被期望欢快和“爽朗”的讨论（1990），以及特鲁普（Jason Throop）对雅浦人（Yap）道德中选择性表达的价值的讨论（2010）[102—105, 138—141]。有趣的是，奥古斯丁·巴勒斯（Augusten Burroughs）在2002年的回忆录《夹缝求生》（*Running with Scissors*）中写到他母亲的心理医生鼓励他尽其所能表达愤怒。这表明，尽管表达与控制截然相反，但在重视表达的文化中，文化规则也同样活跃。

② 在中国，关于母亲应承担情绪调节责任的文本建构由来已久，但这种责任主要与孕妇和哺乳期妇女有关。胎教要求（转下页）

可怕的和模范的案例所带来的环境影响。这种影响是尼古拉斯·罗斯（1996）所说的“心理/精神”的地方变体，即一个异质的装置，将现代人的内在心理与自主和自我实现的形象组装在一起，与此同时也导致自我怀疑和自我反思的负担。我们这里讨论的地方变体，是由社会主义治理技术以及历史悠久的运用模范来指导人行为的偏好所形塑的。

尽管在二十一世纪之交，众多流行建议都是通过商业渠道传播的，但商业渠道和国家渠道并非泾渭分明。知心姐姐、周弘、孙云晓这样的知名专家都以不同方式与国家发生关联。孙云晓是中国青少年研究中心的副主任和研究员，还得到过国务院的表彰。周弘与中国陶行知研究会有关联，该组织以对民国时期教育家陶行知的共同兴趣为基础，由致力于教育改革的高级官员领导的各个研究会构成。① 知心姐姐在《中国青年报》上开设专栏，她还是中国关心下一代工作委员会的

（接上页）母亲时刻注意她们所受的影响。汉代思想家刘向说：“如果孕母受好事物的影响［感］，她的孩子就会是好的，如果受坏事物影响，孩子就会是坏的”（“感于善则善，感于恶则恶”）（引自 Kinney 2004）[21]。明清时期，相比于胎儿的道德发展，医生对婴儿的疾病更为关注。费侠莉告诉我们：“受情绪（尤其是激情或愤怒）扰动，放纵欲望，或沉溺于过多饮食，都会增长内热的风险，这会威胁到胎儿在子宫里的健康成长，并使其在婴儿期容易生病。”（1995）[171] 在孩子出生后，母亲依然有着调节情绪的责任，因为母亲的情绪状态被认为会影响母乳的质量。一本名为《全幼心鉴》的明代医书列出了会导致婴儿生病的十种母乳，其中四种与母亲的情绪状态有关：喜乳、怒乳、气乳和淫乳（Hsiung 2005）[81—82]。

① Yao（2002a）[265—268]。另见 Brown（1987），Keenan（1977）和 Yao（2002b）。

一个小组委员会的成员，中国关工委是由国家发起的，其组织目的和行动方向是依照江泽民的“三个代表”来制定的。[①]昆明当地的专家也或多或少与国家有关联。

以专家和上述各国家机构为中介的这种国家与日常生活的密切关系，绝不意味着大众被愚弄哄骗。诚如研究后毛泽东时代的知识 / 权力转变的人类学家所言，国家权力最适于用治理术来阐释——一种混合了新自由主义逻辑与其他众多逻辑的中国式治理术。治理术是一种生产性的权力模式，它的运作不是依赖抑制和约束，而是基于个体的行动和选择能力。治理术通过作用于他人的行动来运作，它可能出现在任何涉及行为指导的关系中，例如来自专家、教师、家长、人生导师、职业顾问或医生的指导；它可能借助任何主体形构的技术，包括建议、模范、练习、生活目标、默念祈祷等（罗斯 1999）。

在中国经济自由化的背景下，赋能的技术变得尤为突出。在后毛泽东时代，党和国家的现代化战略的关键在于释放市场和劳动力的隐藏潜力。由于劳动力的隐藏潜力被认为存在于人的内部，因此所有参与儿童教育的成人都要承担确保这种潜力得到释放的特殊责任。在这一背景下，父母（更具体地说是母亲）的内心生活便也成为一个关键领域。当下对儿童的内在心理（大家认定好奇心和创造力从此发源）的强调使得父母不得不进行情绪劳动，唯有这样他们才不会阻碍孩子素质的发展，而这种素质具备变革国家的潜力。

① 中国关心下一代工作委员会是由国家发起的，专门致力于推进研究和组织活动来促进青少年的“健康成长”。毒品、网瘾乃至全社会的整体“败坏”是该组织旨在应对的一些挑战。

按照孙云晓的观点，困扰王燕和文慧的时间管理问题必须要小心对待。实际上，可能正是由于父母一心想抓紧每分每秒，孩子才变成了“慢性子”。因此，孙云晓写道：“不分原因一味地‘催促’孩子，或者按照父母自己的想象规定孩子完成任务的时间，只会给孩子带来心理负担”（[2005] 2006）[64]。他接着讲道，要是父母“信任”和“理解”孩子，孩子自然会变“快”，而做到这两点都需要有“耐心”。

由于总是笼罩着出现不理想结果或与预期相反状况的阴云，许多母亲进行了情感劳动。这种私人的、自我导向的劳动的第一步是对“感受规则”（feeling rules）的认识，这些规则存在于“‘我真实感受到的’跟‘我应该感受到的’之间的紧张”（霍克希尔德 1983）[57]①。当王燕说“我这个人通常是知道自己在那个时候应该做什么的”的时候，她是在将自己和那些失去耐心却毫无悔意的父母区分开来，这便是“感受规则”在起作用。文慧在听完周弘的讲座后在“做”和“应该做”之间感到的紧张和冲突亦如此。她想知道自己发脾气和有时打儿子的做法到底对不对。周华玮觉得自己是个急性子，这有时妨碍到了她想培养的母女友谊。她是这样表达“应该”的——要是身处理想的环境，她便可以做到有耐心。

正如我们在周华玮身上最清楚地看到的，进行情感劳动的是母亲。在（美国所象征的）理想世界中，劳动是平等分配的。父亲可以去工作，母亲得以“把全部心思放在孩子身上”。在王燕的案例中，我也注意到了情感劳动的性别化。虽

---

① 《心灵的整饰：人类情感的商业化》，成伯清，淡卫军，王佳鹏译，上海：上海三联书店，2020 年，第 81 页。——译者

然王燕和她的丈夫在与我聊天时站在同一战线（吴先生本人对教育理论也很感兴趣），但终究是王燕在承担有偿工作和主要育儿责任的双重负担。归根到底，吴先生是那个享有与吴琳琳“随意”亲子关系的家长。每当王燕发脾气时，吴先生是那个女儿格外青睐的人。他也是那个吴琳琳向朋友介绍的“不批评我、父母中更好的那一位家长”。

然而，感受规则和情感劳动并不只是推进社会秩序和延续不平等性别体系的机制，就像不能单单从支配的角度来理解治理术一样。让情感成为省思和纠正的对象，这属于主体的制造过程，它既是面向全球经济的人力技术的结果，也是本土的伦理主体性技艺的产物。专家建议鼓励自我反思和自我修养，这正反映了这种混合逻辑。例如，孙云晓在谈到孩子的慢性子和家长需要控制情绪时，将孩子的心理健康与“父母良好的自我修养”联系起来（［2005］2006）[69]。《破译孩子的心灵密码》（2006）的作者姜雪蓝嘱咐妈妈们在面对惹人生气的行为时要克制自己，这呼应了唐代的女性修身文本中不可愤怒叫嚷的规定。① 同时，在周弘看来，良好育儿取决于父母养成赏识的心态，它能让孩子和家长相互滋养。这样，情感劳动便具有了塑造伦理主体性的更广泛意义，受到了儒家思想的影响，即认为修身是协调人际关系的前提条件。

当王燕想知道如何才能对女儿自主学习保持适度期望时，她似乎是在遵循上述逻辑。她承认这很矛盾——“成年人都

① 根据唐代女学，通过身体教育和内在情感的驾驭，儒家女性能具备和男性一样的模范德性。见 Woo（2002，2009）。

做不到，怎么指望孩子做到呢”，这暗示解决矛盾的办法不只是控制情绪这么简单。王燕的朋友胡秋丽在她们的社交圈子里让众人羡慕，因为她好像总是有着无限的耐心。一次她对朋友们说：“其实，读这些书和上这些课不光是关于怎么养孩子，它们还对我们个人有好处。”在这里，对家庭的管理在一种自我转变项目中发生了向内的延伸。这与一种儒家美德伦理产生了共鸣，即把社会关系看作“自我的领域”，象征着伦理发展的可能性（杜维明 1985）[58, 123]。

我在这里提及儒家伦理，并不是暗示存在着某种恒常不变的文化本质。的确，往昔如异乡。但是，同样错误的，是忽视那些影响当代中国的主体制造过程的具体文化资源。① 如果说往昔如异乡，那么它也是沿着信息和文化媒介流动、根据当下逻辑和实际需要实现本土化的解域之地。② 虽然流行专家们极少（如果有过的话）在修身 / 自我修养的意义上明确提及儒家伦理，而且他们将糟糕的养育视为一个文化问题时，往往还会指责儒家的等级伦理（例如君君臣臣父父子子），但是，在情感劳动的相关建议和实践中，经常会援引修身 / 自我修养的伦理，这指向了冯珠娣和张其成所说的“一个独立的空间”（2005）。

---

① 参见任柯安（2006，2007）。

② 文化媒介的一个例子是古典诗词。黄乐嫣（Gloria Davies）对屈原及其诗作《离骚》如何启发了二十世纪思想的讨论很有启发。她指出，尽管知识分子拒斥儒家社会，但“修身和不断内省的这一儒家程式却蓬勃发展”（2008）。李海燕（2007）关于“情”的研究展示了关于美德情感的话语如何在二十世纪围绕不同的关切形成，这些话语以新的方式借用了此前存在的“语言”。

愤怒和矛盾：丰富的感知与情境的标指

矛盾心理来自既希望与当代的好父母观念一致，又顾及社会竞争的残酷现实。我不将愤怒情绪看作自发、有害和非理性的（这正是专家们和母亲们表述愤怒的方式），而是发问：这种情绪讲述了怎样的故事？

人类学家与其他研究人类情感的理论家都致力于挑战西方心智理论中长期存在的理性与情感的对立。这些研究表明，情感是社会事件，不可与思想截然分开，它们反映了个人涉入世界，乃至应对世界、采取行动作用于世界的过程。① 玛莎·努斯鲍姆通过反对“无思想的自然能量”的看法，给出了一个尤其有帮助的论点（[2001] 2006）。她将情感反应理解为一种评价性的判断，不过并不是在抽象的意义上。她认为，情感经验“包含对某物的丰富而密集的感知”，这关系到过一种好生活意味着什么（65）。在讨论文学在道德想象的发展方面的作用时，努斯鲍姆认为，作出反应就是负起责任。她写道：“我们生活在令人困惑的复杂性中。迟钝和拒绝远见是我们的恶习”（1990）[148]。在努斯鲍姆看来，道德成就取决于对复杂、不可化约的具体性的清晰感知，这项任务并不容易。

在中国早期思想中，“心”是情动之所在，因“与事物和事件的接触和行为”而感动和激发（王怀聿 2007）[210]。在道

① Chodorow（1999）；Levy（1984）；Lutz（1988）；M. Rosaldo（1984）；施维德（2003）。

家思想中，心是一个感知和处理有关流变的信息的感觉器官，不论这种流变关乎形势、事物、人还是宏大现象的趋势（柏啸虎 2010）[213]。在儒家思想中，恻隐之心是需要培养的，对他人之心保持敏感才算是成为人和活着（杜维明 1984）[386]。重要的一点是，儒家关于人之情感的理论还认为情感是过一种伦理生活的核心，因为情感被认为有着驱动道德行为的能力。例如，一个人如果对父母缺乏感情，就无法在他们过世时恰当地进行哀悼（王云萍［2007］2008）[356—357]。尽管这个案例中的情感敏感性并不涉及努斯鲍姆的所谓“不可化约的具体性”，但它显然反映了道德情感的关系性或具体特异性。因此，情感与识别具体的语境有关，具有认知向度。

孟子言，文王一怒之下（这也是对具体情境的判断）调兵遣将抵御入侵的敌军，为周国百姓带来了安定，这说明愤怒是正当甚至必要的（王云萍［2007］2008）[361]。但在有些情况下，情绪化的处理虽可预见，但也应该避免。一种情况下的合适之举在另一种情况下可能是灾难性的。孟子认为，君子应当避免亲自教育儿子，因为父亲发怒会造成伤害，他说：“如果［父亲］发怒，儿子便会以伤害父亲的方式进行回应……这样，父子间便会互相伤害，这是大坏事。”（引自伊姆 1999）[6] 此处重点在于，在孟子那里，情绪的控制不是靠完善个体的反应，而是靠操控情境。这个例子表明了情感和情境的不可分割——在中文里，二者皆用“情”字来表达。

如果说我这里的论述与前文关于修身 / 自我修养的讨论有矛盾之处，那是因为中国的理论（以及学者的阐释）也是矛盾的。对于“心”究竟是问题所在还是解决方案并无共识

（浦安迪［Andrew H. Plaks］2006）[115]。所以毫不奇怪，普通大众也是矛盾的。尽管我的报道人觉得欠缺情绪控制是不好的，希望自己能更克制一些，但与此同时，他们也认为自己的情绪是合情合理的。看一个人的情感可以有多种视角，这与中国的本土理解以及亚里士多德的看法有共同之处，这些理解均强调面对外部力量时的某种被动性。换言之，伦理主体性是通过允许自我受到影响来实现的，对哲学家和普通人而言皆如此。人应当是敏感、脆弱/易受影响和有孔隙/可渗入的。案例二中的妈妈文慧给出了她自己的元理论。听完周弘的讲座后，文慧对自己有时发脾气和打儿子的行为感到难过。但随后她转念又想，自己怎么可能说出什么赞美之词呢。她的疑惑并不只关乎情感的体验和情感的外在表达之间的关系问题。更重要地，它是对情感和情境之间的不协调的感知。正如文慧所言："明明就是该生气的事，但就要变得不生气？"

这个案例中的"情境"是具体的，不能笼统概括为父母寄予孩子的厚望或者改头换面的等级制文化逻辑。① 焦虑的育儿行为关系到眼前的紧迫状况。文慧"每天都生气"，这种她理应克制的情绪是一种借代，指代了被认为容易反转的情境。② 当文慧觉得她必须一刻不停地监督儿子、管束他何时刷牙何时睡觉时，她并非只是在简单唠叨或对儿子行使权威。

① 纳夫塔利这样阐释她的上海报道人的矛盾：一方面，母亲们希望"自己与全球'中产阶级'现代性相连"，另一方面则是她们"根深蒂固的如何正确对待孩子的观念"（2009）[100—101]。

② "指代"一词借鉴自伯克（［1935］1954）[221]。

这些充满情绪的提醒和敦促是对构成母子之情境的各种偶发事件的“丰富而密集的感知”：李胜春必须在某个时刻上床睡觉，这样他才能在起床上学前睡足八小时，而上学路上步行和乘车需要花去大约三十分钟。如果他迟到了，老师会当着60个同学的面责骂他，这会让他丢脸，还可能因此失去老师的青睐，甚至伤害到他的自尊心。

当然，这些都是如果李胜春不按时睡觉可能会发生的事。由于情感经验往往与行动者无法控制的情境相联系，因此，情感除了是行动者对具体情况的感知之外，还成为这种脆弱性的“记录”(努斯鲍姆［2001］2006)[43]。我在这里擅自加上的“可能”发生在李胜春身上的事是根据文慧给我讲的故事拼凑起来的，她讲到自己如何忘记在家庭作业上签字（结果给儿子惹了麻烦），讲到一位朋友的儿子失去老师的青睐（最后不得不转学），等等。这里的虚构场景其实是影响情境的紧迫可能性。

如果说“每天都生气”对应了确保孩子准点上学的具体情境，那么应如何理解我的报道人所说的矛盾？矛盾又指代了什么？矛盾是对何种情境的感知？应该如何解释周华玮的困惑——她应当学习剧作家曹禺，还是郎朗的父亲？从王燕“父母真的很矛盾”的自白中，又能否解读出其他意涵？冯文（2007）发现，大连的家长对他们十几岁的子女抱有互相矛盾的期望：既要顺从，又要关心他人/善于交际，要独立，还要优秀。前两者与后两者相抵牾，例如，一个女生内化了追求优秀和独立的价值，而这让她的父母感到失望，因为父母希望她更多地关心家里的事。或者，一个招人喜欢的男生内化了关心他人/善于交际的价值，而这与他父母的期望相冲突，因为父母希望他能更有野心一些。① 冯文指出："我在大连结识的父母认识到他们身处的社会是儒家思想、社会主义和资本主义要素的不稳定混合，于是他们试着教给自己的孩子一些价值，让他们能胜任需要扮演的各种角色"（110）。

母亲们也有不同角色需要扮演。她们的矛盾感与不得不处理相互冲突的要求和承诺有关。*矛盾*指代了，一方面，母亲被期望养育一个心理健康的孩子，但另一方面，也被期望培养一名在重重困难之下仍能成功的有竞争力的学生。周华玮的难题最清楚地表明了这一点：必须管教孩子，否则孩子怎么成为有用的人？但同时，如果管教太多，孩子可能会情绪失控。

这种道德冲突必须从家长同时拥有的两种想象视域来理解，两种视域都属于更广泛的历史情境。第一个视域以孩子的"心灵"（它是在"心"之内的实体）这一隐喻为中介。在某些语境下，心灵可以指世俗意义上的"内心"。② 为了讨论的目的，我将"心灵"译为"heart-spirit"（"心-灵"），以引出"灵"的另一层含义——用来表示异类存在的复合词，如

① 冯文认为，这些价值背后的文化模式在"传递"过程中丢失了。她将父母和青少年之间的紧张关系归结为"父母和孩子的文化模式不匹配"（2007）[115]、调和不同模式的策略不同，以及"阻止父母重视价值实践的语境决定性"的"整体性的错觉"（113）。按照冯文的说法，父母心中的文化模式是复杂的、由具体语境决定的，但他们会用简单、看上去不容变通的方式来谈论价值。她写道："我在大连认识的父母在说话时，让人感觉好像他们总是按同一套价值来生活，但实际上他们在不同情境下会遵循互不相同、往往互相矛盾的原则。尽管父母对儿童的社会化实践中存在着矛盾和分裂，但他们仍然倾向于宣称整体性和同一性，这种不一致让孩子感到沮丧（112）。

② *Chicken Soup for the Soul* 系列书籍的中文译名"心灵鸡汤"将"soul"译为"心灵"。

“精灵”“幽灵”。我特意使用“心–灵”一词是因为，育儿建议文献中对心灵的描绘让人感觉它是活生生的存在。

心–灵常被描述为纯真和脆弱的，家长必须格外注意保护它、确保它健康茁壮地成长。孙云晓（[2005]2006）[62]写道，时间已逐渐成为一个无形的怪物，追赶和吞噬着孩子们原本快乐的心灵。有时，这一活生生的存在还有着生理上的需要。知心姐姐在《告诉孩子，你真棒！》中写道，“大度是孩子心灵成长的氧气”（卢勤 2004）[85]。有时，它需要一个家。在《赏识你的孩子》中，周弘将一节的标题定为“孩子没法对人说心里话，意味着心灵没有家”（2003）[96]。有时，心–灵的世界被描述为一个物理空间。用来表达“理解儿童心灵”的动词是“走进”。这个空间位置往往被描述为隐秘的，只有恰当调控情绪的人才能进入。

有时，心–灵的世界是农艺的，需要观察和照料。一本为小学学龄儿童编写的心理健康指南将自我意识比作照看心灵的麦田，因为两者都需要悉心观察和培养照料（周萍，熊焰 2003）[35]。有时，心–灵的世界有自己的气象。用知心姐姐的话来说，对未来的梦想就好像让阳光照进心灵的世界（卢勤 2004）[99]。在周萍和熊焰看来，解决孩子的情感问题就像驱散浓雾（2003）[67]，如果没能教孩子如何去爱，就会导致心灵世界的干旱（2003）[199]。这第一个视域，也就是孩子的心–灵世界，有助于构筑心理健康的重要性，忽视孩子的心理健康会导致可怕的后果。①

① 这些隐喻与库斯罗（2004）研究的曼哈顿上层中产阶级家庭中的一个核心隐喻不谋而合。指导这些家庭的育儿实践的，是把孩子看成娇嫩花朵的形象。家长们相信，如果提供鼓励性的环境，孩子“真正的自我”就会绽放。

心-灵世界的特征在于其深度、内在性和明显的边界，而第二个视域则是广阔的、无边界的，充满巨大的不确定性。列数字是这第二个视域的常见修辞手段。周华玮曾对我说："太残酷了。十三亿人。美国只有两亿人，我们还多出十一亿竞争对手！这种压力太大了。如果我对孩子放松要求，我其实是在害她。"某年，共有一千万名高中生参加了高考。告诉我这个消息的母亲惊呼："这相当于一个国家的人口啊！一千万人！"著有《中国家长心里的痛》一书的改革倡导者夏克军感叹道，仅北京市就有九万八千名小学应届毕业生（2005）[233]，他们中半数以上的学生家长"不甘心摇号的命运"，不愿把孩子送到不好的学校（233）。① 而北京市的重点中学只有一万个招生名额，这说明至少有四万个学生以及背后的四万个家庭将吞下失败的苦果。

最后，还有一个紧迫的问题，那就是学校的学杂费问题。户籍方面的原因或者没能考到要求的分数都会导致学生上不了好学校。家长们非常乐意为高质量学校教育的高昂费用买单，因为他们相信它能确保将来的美好生活。中产阶级的愿景与教育的商业化和竞争的不断加剧相结合，给家庭带来了沉重的心理和经济负担。昆明的一些中学三年向择校家庭收取 2 万至 3 万元的费用。有时，在升学考试中低于录取线一分就关系到需不需要支付额外费用。一位家长感叹道："一分真的值几万块。"②

这里的重点不在于考察这些数字的准确性，而意在表明，

① "摇号"的字面意思即为"掷骰子，赌"。

② 刘超，《分不够，拒说情：家长苦叹择校费，校长无奈关手机》，《春城晚报》，2010 年 7 月 27 日，A09 版。

列数字揭示了辨识和评判是如何形成的。数以万计和数以百万计的巨大数字传递出一种规模感，代表了当下历史趋势的累积力量，更小尺度上的人类行动必须应对这种力量。一个孩子的成功可能由命运的随机选择决定，但正因此，父母必须采取一切措施来最大限度地增加孩子的机会。这些措施包括让孩子上尽可能多的课外班、时刻留心管理日常行为和习惯，并确保孩子受同龄人和主课老师的喜欢。尽管专家敦促家长保持克制、促进和维护孩子的快乐童年，但许多家长不愿冒这个风险。夏克军在他对素质教育运动的尖锐批评中写道：

> 你试试“改革”一下会有什么后果？别人的孩子在做家庭作业，你让你的孩子去玩试试？别人的孩子为考试冲刺，你让你的孩子看电视、做游戏试试？老师让孩子做这样作业、那样作业，解你绞尽脑汁也不得其解的怪题、偏题，你告诉孩子，乖乖，别累啦，做这些没什么意义，咱们改玩别的吧。你敢这样试试？你要胆敢这样尝试，你的孩子就玩儿完了！你的孩子会被当作“差生”，会被老师赶出教室，会勒令你把孩子领走，别再进学校的门。

由于学业成功依旧是用考试分数衡量的，昆明的学龄孩子们在一种竞争极为激烈的环境中学习。老师们也面临着培养高分学生的巨大压力，因此对越轨行为几无耐心。由于班级规模庞大（中小学一个班平均有 50 至 70 名学生）和资源有限，意欲构建以学生为中心的课程以促进主动学习的改革努力通常难以实施。与此同时，很多中国人认为，考虑到人口规模，考试制度是最合理的，而且，在一个送礼和人情太容易买到晋升的文化中，考试仍是最公平的选项。因此，在确保快乐童年、关注心理健康和培养良好学习习惯、赋予孩子竞争优势之间，城市母亲面临着不可通约的善好之间的道德冲突。矛盾便构成了对这种冲突的认识。

故事总还有更多内容

当理查德·施维德称情感是“故事的全部”时，他的想法是这样的：情感与对情感是好还是坏的社会评价密不可分，与对事件的感知和事件对自我的影响密不可分，与行动的计划密不可分。所有这些情感的组成部分都是同时被体验的（2003）[154—155]。

但故事还有更多内容。

情感只是在持续存在的状况中被认识到的东西——“持续存在”是指，不对称的权力关系已经被牢牢制度化了。在本书所考虑的历史情境中，“持续存在的状况”指的是把家长的思想行为作为纠正对象的人口改良项目。“太情绪化”这一观念产生自持续存在的状况中常出现的那种简化还原，即将更广泛的事物相互作用简化还原为具体范畴。像我这样思考情感也是在认识到，情感同时是广义上的情动的延伸。情感将主体同时作为受影响的主体和创造效力的（effective）行动者嵌入更广泛的事物的相互作用中。它连接着一个虚拟的潜能领域——在个体化经验之上和周遭盘旋的“一群热切的发端和趋向"（马苏米［Brian Massumi］2002）[30]①。请允许我借用布来恩·马苏米对戴维·卡茨（David Katz）的色彩实验的讨论来解释这是什么意思。

卡茨让一名被试在他的某位朋友不在场的情况下，将实验室提供的颜色与该朋友的蓝眼睛的颜色作匹配。该被试出现了"错配"，选择了一个"太蓝"的颜色。实验的初步结论是，被试与朋友的美好回忆可能导致他选择了一种夸大了的颜色，但马苏米描绘了一幅更加复杂的图景。"太蓝"的结果产生自一个过程，在这个过程中，蓝色的单一性"影响"了实验室研究的状况（2002）[211]。这种错配与其说来自被试的个人主体性，不如说来自颜色的非个人的主体性（211）。然而，在实验室研究中，研究者和研究对象之间的关系是不对称的，在这一背景下，"太蓝"这一事件被归结为出错了，这一错误由研究对象来"承认"。"太蓝"被归结为"情感"的影响，而事实上，这一事件产生自所有相关事物之间的动态互动：研究者、被试、喜欢的感觉、生产事实的制度（即对错配的认定）和蓝这个颜色，更不用说亮度、饱和度和色调这三个维度（221）。

"太情绪化"指向一种对母亲克制情绪的话语期望和日常生活中她们没能照做之间的错配。但实际上，它是一种动态互动的表达，这种互动涉及一系列起作用的因素，这些因素关乎性别、话语、历史情境（竞争）和紧迫情况（刻薄的老师）的特殊性。情境和情况的特殊性影响了语境，导致了

---

① 《虚拟的寓言》，严蓓雯译，郑州：河南大学出版社，2012年，第38页。——译者

“太情绪化”的指控，这种指控又被受到质疑的母亲所承认。她们又反过来通过确认自己的矛盾性将“太情绪化”再度虚拟化，因为如果*矛盾*是一个借代，那么它便指向一种“虚拟认识”模式，后者将日常的实际行动重新连接至中国持续上演的矛盾的社会现实。① 如果自我怀疑部分地被大众媒介景观所塑造，而这一景观中充斥着那些对行动产生影响（受到影响的能力）的图像，那么以矛盾模式出现的“虚拟认识”不过是精心布置（施加影响的能力）所要求的辨识能力的开始。

汉语的“势”字体现的中国本土趋势理念指向一种虚拟和现实共存的文化理解。处于萌芽阶段的趋势可以被人的行动所操控。但一个已经积聚力量的趋势、已经越过虚拟和现实之间临界点的趋势，就会更难把控。因此，精心选择掌握主动权的时机至关重要：这一过程始于对特定情境的判断。心，这个感知和传达有关世间起伏和情势趋向信息的感觉器官，仿若门的合叶。在它被动反应的时候，反而是它最主动的状态。它通过作出反应和保持敏感来进行参与。心的困惑产生了有意义的行动。

---

① “虚拟认识”这一表达来自威廉·詹姆斯（引自马苏米 2002）[296 n.29]。

第四章

创造条件，或，布置的技艺

中国有13亿人，有1000万高中生参加高考，一个城市就有9.8万小学应届毕业生，总共3—4亿小学生，3万元学费——这些数字传递出人们对机会的看法，也向中国城市的家长和孩子抛出了问题：如何从竞争中胜出？怎样从六七十个也想出人头地的同学中胜出？在竞争激烈、风险四伏的环境中，如何停留在可能通向体面生活的正确轨道上？这些问题凸显了在中国城市养育孩子的不确定性，它们关乎“存在的控制”（杰克逊［Michael Jackson］1998）。作为父母，我能控制什么？什么在我的影响范围内？我对什么负责？许多我结识的母亲对此的回答，是她们称为“创造”或“提供”条件的行为模式。

“条件”在各种各样的语境下被提起，这个词可译为英文的“conditions”或“circumstances”。它可以指物理空间的状况，例如，一位租房中介向我展示了一间公寓，我无法掩饰对这间公寓的失望，这时中介直截了当地对我说："这里的条件就这样。"它可以指物理环境的状况，例如，我观察的一位老师要求学生描述户外活动中的自然条件，即天气、风景和色彩。"条件"也可以指社会状况或境况，比如一个人的经济地位或财务状况，例如，一位父亲告诉我，他对自己没有"经济条件"住一楼（他住在七楼）感到可惜，要是能住一楼，他的孩子就能享受更多的户外玩耍时间。在新近分层的社会中，"条件"可以指一个人的家庭背景。"阶层"一词是更正式、更具体的谈论社会经济差异的方式，而"条件"则是不具体、未指明的。① 一个人要么"家庭条件好"，要么"家庭条件不太好"。

在有关儿童和教育的谈话聊天中，"条件"将经济手段与个人获取信息、教育和机会的能力联系起来。例如，能负担得起在指定片区之外的学校上学的，就是"条件好"的家庭。"条件"还将经济手段与人类发展的物理空间联系起来，例如，报纸援引一位家长的话说道，居住空间小意味着"学习条件不是很好"。② 社会关系中蕴含的机会也是"条件"的一种表现形式，例如，一位母亲责备儿子不和我练习英语："这么好的条件！［你都不知道利用！］"我在劳动节期间和他们共度了两天假期，但在此期间她那极为害羞的儿子没怎么和我交流。

然而，家庭条件好并不总是件好事。就孩子的快乐而言便是如此，因为经济条件好的家庭往往把孩子的学习日程塞

① "阶层"可分为"工薪阶层"、"中产阶层"、"精英阶层"等。（关于"阶层"vs"阶级"的更多讨论，见 L. Zhang［2010］。）

② 《帮孩子克服厌学心理》,《家庭教育文摘》，2004 年 3 月 6 日。

得满满当当。一位朋友解释说："像我侄女，连吃块西瓜的时间都没有。"来自条件好的家庭的孩子还欠缺某些技能和美德。人们普遍觉得，条件非常好的家庭出来的孩子往往缺乏自立，而条件不好家庭的孩子则更独立，不过后者可能更自卑。我家附近便利店的21岁店员说她条件不太好。她告诉我她常寄钱给乡下的父母，但也多次提到她觉得城里的孩子好像什么都不会做。众多关于条件很差的孩子考上北大清华的模范故事表明，人们认为好的经济条件有时也会成为限制。其中一个故事可以追溯到汉朝，即成语"穿壁引光"的故事。讲的是一个叫匡衡的农家孩子，因为家里穷，不得不在和邻居共用的墙上开了个洞，借助邻居家的些许光线来学习。凭着这份毅力和决心，匡衡最终成功踏上了仕途。①

老师们谈及教学基础设施时也会用"条件"一词，例如，一位初中地理老师感叹他的条件受限。有时他想从互联网上打印材料，但没法实现。这个意义上的"条件"往往构成了大众眼中的好学校之所以好的原因。好学校设备设施齐全，有计算机、科学实验室和操场跑道，每个教室还配有电视显示器。

政策文件中随处可见为推进特定计划创造"条件"或提供"条件"的呼吁。1999年《全面推进素质教育的决定》的第一部分便有这样的表述："全面推进素质教育，要坚持面向全体学生，为学生的全面发展创造相应的条件"（教育部1999：I.1）。这份文件随后用一整节来讨论创造条件。它列出

① 白莉民在对儿童启蒙读物的研究中发现，一本唐代的乡村学校启蒙读物《蒙求》中用了这个故事（2005）[29—30]。

一系列改革领域，包括招生和考试改革、课程改革以及高等教育与各产业的重新整合。在强调课外活动对学生全面发展的重要性时，文件还要求社会各方面“提供必要的条件”，让学生能参加实践活动。

“条件”可以涵盖人文地理的意涵。人们常惊讶于我的研究选了云南省而不是其他更发达地区。人们会说，这是个相对贫穷、偏远的地区，与中国的文化和经济中心相隔甚远，所以云南的总体“条件”有限。人们说，昆明的家长不像其他城市的家长那样拥有获取信息的渠道，所以一名学生的高考成绩可能在云南全省名列前茅，却在一所精英大学的班上排名垫底。

有时，“条件”可以指影响人发展的（社会建构的）特定方面的所有因素的总和，例如跟在“社会”或“历史”后面的“条件”。中国共产党的一项关于人口质量的研究指出：“人口的心理素质不可避免地受到社会和历史条件的制约”（吴进义 1991）[146]。市场经济也是一种“条件”，例如，一位育儿专家给出了“市场经济条件下”的育儿建议（王玲玲 2004）。如果说前文的一些例子针对的是尺度相对较小的社会结构条件——经济状况、家庭背景、地理位置，那么这里的例子则指向历史经验的广大尺度。

“条件”还可以指人的身体素质，例如用“生理条件”来探讨运动方面的潜力（黄全愈 2001）[30]。确保孩子吃饱吃好可以用“条件”来表达，如“确保营养条件”。“条件”甚至可以指一种更短时的身体调节，例如，一位广受欢迎的育儿专家建议，午休是“确保下午学习高效的基本条件”（姜雪蓝 2006）[40]。

“条件”的这些不同意涵表明，中国哲学和教育理论长期以来强调自然、社会和经济环境对形塑人的发展的作用。① 这类思想也与汉娜·阿伦特的论断产生了共鸣，即“任何接触到或进入人类生活稳定关系中的东西，都立刻带有了一种作为人类存在境况的性质……人类存在是受制于处境的存在”②（[1958] 1998）[9]。在我与家长和老师的交谈中，在流行的育儿建议中，以及在国家教育改革的政策中，人的发展被认为是受制于处境 / 有条件的发展。这里的“条件”涵盖任何接触到或进入人类生活关系的东西，从天气到建筑再到社会经济差异，甚至包括午休小憩。虽然有些条件是自然的，有些是社会的，但所有形式的条件都具有制约力量。

父母谈及条件时，他们认识到孩子的人生和未来受到外部环境的制约——从父母的角度来看，这包括孩子的主动性以及孩子努力奋斗的意愿和能力。与此同时，在谈及条件时，父母还认识到，有些条件必须是主动提供或创造的。我认识的妈妈们常说，她们唯一的职责就是创造条件，之后发生的事就不是她们能控制的了。本章把创造条件看成一种元理论——它对现实的本质和人在其中的位置作出了某种断言——以“重视这种奇怪的说话方式”（拉图尔 2005）。母亲们创造和提供条件的努力构成了巧妙的布置，这种实践将“力量关系”置于人的主体性之上。创造和提供条件背后的逻辑与反人本主义产生了共鸣，因为二者皆以人本质上是拼合

---

① 更丰富的讨论见白莉民（2005）[11—15]。

② 汉娜·阿伦特：《人的境况》，王寅丽译，上海人民出版社，2009年，第 3 页。——译者

的这一点为前提。

创造和提供条件的话语和实践与一些哲学思潮一样，承认介于外部环境的制约力量和有意义的人类行动可能性之间的空间。创造条件与汉娜·阿伦特的哲学有共同之处，后者承认，复数境况（人与其他人共同生活）是对个体主权和掌控权的限制，但与此同时也提出，主动开创、承诺和宽恕构成了有意义的人类行动。更重要的是，创造和提供条件的话语和实践还与中国的趋势理念相一致，后者具体体现为“势”，这个字有各种译法，包括“布置所带来的潜能”、“部署”、“设置”、“倾向”或“趋势”。尽管“势”不像“道”或“理”那样被尊为主要的哲学概念，但它对中国思想极为重要（余莲［1992］1995）。“势”的概念能够很大程度上解释当代中国人如何行事处世。

趋势理念将力量关系置于人的主体性之上，但同时也提出，人们可以让“任何现实”“为自己发挥作用”。巧妙布置的第一步是对特定情况的准确判断和及时行动（余莲［1992］1995）[15]。

在十七世纪的王夫之看来，历史进程由趋势产生，变易是必然到来的，因而不能归功于伟人的个性。但王夫之也认为，人的主动性和处理十分重要，因为要想影响事件的进程，或避免特定的事态发生，就必须在趋势的萌芽阶段进行移轨和转向。否则，在积聚的趋势力量面前，任何努力都微不足道（余莲［1992］1995）[191]。

在中产阶级育儿中，竞争被视为一种不可抗拒的力量，它具备任意淘汰的绝对权力，因而对个人奋斗构成了严重挑战。纵然有这种既定的力量，但人的主动性仍是可能的，甚至是必须的。就像中国早期关于布置的技艺的文本中的战略家一样，家长们努力做出判断、识别调控趋势的机会。他们通过巨大的数字来理解作为历史趋势的竞争，面临着如何从众人之中出人头地的实际问题。应对竞争的方式是消费教育产品，后者承诺将给孩子带来竞争优势。作为历史趋势的竞争也可能有更直接紧迫的表现，例如，在某些突发状况下，老师可能会认定某个孩子不再值得花费时间心血。对这种情况的处理关系到精心的安排，为的是扭转可能导向"淘汰"的负面趋势。

在老师容易看错学生的拥挤班级里，（尤其是）母亲会利用手头的任何资源来铺设和促成一种局面，这种局面最终可能带来积极的发展走向。中产阶级育儿或许看上去琐屑寻常，但创造和提供条件是一种重要的人类行动模式，指向一种与治理艺术相呼应的权力模态，即"对事物的正确布置，将它们引向合适的目的"（引自福柯 1991）[93]。西方社会理论中的反人本主义思潮强调人的拼合性，也就是情动的被动一面，或曰受到影响的能力。与之相对，创造条件则坚持情动的主动一面，即人有能力拼合事物，能够创造那些反过来起制约作用的外部环境。即便如一些人类学家所言，施加影响的能力本身就是拼合性的，但发挥这种能力还是要归于更基础性的层面，即人所拥有的操纵现实、产生影响、扩展自身的能力。母亲们用创造和提供条件的说法来谈论自己的责任，这绝非巧合。她们这么说的时候，是在使用一个贯穿了不同尺度人之境况的宏大词汇。母亲们通过这么说将自己定位为制造者而不是被造物。

人的发展受到环境、生物、经济、物质、营养、社会和历史条件的制约。尽管如此，作为主要照料者的母亲，在创造条件和处理孩子不确定未来的时候，却能感受到自己是能动的主体。我们绝不应浪漫化这种能动性。它是一种道德重负，充斥着对潜在的或实际的遗憾懊悔的恐惧。

划定道德责任

创造条件是一种道德实践，涉及在一个难以预料的世界中，在人能和不能控制的事物之间、在人需要负责的和无须负责的之间划出界线。看看下面这段我与一位八岁女孩的母亲的对话。让我们称她为黄女士。

> 黄女士：现在我们这些父母都出生在六十、七十年代。想想看……我其实什么都没学到，当时没有学习的条件。所以现在，我想为女儿创造学习条件。让她将来不要后悔说："啊，我父母没给我创造这些条件。"是不是？所以现在，我给你创造了这些条件。你学没学会，那是另一回事。但关键是，你不会后悔。
>
> 关宜馨：你已经履行了你的责任。
>
> 黄女士：啊，对，对。你的父母已经尽力了，履行了自己的责任。

黄女士接着解释说，中国的父母对孩子关怀备至，直至成年。我们最终谈到了徐力，那个弑母的好学生。她对这个故事非常熟悉，还提到了知心姐姐谈徐力案的一个电视节目。

黄女士比知心姐姐更同情徐力的母亲，认为徐母不过是在为儿子的利益考虑。

> 黄女士：你看，谈到孩子时，中国父母还有一点。为了让孩子成为有用的人，父母会一直……一个是智力的培养，另一个是让孩子长大后能自立。毕竟，他必须要找工作。你想想，现在工作很难找。对吧？如果你没能力，你怎么找工作？你非得创造条件，让他有一定的能力。徐力妈妈的出发点是好的。但孩子能不能接受呢？

黄女士对女儿的责任感是由她对自己过去的看法、当下的价值观以及她对未来的想象所塑造的。她说："现在工作很难找。"对家长而言，孩子未来的就业问题，除了家长在当下创造条件的能力外，几乎无从控制。在这里，黄女士首次提及创造条件，她指的是花钱上钢琴、小提琴和英语等课外兴趣班，或者花钱学运动项目。她说自己一生中什么都没学到，但严格来说并非如此。实际上，她是个教育工作者，给大学本科生上会计课。她没有学到的是改革时代高度重视的文化技能。这些技能给人带来表现为"素质"的文化资本，正是在这个方面她觉得自己甚为欠缺。

黄女士第二次提到条件时，更明确地把父母创造条件的责任与在竞争中求生存联系起来，同时她也承认父母的良好意图易受外部情况的影响。把孩子送去学各种特长并不意味着孩子就能学会，更不用说把它们变成兴趣爱好。父母通过持续的监管来尽力创造条件（就像徐力妈妈试图做的），也并不意味着孩子就一定会做出积极反应。妈妈们表示，她们创造条件之后发生的事不由她们说了算，她们所强调的是采取主动的伦理重要性。在这里，创造条件和汉娜·阿伦特的哲学之间的相似性显得更为突出。行动总是被掷入一张既存的关系网中，后者由无数拥有各不相同、独一无二意向的个人组成（[1958] 1998）[184]。这个关系网会不可避免地颠覆行动者原先的目的，因此结果很少与意图相配。所以，我们无需评判个体行动的后果，因为每个行动者都只对其主动性负责。

这解释了黄女士对徐力妈妈的好感：虽然徐母的持续监管酿成了儿子弑母的惨剧，但她的意图、她的“出发点”是好的。能在主动性和后果之间划出一道界线，这让黄女士寻得了安慰，因为人可以对自己能掌控的那一小部分负起责任，防止后悔。创造条件背后的道德推理可以这样概括：“考虑到我手头拥有的资源，我已经尽力了。将来别责怪我没尽力去做。”一个人要么努力做到中产阶级父母应该做的，让自己将来免于责难。要么索性不做任何努力，但要承受道德评判带来的不安。

论憾恨

创造条件和汉娜·阿伦特对人之境况的理解有许多相似之处。但在现实生活中，人们常常因为个体行动者并不完全负责的后果相互指责，行动者自己也时常为那些他们显然无法控制的事承担责任。阿赞德巫术的著名案例表明，社会如何将指责机制正常化，以至道德上的不幸者会自愿承受导致他人痛苦的责任——因为谁都可能是巫师而不自知（埃文斯-普里查德［Evans-Pritchard］1976）。再看一个我们更熟悉的例子：葬礼通常是释放大量愧疚和遗憾的场合。这是因为爱人的死不仅仅是生命的结束，也是特定关系中的可能行动的终结。“我本可以成为一位更好的女儿 / 儿子 / 丈夫 / 妻子。”“我本不该有那些怨恨。”“我本该给予更多帮助。”“我本可减轻他的痛苦。”“我本该告诉她我有多爱她。”纵然人理性上知道生活中满是约束限制（如“我的工作让我无法成为更好的照料者”），而且人生的大部分都是得过且过（如“我当时没意识到他在受苦”），但人们依然会自责。道德哲学将这种现象称为“道德运气”（内格尔［Thomas Nagel］1979；威廉斯 1981）。

在中国的中产阶级育儿语境下，自责常与潜在的或实际的遗憾紧密相连，即，觉得要是自己采取了不同行动，情况可能会有所不同。黄女士体会到的那种遗憾范围更广，因为它与历史进程关联更紧。她不为自己缺乏文化素养承担责任，因为她属于没条件学钢琴的那代人。在我下面要谈到的民族志案例中，我们会看到源于自责的遗憾。这第二种遗憾——伯纳德·威廉斯称之为“行为者憾恨”——常常是高强度育儿背后的推动力量。① 下文案例中的行为者憾恨与趋势理念相交叉。为了阐明我的意思，请允许我详细引用余莲的话：

---

① 在《道德运气》（1981）中，威廉斯区分了两种遗憾。一般意义上的遗憾关系到这样一种对事态的思考：“要是事情是另外一个样子，那就更好了。”任何了解特定事态的人都可以感受到这种一般意义上的遗憾（1981）28。第二种遗憾被威廉斯称为“行为者憾恨”，“只有对一个人自己过去的行动，或者至多只是对一个人认为自己参与了的行动，一个人才能感觉到这种遗憾”（28）。因此，一般的遗憾和行为者憾恨的不同之处在于，后者是从第一人称视角来经验的，含有一般的遗憾中所没有的心理内容。

“因为历史具有强大的趋势力量，所以那个微小的出发点可能就改变了日后持续了几个世纪之久的历史进程。也就是说，一旦出现了一条褶痕，就不可能再‘修正轨道或改变辙轴’。于是，所有在历史中扮演重要角色者都要时刻保持极度谨慎，因为开始时很容易出岔，时间越久就越难改正出岔之后的发展。”①（余莲［1992］1995）[191]（着重部分为我后加）类似地，在孩子的学习生涯中，看似不起眼的小事也可能产生深远的影响，而恰恰“开始时很容易出岔”。因此，在中国的竞争体制下，需要时刻保持警惕。

下文案例中的母亲们从各自的教训里认识到了这一点，她们的行为者憾恨包括对反应迟钝和错失时机的懊悔。这种懊悔既是道德的，也是形而上的。它是一种重负，产生于这样的认识，即人的能动性既很有限但也很重要。对这些行动者而言，问题不在于面对决定论时人的能动性和掌控是否可能，而在于具体何处、何时行动是可能的、必要的或徒劳的。

趋势理念没有把不确定性看成问题——只要一个人准确辨识、明智布置，那么预期的进程就必将到来——这可能导致，对中国中产阶级母亲而言，道德运气这一现实问题的悲剧性更强了。“如果事情没有按你预想的方式发展，你真的只能责备自己，因为你错失了重要的行动时机。”

但与此同时，吊诡的是，不可避免的必然性也可能是一种巨大赋权的来源。因为那些明智、及时地对事情进行布置

---

① 《势：中国的效力观》，卓立译，北京：北京大学出版社，2009年，第163—164页。——译者

的人，会通过驾驭既定进程中的内在力量在现实生活中产生成效，并扩展自身。我们将在本章最后回到这个观点。

案例一：我已经尽力了

在见到王燕（第三章）的当天晚上，我见到了张欣。王燕、文慧和张欣都是好朋友，她们的孩子也都是朋友。在我初次见到张欣的儿子邓思文时，他 7 岁，比王燕和文慧的孩子小一岁。和朋友们一样，张欣在儿子身上花了很多精力。这些热衷阅读育儿指南的妈妈们相信创造良好学习环境的重要性，也相信父母的责任不止于把孩子送去学校或特长班。家长应当扮演参与性的角色，与孩子共同成长。在为孩子课外说英语创造环境这件事上，张欣投入了不少精力。朋友们和同事们有时会在晚上休息时间出门或去健身房，张欣则留在家里陪儿子学《新概念英语》课本。尽管张欣承认自己很难连贯地说英语句子，但她还是经常试着完全用英语与儿子和我交流。

不过我后来了解到，张欣并不是一直都有陪儿子学习的时间，这一点也让她感受到行为者憾恨。在邓思文出生后的六年里，张欣一直很忙碌。在她二十多岁的时候，也就是 1996 年思文出生那会，她决定回学校上学，因为工作对学历的期望越来越高（她是一名医疗从业者）。她重回学校学习了高中课程，并参加了高考，因为那时她只有技校文凭。然后她上了大学，并赴北京进修，在那之后她才有了主动进行育儿的时间。在此期间，她的丈夫时常在外地工作，所以夫妻俩雇了一个保姆，并在儿子很小的时候就把他送去了学前班。

张欣把思文脾气不好归咎于自己无暇照顾他的那些年。“有的时候，他的脾气有点，你明白……很奇怪。这让我觉得，可能都是因为我没有做好引导工作，你懂吗？”尽管张欣觉得后悔没有意义，但有时她还是会自责。

她给我讲了个故事，关于思文和他三岁的表弟（张欣妹妹的儿子）之间的冲突。思文坐在沙发上，表弟在爬来爬去。比思文小六七岁的表弟开始打闹起来，一不小心让思文的后脑勺撞到了墙上。撞击发出了“砰”的一声，思文变得怒不可遏。据张欣说，思文开始粗暴地踢表弟，指责表弟有意弄伤他。张欣立马试着和儿子讲道理，试图解决冲突，但思文怎么也不听劝。张欣发了脾气，也让儿子尝了尝挨打的滋味。

张欣为自己当时的反应感到后悔，她对此时和我们坐在一起的思文说道：“妈妈也不该这么做，对吗？但妈妈已经试着和你讲道理了。要是我不采取行动，你根本不会冷静下来！我感觉我别无选择。”

然后她转向我，问我在这种情况下她应该怎么做，并接着说道：

> 张欣：这就是为什么我觉得父母真的，啧，把孩子养大成人不容易，嗯？因为他，他也会接触很多外面的东西。你必须留意他的发展。防止他任性调皮。现在的孩子……有些孩子很聪明。要是孩子在外面做了什么坏事，他可能回家不告诉你。啧。这种事很危险。像我同学，她也在医院工作，现在她的情况是，我看看啊，她是……

关宜馨：你说的是年龄更大点的孩子，对吗？

张欣：基本就是邓思文的年纪。那孩子的脾气……我觉得……不太好。啧。他妈妈也很尽职尽责。因为她……爸爸也……

关宜馨：噢，离婚了。

张欣：离婚了。她一个人带孩子。也是挺累人的一件事。

关宜馨：是是是。确实是。

张欣：嗯……那孩子以前和邓思文一个学校的。后来没办法转学了。

关宜馨：是因为什么呢？

张欣：因为在课上他……他挺调皮的。所以他没给老师留好印象。那老师非常，非常，你知道的……

关宜馨：对他不公平。

张欣：对对对。就感觉，“你就是那种孩子。那种，你是那种坏孩子”。这是最坏的情况。我感觉老师，中国的老师……

关宜馨：一旦老师这样下定论……

张欣：对！这样下定论不好。对。所以我朋友觉得这不是好事。她儿子不应该再留在这个班上了，对孩子的发展不利。但是他……他的一些同学尤其喜欢，甚至小小年纪就喜欢……（她压低声音直至耳语）我真的不太清楚，当时是四年级。他们会去赌博。真的很奇怪。

关宜馨：真的吗？

张欣：因为有些孩子家里相当有钱。他们给孩子很多零花钱。所以有时候孩子们会自己互相赌。她儿子就和这些孩子混在一起。啧啧。所以他受了一些不好的影响。可能这孩子沾上了一些坏习惯。拔毛队。[①] 这种成年人的玩意。

关宜馨：（笑）我听说过拔毛队。

张欣：然后，谢天谢地，他妈妈觉得情况不对。这孩子不能再待在这个班上了。如果他再待下去，肯定没有好下场。会毁了孩子一辈子。因为我觉得，这么好的孩子，还是能改的。他就是觉得好玩才跟着去的，他什么都不懂。对不对？但如果他继续这样，越陷越深，那就很危险了。所以她把他转到另一个区去了。后来我问她到那边之后怎么样，她说情况好多了。我觉得离开这种环境很重要。

张欣接着解释道，她提到的很有钱的家庭是那些来自农村、突然富起来的家庭。这些企业家也被称为暴发户，伴随着中国的经济自由化，他们成功开发了某些市场利基。这些人的正规受教育水平往往较低。

张欣觉得，缺乏素质的暴发户子弟正日益污染班级环境。在老师和张欣这样的城市中产阶级家长看来，暴发户父母只是把孩子交给学校，但他们在家几乎没有给孩子任何引导。所以张欣认为，一所好学校很重要，而且父母对孩子的成长也起着关键作用。她继续说下去，话锋转向仍和我们坐在一起的思文：

① 中文里称为“拔毛队”：利用恐吓、欺凌来劫财的团伙。

张欣：所以重点是，在家能做的，我们都尽力去做。我们能为他做的，该为他做的，我都做了！我没有任何遗憾。（转向儿子，柔声说）有一天，他长大了，我会非常高兴。

要是事情没按我想的发展，我回头去看的时候，也不会有什么遗憾。我会觉得我已经尽力了。我不指望他一定要成为什么，只要好好长大就行了（对儿子），对不对？

邓思文抓住这个加入谈话的机会，趁机抱怨道："你的教育方法真的很失败。你都没耐心。"张欣不安地笑了笑。我也笑了，试图缓解紧张气氛。在思文和表弟的事发生后，母子俩已经交换了和解的姿态，但显然并非一切都得到了原谅。张欣没有再次承认错误，而是试图表明，她已经尽她所能。尽管她刚刚还在对无暇照顾儿子的那些年颇为懊悔，但此刻——思文正坐在我们身旁——她坚称自己没有遗憾：

张欣：关键是，妈妈该做的所有事，妈妈都做了，你不觉得吗？我做了该做的一切。我没有对不起你。我也没有任何遗憾。接下来，你要努力的事，你知道重要的事，你该自己努力了。因为在中国就是这样的，啊？这么多人。机会又这么少。有能力的人一抓一大把。（转向我）这就是为什么我和你说，他们这一代会更吓人。我们的就业环境……他们以后的就业环境会非常严峻。

思考“出岔子”的故事

随着张欣从特殊讲到一般，从一个她发脾气的故事到朋友的儿子赌博的故事，再到昆明暴发户的情况，最后到思文将来要面对的更广泛的问题，我们可以看到一连串思虑，它们凸显出父母的感受，那就是从孩子出生到养大成人的过程充满了不确定性。对男孩的父母而言尤甚，因为男孩更可能受赌博、网瘾、打架和加入拔毛队的诱惑。提到同学的儿子时，张欣暗示他可能和拔毛队有关联。讲这个故事时，张欣表达了对孩子沾染“外面的东西”的焦虑，这个案例中便是帮派和赌博这些“成年人的玩意”。因为她把赌博的孩子和暴发户——那些有钱但“素质低”的乡下人——联系在一起，所以她的担忧表达了一种对阶级界限的焦虑，以及父母希望孩子走上正道的良好意图受到诸多阻碍的存在焦虑。张欣慨叹着，把孩子养大成人不容易。

不过，接触“外面的东西”不是帮助孩子追求美好生活道路上的唯一危险。还必须确保孩子的老师，特别是班主任，不对孩子抱有负面印象，因为这对孩子的学习生涯会产生直接和深远的影响。被贴上“坏孩子”的标签是最糟糕的情况，因为核心科目的老师会把学生一直带到毕业。由于师生关系涉及诸多因素，所以在最好的情况下，老师是盟友，而在最坏的情况下，他们也能成为敌人。在张欣朋友的案例中，重要的不仅是让儿子远离同辈的不良影响，也是让他远离已经认定他是坏孩子的老师。张欣解释说：“这样下定论不好。”在转学到另一个学区开始新生活后，张欣的这位同学和她儿子的状况有所好转。

我认识的所有母亲都因为竞争失利的可能性而深感一种严重的、面向未来的焦虑。这种焦虑很大程度上受到那些朋友的孩子被老师贴上坏标签的故事的影响。我在众多场合都对这样的可怕故事有所耳闻。有一次，一位家长在和另一位家长谈论素质和老师心理健康的重要性，这时我听到这样一个故事，说的是一个高中生和数学老师之间起了冲突，导致学生每天都挨批评。这个学生的父母最终把他转去了另一所学校，但这个男生已经完全泄了气，甚至没法再看数学一眼，参加高考更是不可能。在我听到的另一则故事中，一个非常可爱、情商很高的孩子因为被老师下定论为坏学生而被迫转学。和我讲这个故事的家长说，老师觉得这个孩子看着不顺眼，也不肯原谅孩子开小差的行为。讲故事的同时，这位家长也道出，自己女儿的老师还没有叫她去谈过话，她对此表示感激。不管这位妈妈在育儿当中遇到了什么麻烦，情况都本可能变得更糟。

孩子被贴上负面标签的故事构成了可怕故事的一个子类型，它们展示出，被淘汰的可能是一个始终存在的威胁，即便对那些出于好意的父母和天性善良的孩子来说亦如此。被贴上坏标签是一件令人发愁的事，因为这意味着老师已经认定你的孩子不值得花费精力。当张欣说“我感觉老师，中国的老师……”时，她是在暗示这种现象相当普遍，已经是很严重的问题。事实上，这一现象引起了素质教育倡导者的注意。由于对学校和老师的评估根据的是升学率和学生考试成绩，所以他们会无意中注重培养有前途的学生而排斥差生。一位改革倡导者给区别对待差生的做法起了个名字叫“教育歧视”，这在小学和中学都不鲜见。对待学生不公只是逐步淘汰的众多模式之一，其他的还有施以限制、勒令停学或者开除（Man Qimin 1997）[22]。教育歧视还可以包括让人“自愿”离开的微妙施压。

我认识的一位十几岁的孩子在昆明的三所精英重点高中的其中一所经历了歧视。当我见到琳达的时候，她已经退学了，放弃了参加高考的念头，还因为睡眠问题住院接受精神治疗。对她而言，高中是极不愉快的一段经历。她只想睡觉。她常在第一节课上课时就睡觉，到了一天结束、该写作业时，她还是想睡觉。在试图找到高中期间她无形压力的可能来源时，她提到学校和老师如何威胁要开除她。在她看来，学校和老师不能单单因为你学习成绩不好就开除你。“他们会找一些行为表现上的问题，”她告诉我，“然后，你知道，用这个把你开除。”这些问题可能是出勤率低、作业漏交或者打扫卫生的时候不卖力。“啊，你不爱劳动！不爱班集体！”据她推断，那些留下的同学都“学习成绩特别好”，能维护学校的好名声。反观琳达，她觉得没能完成高中学业彻底毁了她的人生。①

回到张欣的案例，教育歧视并没有发生在思文身上，但在张欣的想象中，它是会导致孩子的人生偏离正轨的众多可能之一。家长们常通过故事来思考——不仅包括媒体和流行建议中公开流传的故事（第二章），也包括来自朋友、老同学

---

① 让琳达颇为难过的是，她的班主任，也就是曾威胁要开除她的老师，在琳达离开学校一阵后回到学校时，丝毫不关心她的状况。琳达的其他老师都想知道她为什么离开学校，问她是不是没事，但班主任只和她谈实际的问题，比如问她有没有按要求缴费之类的。

和同事的事例。故事能突出随时可能发生的未知，以及“反常事件”会如何阻挠道德规划（马丁利 1998a）[128]。正因为对美好人生的追求笼罩着如此之多的不确定性，所以他人的生活便能为我们思考自身的生活提供素材。①

对张欣而言，出于众多原因，朋友儿子赌博和转学的故事戳到了她的痛处。张欣和朋友过着极为相似的生活，两人曾是同学，现在在同一个地方上班，儿子也年龄相仿、此前还在同一所学校上学。与朋友不同的是，张欣没有与丈夫离婚。但毫无疑问，她感觉自己像个单亲妈妈，因为丈夫经常外出工作，有时一去就是九个月。因此，朋友的遭遇让张欣很是警惕。张欣在反思自己体罚儿子（因为他踢了表弟）合不合适时，立马就想到了朋友。

张欣进一步注意到，年龄稍长一些的其他朋友的孩子都成了各不相同的人，她因而感到，有很多事是自己无法控制的。这便是那个赌博男生故事的寓意，这个故事有“很奇怪”之处。张欣很清楚，行动总是被投入既存的关系网中，所以

① 虚拟性（subjunctivity）是叙事的一个决定性特征。“历史学家记述已经发生的事，诗人描述可能发生的事”（Aristotle 1970）[32—33]。好的故事对现实进行虚拟化，“它贩卖的是人的可能性而不是不变的确定性”（Bruner 1986）[26]。它们“通过探究现实的不确定性以及在读者那里激起这种探究”来取得成效（Good 1994）[153]。这是因为，在阅读活动中，随着读者在文本中漫游，他们需要不断修正自己的期望（Iser 1978）。阅读如此，生活亦如此（马丁利 1998a，2006）。这是因为叙事和现实生活之间并不像有些人认为的那样缺乏连贯性。大卫·卡尔（David Carr）认为，生活当然不像故事那般规整有序，“而且事情不总是按计划进行，但这也只给生活增加了一点偶然和悬念的元素——如同我们在故事里看到的一样”（1997）[13]。

她做出判断，哪些是要承担责任的，哪些是要让步的。她的育儿理念是，自己的职责是根据手头最好的“条件”来为孩子提供“条件”。她说：“我认为每个家长的出发点都是这样。”她无法挽回儿子出生后头六年自己的缺席，所以她把行为者憾恨转化为当下的努力。如今，张欣尽其所能当一位积极的家长——无论是在儿子表现不好时惩罚他（尽管这让她心碎），还是送他去上课外班，抑或每天晚上陪他学《新概念英语》。她说，“要是事情没按我想的发展”，至少回首过去时她没有遗憾。而且，她希望思文也没有遗憾：“如果你没学到东西，那我也没办法。只是到时候别怪我当初没尽力。”

案例二：你不能让老师对你有任何意见

杨瑞红和丈夫杨忠海与我结识的许多其他家长不一样。我从未见过他们对儿子晓明（我初次见到他们时，晓明12岁）提高嗓门或唠叨责备。他们从没对他说过诸如“好好学习，就可以做这个那个”之类的话，这种话我在其他家庭中总能听到。（“好好学习，就可以去美国看关老师了！”）我结识的许多家庭都很相亲相爱，但杨瑞红和杨忠海一家可以说尤其如此。晓明已经快进入青春期了，个子长得很高，但还是总喜欢黏在爸妈身上。他们一家三口是一个相亲相爱的整体，互相交换着某种秘密的语言，我始终都没完全搞明白。

但如果因为互相关爱就认定晓明的父母是那种自由放任的家长，那就错了。对于那套孩子打不得的说辞，杨瑞红并不买账。她有一次反问道：“你觉得晓明为什么这么听话？”

晓明参加了各式课外班和课外活动：篮球、作文、国学，当然还有英语。儿子上这些课便是杨瑞红育儿责任感的表达，即创造和提供成功的条件。她曾告诉我："我们觉得创造条件是我们的责任。然后，学习是孩子的责任。"不过，她所理解的责任也会延伸到诸如监督家庭作业这样的事。她开始讲道："在他三四年级的时候，我们没有太多时间照顾他。可能在他的老师或者我们没注意的时候，他的学习热情受了影响。"那时，晓明会花整晚的时间来完成本应一小时内做完的作业。即便如此，他交的语文作业还是没写完，数学作业也满是错误。杨瑞红那时怀疑晓明是不是有"智力问题"，要不就是，他觉得交上去没做完的作业也没事。

杨瑞红：所以后来数学老师批评了他。我记得老师说……我不知道具体说了什么，他从来没告诉过我。然后他，啧，我就是觉得他做作业的时候很困难。所以我去找了老师，谈了这个问题。她说，（吸了口气）他的问题，一个是他不问问题，还有一个是他在课堂上不积极发言。

我和老师聊，老师说，他没什么责任感。他很懒。他不想做事，诸如此类的。我觉得如果你经常说这种话，可能会对孩子的心理有点伤害。"哦，好吧，我不行。反正我很懒。"然后孩子就不想去……听老师这么说，我就感觉说不出话来。

关宜馨：你不同意她说的。

杨瑞红：嗯。但是对老师来说，你明白，我不同意这种方法。我觉得孩子，他们当然会调皮，当然会做他们不该做的事。但怎么能不伤到他们的自尊心，我觉得很重要。

这里是一位家长在描述自己的孩子遭遇教育歧视的情形，而杨瑞红将这件事与自己（她用的是“我们”）工作繁忙进行了因果关联。她不清楚情况到底是怎么出现的，只知道儿子在家做作业很困难。他“就是特别慢”。

杨瑞红猜测有两个原因：晓明要么有智力问题，要么就是在调皮捣蛋。另一方面，老师已经下定论了：晓明不问问题、不积极发言、缺乏责任感、非常懒惰。在这位老师眼里，晓明显然已经成了一整套坏品质的集合体。从分数上说，他是个差生，而且他有着比调皮捣蛋和智力欠缺还糟糕得多的特质。毕竟，人们认为调皮是童年的特征并予以接受，智力欠缺也不等于道德缺失。在另一个场合，杨瑞红向我解释说，老师的印象非常重要，因为老师对好学生和坏学生的态度是不同的。这与第一个案例中张欣的担忧相呼应，也就是所谓“下定论不好”。

杨瑞红：我不知道怎么会变成这样。他也没和我说过这个问题。但是他做作业的时候，我亲眼看到，他就是特别慢。然后我去找老师聊，聊了两次。但是我们的沟通不是很顺利。老师觉得孩子的问题在于懒惰。但我觉得，这是怎么激发他的热情和动力的问题。如果你让他觉得自己在课堂上或者同学面前是怎样怎样的人，那他就没有任何动力了。

关宜馨：是的。他会觉得：“好吧。我就是这样的人。”

杨瑞红：虽然他也会觉得“我不想这样。”他也真心觉得，“我不想这样”。但一旦进入那个环境，他就会有这种心理障碍。这就是为什么我后来说：第一步，不管问题在哪，他必须要完成老师布置的每一项作业。不要再给老师理由来提家庭作业的这个问题。他做作业的时候我会一直陪着他，直到晚上11点、12点。有时甚至到凌晨1点！我的天呐。

关宜馨：哎哟。

杨瑞红：不是说老师布置了很多作业。他就是做作业有困难。也不是说他不会做。那个时候，你知道，他会自己坐在桌子前面，然后看一个字就看很多遍！他其实知道怎么写这个字。但是他那个脑子就是不知道怎么指挥手（笑）。哎哟，一旦时间有点晚了，他就很累，想睡觉。“你想睡觉？没门，我们去跑步吧。我们下楼跑一圈，跑完再把它写完。还是不行？那我们就再去跑一圈，清醒清醒。或者洗把脸。”然后这不管用……

有一两个月的时间，杨瑞红每天晚上都这么监督儿子。但这并不是因为她想提高儿子的成绩，也不是为了训练他做作业所需的那种纪律性。她是想通过巧妙布置手头的资源——她自己的时间和精力——来重新配置既存的局面。杨瑞红的想法将外部环境置于人的内在之上，这呼应了中国早期的反人本主义和趋势理念。如她所说：“不管问题在哪，他必须要完成老师布置的每一项作业。”

对杨瑞红来说，她的努力意在扭转一种业已形成的不服管教的趋向。她用素质教育的心理学术语来描述这一倾向——这事关儿子的“自尊心”。“如果你让他觉得自己在课堂上或者同学面前是怎样怎样的人，”杨瑞红心想，“那他就没有任何动力了。”为了创造一个新的局面——不给老师理由提起家庭作业的问题，以此迈出改变环境的第一步——杨瑞红（毫不夸张地说）用了训练拳击手的方式训练儿子，在凌晨时分用冷水和身体运动来刺激感官。

我没有完全理解杨瑞红讲的故事的重点，就问她当时是不是觉得自己在对儿子进行辅导。她澄清道：

> 杨瑞红：嗯，准确地说，不是辅导。实际上他都会做。他就是慢。就是，他会看着作业，然后去写，但就会一直写错。比如说“好”这个字，他就会一直写成另一个字。我其实觉得这是一种心理障碍。对他来说，做这些事很困难。不是说他有……什么。只是一种心理的……
>
> 关宜馨：不是说他不明白“好”字怎么写。
>
> 杨瑞红：不管问题究竟是什么，你都要完成老师的作业，让老师对你的作业问题无话可说，让老师觉得你还是……然后，慢慢地，做作业的时间就缩短了。我已经试了很多方法了。哎呀，我有一阵很担心。那段时间，我头皮发麻（笑）。

最终，杨瑞红觉得这不是智力问题，而是事态的发展方向错了，一切的开始就是晓明偷了会懒。这之后，晓明的数学老师可能说了一些伤人的话，伤害了他的自尊心，让他对学校产生了恐惧。杨瑞红甚至感觉他已经到了“厌学”的地步，这种心理障碍让完成作业变得极为困难。她问晓明想不想去看看“心理医生”。

与张欣的故事一样，这第二个案例也关乎一位工作母亲和她的行为者憾恨。张欣将儿子的坏脾气归咎于她在儿子出生后接受高等教育的那些年，杨瑞红也这样总结发生在儿子身上的事：“这种情况，你知道，就是在我疏忽的时候，在我没注意的时候，他就到了这步田地。”我相信这对母子二人来说都是很重要的一件事。在我和杨瑞红第一次见面时，也就是我请她坐下来接受上述访谈的许多个月前，她就已经和我讲过这个故事的一个简短版本。我们初次见面时，杨瑞红对我解释说，流行建议难以应用于实际的一个原因就是父母必须努力工作。她下班回家时已经很累了，没法再去弄清楚问题到底是怎么回事。

杨瑞红的育儿理念相当典型。“我们觉得创造条件是我们的责任。然后，学习是孩子的责任。”工作本身带来了第二份收入，为创造条件打下了基础。但发生在晓明身上的事表明，家长的责任未必止于此。晓明上的学校名声在外，吸引了大量择校生（为了在划定片区之外的学校上学，他们支付了额外费用）。这导致班级规模庞大——晓明的班上共有足足 69 名学生。夹在庞大的班级规模和必须维护学校声誉之间，老师“看错”的情况（下一个案例中家长用了这个词）也更有可能发生。

老师“看错”是个令人担忧的问题，因为杨瑞红想，孩子将来无疑要面对更多的人。如果在教室里都这么容易看错，那成年人的世界又会怎样？发生在儿子身上的事扩展了杨瑞红对创造条件的看法，现在，创造条件还包括确保孩子讨老师喜欢，以及在同学交往中保持自尊。如果她为扭转局势而采取的主动行动得当，那么这一行动所带来的新的、积极的形势可能会自行发展下去。通过利用手头的资源（她自己的时间和精力），杨瑞红施展了布置的技艺。

案例三：她现在越来越好了，更“油”了

不像一年级班里的许多孩子，赵佳佳还没学会基础的算术和认字。上小学前，周华玮和丈夫根本没时间教她。每个人都“忙成一团”。前路漫长艰辛，何苦呢？夫妻二人想，“不过是学前班而已”。但自从佳佳上了小学，他们就开始担心了：

> 周华玮：我们意识到，起跑时她落在别人后面。她真的不一样。我不知道美国是什么情况，但我觉得美国家长不会在学前班就急着灌各种知识。
>
> 但我们这里很多这种情况！我突然意识到我的孩子处于下游。而且她个子很小，也不怎么好看。

虽然周华玮不在乎女儿落后于学前班的同学们——“她要是笨一点又怎样呢？”——但她不愿对上了小学的女儿也放任不管。周华玮感到愧疚，自己没有急着给她灌各种知识，导致佳佳落后于别人。而且，佳佳的班主任已经对佳佳有了负面印象。

一次，周华玮在街上遇到了班主任，便想上前聊聊，问问佳佳的表现。按周华玮的叙述，这位老师傲慢地回应道：

“哦，对！你的那个赵佳佳。哎呀，不怎么爱说话。感觉好像生怕自己做错事。性格有点内向。”尽管周华玮难以置信老师这就下了定论，但她还是表现得很恭敬，保证回家后尽量做女儿的工作。但在她看来，老师的评价有失公允。也许佳佳是那种表现自己之前想先弄清楚情况的孩子。周华玮觉得，“这最主要说明一个人心智成熟”，而不是性格缺陷的表现。

与此同时，佳佳常被老师挑出来批评和训斥，她感到非常窒息。

> 周华玮：她经常因为没考到100分难过。会哭。因为别人都得了100分。这是因为别人都提前学过！你怎么可能和之前学过的人一样呢？对吧？那她肯定会和别人不同。所以她很难过。后来我注意到这个情况，我也很难过。因为要是她有压力，我也有压力。这个压力是两面的。不是说我把压力给了孩子，我就没有任何压力了。我也有压力。所以我立马就行动起来了，你知道吗？我在尽快了解情况。我想提高她的成绩。

在这里，“我也很难过”构成了行为者憾恨，憾恨的表达便是立马行动起来。周华玮意识到不能再任由事态发展下去，于是她开始辅导佳佳学数学——尽管周华玮个人很讨厌数字，而且用的是靠记忆而非技巧的教育方法。虽然这种方法长远来看是有害的，但这一点就目前而言无关紧要，因为它很奏效。在一年级的一次期末考试中，佳佳成为斩获100分的两名学生之一。周华玮回忆说：“我觉得我想让他们看看，我的孩子到底怎么差了。‘你老是觉得我很差，好，我就让你看看。’”

数学考100分给了佳佳此前欠缺的自信心。到了二年级，她在当地的报纸上发表了作文（周华玮帮忙润色），这彻底改变了她在班上的地位。

周华玮：她发表了！她得了50块稿费。钱我们已经拿到了。她很自豪！非常自豪！

关宜馨：真的吗？

周华玮：嗯，非常自豪。这之后，她的班主任马上对她——

关宜馨：另眼相看。

周华玮：另眼相看。因为你像这样在报纸上发表文章——他们的班主任是教语文的——这给老师也带来了好处。有一种成就感，因为这是她的学生。然后，你知道的，这能给班级加分。

关宜馨：因为报纸上会说来自某某小学二年级的某某。

周华玮：嗯！嗯！来自某某学校的赵佳佳，诸如此类，这都是记分的。这样评优秀班主任就有戏了。所以说，这个作文发表了。然后她一下子就变了。她觉得这很——

关宜馨：她的自信心……

周华玮：增强了很多。

关宜馨：建立起来了。

周华玮：对，对。而且老师怎么看她也变了。老师带班的时候，你知道，她的那种态度会引导其他学生，影响他们怎么对待她。老师的态度绝对会影响到学生的态度。

佳佳说，以前她在学校里自己一个人玩。周围的人很少和她一起玩。如果她带了很多好玩的玩具——因为有一次他们搞了个趣味课堂，她带了一些玩具。如果她有一本杂志，就只有她自己一个人看。根本没人注意她（笑）。现在不同了。只要她带了什么东西，同学们都争着看。他们就是想和她一起玩。就好像他们觉得她，怎么说呢，是个值得结交的朋友。他们是这样看待她的。

你看，我们的环境就是这样。

当周华玮说“你看，我们的环境就是这样”时，她道出了班级关系（学生和老师之间，以及学生们互相之间）的政治性。人们会告诉我，幼儿时期，孩子们崇拜妈妈，上小学时，他们崇拜老师。这显然可以解释老师对班上同学们之间同辈关系的影响。在这种环境下，要想改变孩子在班上的地位，首先就要改变老师的负面印象。与上个案例一样，周华玮努力辅导女儿、帮她发表，主要是为了扭转一种不好的趋势。

佳佳上一年级时很难交到朋友。没有人注意她，老师也不待见她。但随着佳佳考试成绩提高，还在当地报纸上发表了两篇作文（报纸上还一并刊出了她的年级、班级和学校，给她的班主任带来了荣誉），她的社会地位发生了变化。老师开始对她另眼相看，同学们对她的态度也随之改变。佳佳，这个瘦小内向的女孩，变成了值得结交的朋友。

周华玮告诉我，家长会以一些方式讨好老师，确保自己的孩子得到额外照顾。他们会请老师做个美容，或者和老师一起去购物。那些把孩子送去“小饭桌”的家长尤其指望孩子得到老师的额外照顾。“小饭桌”指的是，老师会在中午放学后为孩子提供午餐和照料，并收取费用。周华玮是个异常直率的人，她认为这是意料之中的事，“他们之间有一种经济关系。他们有一种谋利关系”。周华玮对玩这种游戏毫无兴趣。当我问她，家长给老师塞“红包”（装满现金的信封）是不是确有其事时，周华玮答道：“当然有这回事。但我连一根草都不会送。”她用谨慎来描述自己与佳佳老师的关系，并表示不愿与老师有更多的不必要接触。但她也完全了解老师的印象有多重要，她用一个可怕的故事为我说明了这一点。

佳佳的一位同学（她就坐在佳佳后面）在班里地位很低。这个孩子曾对佳佳说：“我对每个人都很好。但没人对我好。”周华玮并不是很清楚这个孩子的具体状况，只知道她可能成绩不好。情况变得非常糟糕，这个孩子甚至想转学。更糟糕的是，还发生了一件极其尴尬的事。显然，这个同学的家庭条件很好，父母都开私家车，保姆每天接送她上下学。在中秋节前后，这位同学的父母给孩子一盒昂贵的月饼，让她作为礼物送给老师。周华玮说：“可能这孩子不知道怎么送礼”，也不明白公开送礼的文化禁忌。结果孩子当着全班同学的面送给老师这份礼物，老师也当着全班同学的面拒绝了。“发生了这种事，”周华玮向我指出，“这个同学在班上的地位就更低了，没有任何地位了。想想看，真的很可悲。这种事真的会很伤人。”

周华玮给我讲这个故事颇具深意。在本章的第一个案例中，讲故事的人和故事主人公的生活十分相似，相较之下，周华玮与她讲的故事中的父母并无太多共同点。（她和丈夫都是老师，故事中的父母则是商人。）但她的女儿曾经历过与故事里类似的情况，被人以某种方式看待和对待。周华玮明白班级环境是怎样的，所以希望佳佳能和人形成良好的社会关系，并非常愿意帮她“奠定基础”。周华玮有出版方面的职业经验，也有社会关系来促成发表。有了这些可资利用的条件，她觉得必须主动出击来调控局势。

专家可能会把周华玮帮佳佳“润色”作文贬为“越俎代庖的事”。事实上，佳佳两篇作文的其中一篇，对二年级学生而言实乃高明得不切实际。这篇作文的标题是《一个官的回忆》，叙述了佳佳当世界上最小的官的经历。在佳佳的成绩有所提升之后，她被任命当班干部，她时常向妈妈抱怨自己的这项职责。作为世界上最小的官，她不明白为什么自己非得这么努力地工作，而比她大的官却无所作为。佳佳向母亲抱怨这件事。周华玮鼓励女儿把自己的感受表达出来，并教给她社会讽刺的艺术：如果你有不满，可以通过幽默来间接表达这些不满。作文中写道：“体育委员爬上室外攀爬架，为了强健身体；艺术委员在走廊里扭脖子扭屁股，为了美化体态；学习委员大口呼吸新鲜空气，为了从大自然中汲取灵感。”而与此同时，作者本人却为了履行小小助理的职责忙得汗流浃背。

据周华玮说，老师非常喜欢这篇作文，甚至在班上大声朗读，同学们都被逗得开怀大笑，因为其中很多内容都很真实。从成人的视角看，这篇作文巧妙地批判了中国一个普遍的社会问题——高官追名逐利，居下位者艰难挣扎。社会批判借由天真的操场政治得以表达。很显然，这篇作文不是佳佳独立完成的。

> 周华玮：当然人人都会说，你的孩子二年级就发表了东西，肯定不是她自己写的。她不可能写出这么好的文章！这倒是，我可以承认。但你觉得她的老师不知道吗？她当然知道！谁不知道是谁帮忙写的？他们都知道！但这对我来说是举手之劳。

在周华玮看来，她是否“插手”了佳佳的事无关紧要。整个计划的目的是战略性的，也就是巧妙的布置。与长远来看可能对孩子不利的辅导方法类似，行动本身的意义不如行动重构眼下局势的潜在功效来得重要。

在佳佳数学考了满分之后，老师已经完全改变了对她的看法，感叹道：“噢！这孩子多优秀啊！”这时周华玮心想：“老师又看错了。又看错了！”但既然如今局势已经变得对她和佳佳有利，就没必要再纠正了。佳佳现在更“油”（即“油滑”）了。“更有经验了，更大胆了，不怕反驳老师了。”至少就目前而言，周华玮已经打下基础，可以静待事态自然发展了。

得时

巴肯观察到，环境论在中国的学习理论中占据了重要地位。中国的环境论认为人具有高度可渗透性，易受到影响，即具有丰富的感受能力：“社会化在我们身边无处不在，自然地、不断地施加影响”（2000）[156]。在改革早期，教育家和党的领导人主张在教育环境的设计安排中利用这种易受影响的特性。例如，1990年代初的研究人员写道，要通过设计物质空间和教育计划（它们能有意识地利用无意识过程）来创造“校园文化”（159—160）。巴肯正确地指出，环境论是一种古老的思想，孟母三迁的著名故事即传达了这一观念。

本章介绍的三个案例都明确借助了环境的施加影响/情动力量。对于那个赌博男生的故事，张欣说，自打朋友带着儿子转学后，事态就好转了。她说：“我觉得离开这种环境很重要。”第二个案例中，杨瑞红在解释儿子做作业方面的困难时说：“一旦进入那个环境，他就会有这种心理障碍。”尽管老师将作业问题归咎于晓明自己，但杨瑞红却认为问题源于外部。最后，第三个案例中，在描述谁值得交朋友、谁遭遇不公对待的动力学时，周华玮也提到了环境。她说：“你看，我们的环境就是这样。”言语里似乎暗含无奈。

中产阶级父母热衷于创造和提供条件（即学习机会），为的是确保孩子的竞争力。“条件热”（如果可以这么说的话）是对一种广泛的历史境况的反应，在这种境况下，一个人的价值主要是用受教育程度来衡量的，也就是此人上的学校、取得的学位以及学到的文化技能。因此，创造条件和素质话语是相互关联的现象。不过，在创造条件的背后还有一种环境论的逻辑，它认为任何接触或进入人类生活关系中的事物都具有制约力量。于是，人们对日常的班级生活环境和老师看错学生引发的突发状况都极为关注。这里的环境指的是一种外部境况，要么适应它，要么操控它，要么干脆一走了之。在第二个和第三个案例中，妈妈们通过塑造孩子的特定形象来适应班级人际关系的政治性——她们的孩子不懒惰、不胆小，是值得公平对待和取得同伴尊重的好学生。在第一个案例中，故事里的母亲直接选择把儿子带离不利的环境，在这个环境中，老师已经下定论他是坏学生，而且男生之间的赌博也是个问题。

因此，虽然可以把中国与美国的中产阶级育儿放在一起看——与本章内容最相关的是母亲在不利情况下进行干预的倾向（拉鲁 2011）——但两者也有重要的区别。中国仍是发展中国家，面临各种不平衡带来的挑战，例如人口规模和可利用资源之间的不平衡，过剩的大学毕业生和无法吸收过剩白领劳动力的经济之间的不平衡。① 这就带来了一种中国特有的紧张和不安全感，而它反过来又动员了中国特有的行动脚本。在这里，英雄对克服逆境不那么感兴趣，而对适应现有的环境更感兴趣。所以，"识时务者为俊杰"和"顺势者昌"这样的谚语一直流行至今。我曾多次与中国家长谈起美国人的理念，即追求梦想、在人生中做有意义的事，而不是追求那种只有经济保障的工作。和我交谈的中国家长会承认这种想法的吸引力，但同时他们也觉得，鉴于中国的情况，这种观念是一种不切实际的奢侈。

因此，尽管制约必然存在，但适应并不是一种被动的行动模式。适应的意义植根于特定的伦理和宇宙观构想，早在三世纪的文本中就有体现：与世界的脉动协调、合作是一种

---

① 大学生过剩问题是 1999 年高等教育扩招的后果，扩招的决定着眼于刺激国内消费的短视目标而缺乏长期规划。很多人都注意到了高等教育扩招和人力需求之间的结构性不匹配（Bai 2006; Chan 2012; Di［1999］2000; X. Wang and Liu 2011）。另见 Lillian Lin,《中国毕业生面临过剩问题》("China's Graduates Face Glut"), *Wall Street Journal*, August 22, 2012。

美德（余莲［1991］2004）[59—63]。在二十一世纪的中国，这种文化逻辑就表现为“创造条件”的理念。

传统的人类学阐释会寻觅权力如何经由日常生活的无意识行为来运作，而我想提出的是，创造条件构成了一种权力模态，与国家层面的权力行使相呼应。与治理的艺术一样，创造条件关乎巧妙的布置。与治理的艺术一样，创造条件关乎“人与物的交叠”。福柯用船的隐喻对此进行了解释——治理一艘船不仅意味着照料船员、船舶和货物，还意味着要处理“各种突发事件（风向、礁石、风暴等）”（1991）[94]①；而我认为，创造条件不仅意味着提供教育机会，还意味着处理眼下的突发状况（例如刻薄的老师、受不良影响的危险和遭受心理伤害）乃至想象中将来可能发生的突发状况。张欣在谈及自己和儿子都要努力的重要性时说：“这么多人。机会又这么少。有能力的人一抓一大把”，这是在说，未来充满了不确定性，最好的应对方法就是全力以赴。

福柯又以家庭为例解释治理的艺术，治家并不仅限于护卫家庭财产：“治家意味着认真考虑所有可能突然降临的情况……和可能做的所有事情”②（94，着重部分为我后加）。这与创造条件的理念有相似之处，事关突发事件和状况下，应该怎么做来把控养育孩子的漫漫长路。创造条件承认行动者同时是受事者和行事者，被制造者和制造者，受影响者和施影响者，被拼合者和拼合者。③创造条件体现了趋势理念，

---

①② 《安全、领土与人口》钱翰，陈晓径译，上海：上海人民出版社，2010年，第82页。——译者

③ 阿伦特（［1958］1998）；杰克逊（1989，1996，1998）；马苏米（2002）；马丁利（2014）；Soper（1986）.

认定人是在特定的配置中获得能力的，但同时也承认人有能力安排事物来让它产生自发效果。例如，《孙子兵法》认为，士兵的个人德性——无论他本质上是怯懦还是勇敢——不如部署他的方式来得重要。类似地，杨瑞红不那么关注儿子的作业问题究竟出在哪，而更看重重新配置眼下的状况。她的行动表明，状况是先于主体性的。

代表趋势的“势”与“得时”的概念密切相关，后者可进一步理解为，让个人的努力与时间的进程同步，从而获得力量和效力。事实上，“得时”常被译为“行时走运/获得幸运女神的青睐”。“得时”是趋势理念的核心，趋势理念提出，要及时适应运行中的趋向，这样便有可能让世俗权势最大化。“凡懂得在情势不利于他的时候‘屈’的人，并且知道在局势转好的时候主动掌握之，绝不会‘受压迫’，而且随着时间，终将‘取得一切利益’。最重要的是，在逆境之中要保守自己，为将来的成功机会作准备”①（余莲［1992］1995）[202]。

讽刺的是，这种观念也为行动者备好了道德悲剧（不同于希腊英雄面对的悲剧），因为要是情况并未好转，行动者唯有责备自己糟糕的观察和把握时机能力。尽管母亲通过划定自己应负责和不应负责的界限而得到安慰（适时收手），但本章的三个案例均出现了母亲观察不够敏锐和没能把握时机的情况。在一个诸事看起来都受制于大规模非个人力量的世界上，错过采取主动的时机尤其令人憾恨。对此杨瑞红说得很

① 《势：中国的效力观》，卓立译，北京：北京大学出版社，2009年，第173页。——译者

好："这种情况，你知道，就是在我疏忽的时候，在我没注意的时候，他就到了这步田地。"正因为她在刚出现苗头的时候没能发现和采取行动，所以后来她不得不竭尽所能改变老师对孩子的看法。

本章中我指出，努力创造条件、提供条件是人在不确定的世界中能够控制的事。它在一个人可能行动的范围之内。即便三个案例中的母亲在关键时刻都没能把握住时机，但她们仍有可以打出的牌。① 这便是在老师看错孩子之后，杨瑞红和周华玮对孩子在班上地位的重新配置。有利趋势一经确立，就是重大成果。

本着彻底的反人本主义精神，人们可以说，控制是一种必要的幻觉，让这些母亲们看不到植根于结构中的不可能性。人们可以进一步说，创造条件是新自由主义社会秩序下的产物，靠的是普通人对自己生活负责的能力。在一个国家不再提供保障的社会中，父母必须创造那些能带来保障的条件。而且，创造条件还可以理解为竞争理念的一种表现，后者业已成为当代中国治理和社会生活组织（或瓦解）的核心。按照这一理解，家长们不过是在依循竞争的要求行事。

诚然，更大的历史环境制约着人的可能性，但我希望本章已经表明，从道德行动主体的角度来看，行动还是不行动、早行动还是晚行动，有着重要的经验区别。借用格雷戈里·贝特森的解释，这就好比 0 和 1 的区别。② 这是记得报税和忘记报税、洗碗和没洗碗、记得在孩子的作业上签字和

---

① 我从余莲（[1992] 1995）[204] 借用这个说法。

② 引自 Rappaport（1999）[109]。

忘记签字之间的区别。做这些事的责任分别由税务制度、卫生制度和学校规训制度所形塑。不过，做或不做这些事的影响不在于是否遵循了成规惯例。0 和 1 的区别关系到一个人能否安心面对自己。

第五章

电视空间中母亲观念的失败

2009 年的电视连续剧《我的青春谁做主》设定在北京，讲述了一个女性大家庭（其中一位寡妇担任家长）的故事。这是三个表姐妹的成长故事（她们各自的母亲是亲姐妹），展现了她们如何追求爱情、应对成人社会的挑战。为了在社会上立足，三个表姐妹都要面对与母亲在意志和策略上激烈交锋。青楚（谐音“清楚”）是三人中的老大，刚从法学院毕业，不顾母亲的意见拒绝回乡。小样（字面意思“小样本”）“只有”一个职校文凭，为了实现在北京（姥姥所在的城市）生活的梦想，和一个刚认识的男孩从银川逃到了北京。霹雳（字面意思“雷声”）是三个表姐妹中最年轻、家境最好的一个，在伦敦读了三年高中。面临考入剑桥大学的巨大压力，她没能成功考上。于是她花钱找人伪造了录取通知书，然后用本来给她交学费的钱在北京开了一家餐厅，还用处理过的英国生活照瞒着专断的母亲。

《我的青春谁做主》是杨瑞红（她在上一章出现过）介绍

给我的。这部剧是一次饭后聊天时她向我推荐的众多电视剧之一，我们边聊边嗑了好几烟灰缸的瓜子。在她推荐的电视剧中，有些是1980年代的作品，有些设定在“文化大革命”时期，还有不少是关于现代生活的。赵宝刚执导的《我的青春谁做主》于2009年在央视首播，赢得了很高的收视率。杨瑞红开玩笑地告诉我，作为一个“上了年纪的人”，她觉得看《我的青春谁做主》有助于她理解儿子和他的同龄人。（晓明这时已经快二十岁了。）杨瑞红用极为详实的细节讲述了这部电视剧中的几条故事线，其中一条是关于霹雳的，那个想当厨师的孩子。我尽我所能认真听着。

杨瑞红在这部剧的众多情节中挑了这条故事线来讲，这反映了她的观看视角。《我的青春谁做主》的主创希望这部剧能跨越代沟、得到不同群体的喜爱，整个故事的寓意就落脚在家庭和谐以及解决冲突时沟通的重要性上。一个人的观看视角不同，从中吸取的经验教训也不同。对青年一代而言，这部剧表明了坚持不懈和在逆境中拼搏的重要性。它一般被归为“励志剧”，而且，尽管演员俊美、场景时尚（剧中角色喝着星巴克，开着奥迪，在马克·雅各布店铺附近游逛），但编剧高璇和任宝茹坚持认为，它不是“偶像剧、造梦剧、言情剧”。[①] 这部剧意在提出思考、探讨社会问题，即80后这代人如何适应现实，怎样从他们的错误中吸取经验，承担起

---

① 高璇和任宝茹，《独家：编剧日记①——〈青春〉源起》，搜狐娱乐，2009年4月12日，http://yule.sohu. com/20090412/n263339408. shtml。“偶像剧”本质上是肥皂剧，它与美国肥皂剧的区别在于演员，“偶像剧”的演员总是由广大粉丝簇拥的流行明星组成。他们不以才华出众，而以长相走红。正如宝莱坞是一种印度现象，“偶像剧”是一种东亚现象。

成人的责任，理清困惑，志存高远。

对做父母的这代人而言，这部剧主张给孩子一个自主的空间，让他们自主成长和做决定。杨瑞红印象最深的，便是最明确地提出孩子有权决定自己生活的故事线。在2010年夏天，杨瑞红自己也面临着这样的状况——晓明这时刚拿到高考成绩，很快就需要决定去哪所大学，杨瑞红要在自己对儿子未来的构想和儿子的个人兴趣之间进行平衡。杨瑞红认为，重要的是晓明的选择要有一定的远见，不能仅凭兴趣来决定。晓明对动画很感兴趣，但杨瑞红觉得，他应该学别的专业，在课外时间学动画。她告诉我，我曾给她讲过的我的好朋友的故事给了她启发，我的这个朋友主修的是文学，但在从事图像动画方面的工作。那年夏天，在我动身去机场准备离开的那天，杨瑞红最后对我说的是："不管他选择去哪，不管他选择做什么，我都会支持他。"

杨瑞红试图鼓励儿子往特定方向发展，但与此同时仍表示无条件支持他，这正是《我的青春谁做主》中描绘的那种冲突。这部剧探讨了孩子的自主权和母亲的好意之间的紧张。尽管剧中母亲的育儿实践较为极端和夸张，但它们反映了日常生活中的"创造条件"，这让剧中父母辈的角色很能引起共鸣。母亲对孩子施加控制的强度关系到不确定状况下（剧中的"社会"和"现实"象征着这种不确定性）个人可以发挥的效能。当剧中的母亲们行事专断、对孩子过度保护（这势必引起教育专家的反感）时，她们是在进行一种我称之为"努力所带来的可能性"的实践，我很快会解释这是什么意思。

《我的青春谁做主》恰到好处地体现了"努力所带来的可能性"，但它最终否定了母亲的观念，转而支持年轻人的自主性，这是通过省事的大团圆结局来实现的——这样的结局表明，年轻人从始至终都是对的。这种否定是该剧的众多反转之一：年轻人的力量压倒了父母的力量，女性决定了男性的价值，①精英主义的幻想取代了残酷的社会现实。通过分析这部剧本身以及从新浪、搜狐、网易等线上论坛搜集到的观众反响，本章将论述，对“自主”和“自由”等现代价值的宣扬有赖于对社会和经济现实的掩盖以及对心怀好意的母亲们的关切的轻描淡写。②

励志

电视，尤其是电视剧，在当代中国社会生活中占据重要地位。中国不仅拥有世界上最庞大的互联网用户和英语使用者，也拥有人数最多的电视观众。截至 2005 年，中国的电视

---

① 这个虚构家庭里的男人要么过世了要么不负责任。《我的青春谁做主》是一个以女性为中心的故事，对剧中男性的评价标准是他们能否提供物质保障和舒适生活。剧中的男性角色除了向女友和家人展示自己的有用之处以外，并无太多故事可言。不过，如果不综合考虑赵宝刚三部曲中的第一部剧和最后一部剧，就很难全面评估《我的青春谁做主》这部剧的性别意涵。因此，我只对性别问题做此简要提及。

② 我搜集的评论和帖子来自全国各地，不过通常来自省会城市或地级市。根据中国互联网络信息中心 2004 年的一项调查，“占中国网民大多数的是年轻人。在所有网民中，24 岁以下的占 54.1%，30 岁以下的占 70%”（卜卫 2006）[215]。同时，卜卫在北京、上海、广州、成都、长沙、西宁和呼和浩特开展的研究表明，通常年轻人的互联网使用率在最发达城市最高。不过，长沙这个中等城市名列所有城市之首。广州排在第二位（219）。

观众达到了11.88亿，占总人口的95.6%（张同道2009）[172]。从国内、国际新闻到综艺节目，众多电视节目类型都深受观众喜爱，电视剧也位列其中（172）。

《我的青春谁做主》与此前人类学家和媒体研究学者讨论过的流行电视剧有相似之处。和1990年代初流行的《渴望》一样，《我的青春谁做主》也反映了特定历史时刻的关注点。如果说《渴望》在“天安门事件”的危机之后讲述了渴望的艺术，那么《我的青春谁做主》则在中国的第一代独生子女陆续成年、进入劳动力市场之际讲述了抱负和决心的艺术（罗丽莎2007）。与曾经风靡东亚的日本电视剧《东京爱情故事》一样，《我的青春谁做主》表达了一种特定的现代性观念。在《我的青春谁做主》这里，北京取代东京成为展演国际化和现代性的舞台。这部剧同样关注年轻人的爱情和工作生活，展现了各式都市场景，如办公室、大厅、时尚餐厅、户外露台、购物中心、高速路立交桥和胡同邻里。与日本和中国台湾的潮流偶像剧一样，《我的青春谁做主》促进了消费欲望，给人一个沉浸于幻想的空间。① 一位观众对青楚这个角色的评论很能说明问题：“她穿的衣服都很好看，款式时髦，适合白领女性，我很喜欢。（同一件衣服她从不会穿两次。）这些都值得我学习。”② 不过，也有看法很不一样的观众，他们愤慨于编剧和导演让年轻人对无法拥有的物质生活垂涎不已。③

---

① 见 Ang（2004）；Hu（2008）；Lukács（2010）。

② 2009年5月8日发布于搜狐。

③ 侯江：《北京晚报：凭什么人家的青春您做主？》，2009年4月30日发布于新浪，http://ent.sina.com.cn/r/m/2009-04-30/21252499336.shtml。

而《我的青春谁做主》最值得一提的，要属它与日本电视剧共有的一个特点，那就是通过电视剧来激励年轻人。1970年代末，日本出现了被称为“都市青春剧”的类型，聚焦乡村青年的城市生活和打拼经历。按照一项研究的说法，这些电视剧“突出传递了‘努力奋斗，艰苦拼搏’的讯息，即‘干巴爹’（日语中的‘ganbaru’）”（梁旭明 2004）[90]。1990年代的电视剧延续了“干巴爹”的主题，剧中人物力图克服生活中的挑战，追求美好人生。同样，《我的青春谁做主》也刻画了都市青年的工作和爱情，他们努力克服障碍，吸取经验教训。正因此，这部剧（它是赵宝刚导演的青年主题电视剧三部曲中的第二部）被归为“励志剧”类型。三部曲的第一部《奋斗》同样聚焦一群朋友的成长故事。尽管《我的青春谁做主》主要是讲代际关系的，但它也延续了《奋斗》中探讨的主题，每个角色都为自己的理想奋斗拼搏。正如一位观众的评论，这部剧“号召年轻人胸怀大志。”① 另一位观众说道：“我喜欢这部剧。我到现在已经把《奋斗》看了五遍，《我的青春谁做主》看了三遍。只要努力，就能成功。这部剧可以鞭策我们的生活。”② 同样地，一位观众在反驳对该剧的批评时写道：“不能只看表面。必须看到更深层的东西，这样不管你来自什么阶层，都会受到激励。”③

“不管来自什么阶层都会受激励”的评论针对的是网民的一场争论，问题主要集中在这部剧是否准确反映了现实。观众的反应表明，大部分年轻观众认为该剧与他们的生活相去

① 2009年4月22日发布于搜狐。

② 一位广西河池网友2009年5月12日发布于网易。

③ 一位甘肃兰州网友2009年5月4日发布于搜狐。

太远，剧中呈现的物质条件或大部分人物的成功，尤其是太过完美的青楚，她从法学院毕业后轻而易举就找到了第一份工作，随后很快就开始接案子，并且在第18集就买下了一辆全新的红色奥迪车，而这些都发生在她30岁之前，难以引起很多人的共鸣。在这些观众看来，剧中人物之所以能实现自我，其实是因为他们的经济条件允许。观众认为剧中提倡的观念是常人无法企及的独属精英阶层的奢侈。而与此相对的另一极端，有些观众会指责批评的人是嫉妒。我发现的一条评论甚至说道："这个电视剧本来就不是给你们这些穷人看的。我说的穷是指内心的穷，内心的穷就是不敢创造，胸无大志，只知道抱怨，只希望别人都和他们一样小心眼。"①还有一些观众介于批评者和支持者之间，他们觉得有的人对这部剧太过认真了，期望电视剧保持准确本来就不现实，而且抛开缺点不谈，人们还是能从这部剧中学到如何提升自己的，这很有意义。

《我的青春谁做主》中的台词对话的确满是道德教育，每个角色都为一套特定的价值观代言。鉴于此，这部剧成了商业娱乐和社会主义现实主义的混合体，它刻画的不是社会的实然，而是社会的应然。在该剧首播期间的一场新闻发布会上，上海电影集团董事长表示，希望这部剧能帮助推动中国的社会转型、产生良好的社会影响。②相较之下，很难想象美国电影公司主管会对某部肥皂剧作此评价。

---

① 一位河北石家庄网友2009年4月17日发布于搜狐。

② 2009年4月10日发布于新浪，http://video.sina.com.cn/ent/v/m/2009-04-10/012538934.shtml。

电视建议：改造父母

《我的青春谁做主》给青年观众上了一堂关于抱负和决心的励志课，与此同时，它也试图改变父母的育儿行为。剧中有这样一幕，姥姥在建议小样如何应对母亲的唠叨，这段对话中直接援引了专家的话。

> 姥姥：你妈不那么说她就过不去。你就让她叨唠好了。不愿意听就当耳边风吹过去。
>
> 小样：她这阵风对我有恶劣影响。一张嘴就打击人家自信。教育专家说：孩子是需要保护的。我身心成长这么不健康，还不知道找谁去投诉呢。
>
> 姥姥：（含笑）我怎么看着你挺健康的呀？非常阳光。
>
> 小样：那是我抗打击能力特别强。①

流行的育儿建议中常见“言语伤人”的观点，以及孩子在父母的直接言行威胁之下十分脆弱的看法。小样认为，她能保持健康的唯一原因要归功于自己的抗打击能力，即某种免疫能力，与母亲的所作所为毫无关系。在这里，抗打击概念将父母的伦理主体性（做正确的事、一旦问题出现就说出自己的想法）与孩子的心理主体性（易受心理伤害）对立起来。在下一集中，小样从一场令人沮丧的招聘会上回到家时，她再次援引了专家的说法。刚一打开姥姥家的大门，她就做了

① 第4集。

一个坚定的手势，说道："为了保护我的心灵，请不要追问细节。"

与此同时，霹雳这条故事线论述了父母和孩子之间沟通的重要性。[①] 霹雳第一次出场，她是一名在英国学习生活的高中生，这是母亲对她人生的宏大规划的一部分。在北京，霹雳的父母在多年不幸福的婚姻之后已经离婚了。为了不打扰霹雳准备 A-level 考试，父母两人决定把离婚的事保密。在得知实情后，霹雳无法接受，并计划破坏父亲与其工薪阶层的新女友的关系，希望父母能破镜重圆。类似经典肥皂剧的剧情发展，只要出现机会，霹雳就按自己的意愿操纵局势，甚至不惜伪造银行对账单来揭露父亲的女友私藏小金库的行为。她把伪造的对账单投进父亲的信箱，这之后不久，父亲就与女友分手了。

诚然，有人会觉得霹雳的行为很恶劣，因为她蓄意阻挠了一个当服务员辛苦挣钱养孩子的女人。不过按照这部剧的观点，霹雳的行为不过是对父母忽视其心理需求的反应，即完整家庭带来的安全感的需求。当霹雳的父亲得知实情后，他没有认定霹雳的所作所为性质恶劣，而是视为不成熟之举将之一笔勾销，而且，他认为这是当家长的抚育不当的自然结果，自己应该对此承担责任。这时，就像全剧中一次次上演的、充满智慧的（而且据网友评论，与现实不符的）姥姥介入了，教育了这些做父母的。在其中一幕中，她教育了霹雳的母亲，因为后者没能给霹雳她真正想要的东西，那就是

---

① 重视代际交流是一个后毛泽东时代的现象，也是一个性别化的现象（艾华 2008）。

密切的关注。在全剧的最后一集，当霹雳的母亲得知伪造银行对账单一事时，她十分惊讶离婚这件事对霹雳的影响到了如此程度。姥姥回应道："由此可以知道，她对你们的婚姻破裂恐惧到什么程度，渴望家庭的完整到什么程度。很多做父母的一辈子都不知道给孩子的心理留下了什么。现在你既然知道了，那就别再糊涂下去了。"

在许多观众看来，见解深刻的姥姥总为年轻人说话，为他们争取自由，同时责备她那几个对孩子过度保护的女儿们，这与现实不符。但有趣的是，导演和编剧特意创造了姥姥这样一个角色，将女性统治家庭领域的期望与有理有据的专业知识结合起来。"姥姥"（外祖母）是一位受人尊敬、有实践经验的法学教授，属于知识分子群体。在很多场景中，她都掌握着最终决定权，在女儿和外孙女发生冲突时道出自己的看法。

《我的青春谁做主》的主创人员希望人们认真看待这部剧。在这部剧的官方博客网页上，有一个条目称该剧为"父母的家庭指南"。同一条目还提出了这样的问题："父母究竟应该在何时干预？保持沉默还是喋喋不休？"① 一篇来自某新闻网站、后被转载到网易的文章为家长们给出了解读这部剧的建议。这篇文章报道了对教育专家的采访，谈到家长应如何对待像青楚、小样或霹雳这样的孩子。有趣的是，文章下面的一条评论为其他观众抛出了一个育儿问题：怎么让我十几岁的女儿学习更努力？这位观众在评论中讲述了女儿的生

① 《年轻人的相册，父母的家庭指南》，2009 年 5 月 27 日发布于新浪，http://blog.sina.com.cn/s/blog_ 53303d780100cl65.html。

活故事，称自己没法从女儿的老师那里得到任何帮助，并继续说道："这部电视剧我看过了，但我找不到问题的答案。网友们能给我一些建议吗？"① 这位观众收到了两条回复，一条是说孩子的环境肯定有问题，另一条是让这位母亲在提建议前先听听女儿的心声。② 在同一评论区，一位观众指责争辩"该剧真不真实"的双方观众没有抓住这部剧的重点，写道："如果80后让他们的父母看这部剧，他们的父母肯定会被激怒。这就是这部剧的重点，但这么多人都搞不明白！"③

社会认可与自我实现：参与还是分离？

《我的青春谁做主》毫不掩饰其教育取向：年轻观众要得到激励、树立理想抱负，父母则要改变他们的行为。道德教育和商业娱乐能以奥迪赞助的肥皂剧形式并存，而最有意思的是，这部剧将有关人的能动性和道德责任的互不可通的文化逻辑对立起来，将"何为好父母"的争论推到风口浪尖。剧中的台词对话里充满了战斗的隐喻。下文中，我将讨论霹雳的故事线，因为这条线最明确地支持了孩子的自主权，也最为清晰地表征了母亲的逻辑。

当霹雳在剧的开头亮相时，她已经在伦敦读高中和生活

① 一位广东佛山顺德区网友2009年4月25日发布于网易，http://comment.ent.163.com/ent_bbs/57LCSDA 500031H2L.html，1。

② 一位广西柳州网友2009年4月25日发布于网易；一位辽宁沈阳网友2009年4月26日发布于网易。

③ 一位上海网友2009年4月24日发布于网易。

三年了，她也因此对父母心怀不满。霹雳的母亲杨尔是一家白手起家的内衣公司的总裁，公司向西方国家出口商品。杨尔称送十几岁的女儿出国是为了让她获得竞争优势，并在剧中多次声称她的生活目标就是培养女儿。杨尔是一位专断的母亲，完全盖过了她的前夫——一位收入不高、性格温和的学者。在一个片段中，霹雳的父亲温和地提醒她，母亲都是为了她好，这时霹雳争辩道："我是她枪膛里的子弹，她打向哪儿，我射到哪儿。完全没有自主。"

由于母亲的性格以及她只关心女儿在 A-level 测试中考高分和考上剑桥大学，霹雳觉得自己别无选择，只能把烹饪的兴趣深埋心底。当霹雳没能被剑桥大学录取，她买了一份伪造的录取通知书，拿着交学费的钱回了北京，最后在朋友的共同投资下开了一家西餐厅，担任主厨。她持续给母亲发处理过的英国生活照来糊弄她，尽量推迟终将到来的局面，只为能有点时间在没有母亲干预的情况下进行"自我实现"。

当杨尔最终得知真相时，她暴怒不已："说破天不就是厨子吗？我花一百多万就培养了一做饭的？"接下来的几天，杨尔失去了生活目标，班也不上了。她也不许霹雳出家门。是霹雳开启了两人的初次沟通尝试。母女俩争辩了生活的意义，是社会认可还是自我实现，这两种理念代表了截然不同的世界观。霹雳拒绝了母亲为她设计的人生规划。杨尔感到困惑，觉得女儿不感激自己的付出。

杨尔：诶？你优越的生活条件、小小年纪出国留学、学成归来进商界都是我强加的？你不稀罕，那你的理想是什么？当厨子？那是任性，是玩闹！那种理想没价值。

有含金量的理想是把自我价值最大限度社会化、财富化。

霹雳：只要是理想，只有形式区别，没有价值差异！说别人没价值，那是你把个人价值观当标尺，强加于人。谁有资格评价他人的生活形式和质量呢？

杨尔：我的价值观是大众的……

霹雳：承认了吧？你就是从众，单一价值观，是世俗的奴隶，永远活在别人的眼光里。

杨尔：你倒说说看，我该活在什么地方？

霹雳：你？就这样，改不了了。但我不想被名利驱使。我只图自己快乐。

霹雳的立场是"西方"取向的。她崇尚自由主义观念，对一切人宽容、特立独行、追求个人快乐和"真正"的自我实现。追求"自我实现"比寻求"社会认可"更真实，寻求后者等于做奴隶，追求前者才是真正的解放。有趣的是，霹雳的看法与曼哈顿中上层家庭的"宽容的个人主义"产生了强烈共鸣——正如阿德里·库斯罗（2004）研究美国个人主义的民族志描绘的那样。霹雳随后提及18岁这一里程碑年龄来进一步论证她想独立，这表明这部剧确有把美国当作参照。

霹雳：我18岁后，你我就该拥有各自的生活。我俩不是对方的生活目标，只有纯粹的母女亲情，而不是投资和体现投资价值的关系。

杨尔：怎么让你一说，好像做生意似的？

霹雳：本来就有点那意思。中国式教育就造就了父母孩子付出与回报的模式，这是违背亲情本质的。妈，

> 我希望你快乐，也希望我让你骄傲，但不是以牺牲自我为前提。妈，要不你去追逐自己的梦想、去上剑桥，把我像屁一样放了好啦。

在霹雳看来，自我实现对应的是分离，当她说“我 18 岁后，你我就该拥有各自的生活。我俩不是对方的生活目标”时，她已对此直言不讳了。霹雳（或者说这部剧）还在另一个层面为分离正名。她说：“只有纯粹的母女亲情，而不是投资和体现投资价值的关系”，这是在说，要是自我被职责义务所缚，自我实现便无从谈起。通过去除投入和回报的期望、通过去除经济行为的污染，母女俩才能拥有更本真的关系。当然，这样的断言是幻想，尤其是关于脱嵌的幻想，它援引了古典经济学理论及其对自由市场和自由个体的假设。① 它完全背离了由来已久、众所皆知的代际互惠，即子女用努力学习和学业成就来回报父母的付出。②

霹雳强调亲属关系应当纯粹、从众等于做奴隶，这体现了这样一种文化逻辑，即用分离来理想化所谓真正的能动性。这是“有选择地与自然世界和社会世界的必然保持距离的一种精神气质”③，是资产阶级的特质（布尔迪厄［Pierre Boudieu］1984）[5]。另一边，杨尔则没有做出分离之举，还觉得奇怪为什么女儿说得好像她在做生意一样。杨尔的立场看似带有理性功利的意味，但在理性功利之下，有着更深层的

---

① 社会和经济相互依存是人类学的一个公认事实。

② 任柯安（2011）[144—145]；石瑞（1995）[80]。

③ 皮埃尔·布尔迪厄：《区分：判断力的社会批判（上册）》，刘晖译，北京：商务印书馆，2015 年，第 8 页。——译者

道德关切，那就是父母的责任为何、成为有用的人意味着什么。余莲对潜能概念的讨论在这里很有启发。它将带给我们一个不同视点来看待霹雳（或这部剧）眼中的所谓盲从守旧。如果不活在这里，杨尔心想，我该活在什么地方？

在《势：中国的效力观》中，余莲对比了西方与中国的思维和行动模式。首先，余莲认为，中国传统中缺少英雄主义。在中国的早期军事思想中，胜利并非于战场上赢得，而是通过战略性处置来确保，要的是产生趋向于胜利的必然行动过程。而在希腊传统中，胜负是在战场上、在光天化日之下交手搏斗决出的（[1992] 1995）[35]。余莲用了两个意象来阐明这一对比：长枪和弩。如果说长枪——它"既是英雄式的面对面打斗的工具，又是这种战术的象征"（36）——是果敢的和直接的，那么弩这一中国早期军事的武器选择则是兵法思维的完美象征，更重要地，弩也是余莲称为"情势所提供的潜能"（35）的完美象征。弩的使用与战略性处置的能力做到了以最小代价"取得最大效果，即使（时空上）皆隔着一段距离"①。

余莲进一步指出，希腊神话中的英雄是悲剧性的，他在困境中搏斗，直至力竭甚至战死，而在中国人看来，这是在相当徒劳地浪费精力。对比之下，在中国传统中，高明的将军、政治家、诗人或画家会依照特定情势来行事（"乘势"），他们深知，无论什么情况都具有一种特定的趋向，例如水往低处流。好的战略家总是会尽其所能辨别清楚客观情势，以

① 《势：中国的效力观》，卓立译，北京：北京大学出版社，2009年，第8页。——译者

最大限度地利用其潜能（260）。

当杨尔说出“有含金量的理想是把自我价值最大限度社会化、财富化”时，便是在表达这种最大限度利用给定情势的理念。无论自我能力几何，一个人的价值都取决于特定环境下能得到的认可。杨尔的自我价值观在具体层面上运作，植根于当下的社会历史境况——不论是好是坏，当下的社会无疑把地位和财富看得高于一切。杨尔没想过要反对（或超越）这一境况，因为这就是既存现实。这就是摆在她面前的实打实的社会现实，因此她便按其趋势行事，利用其潜能以获益，同时尽可能避免无意义的耗费。这就是为什么她不假思索地指出：“我的价值观就是大众的价值观。”当女儿说她“永远活在别人眼光里”时，杨尔困惑地反问道：“我该活在什么地方？”看到霹雳拒绝名利、坚持追求快乐，杨尔叹道：“诶？我怎么把你教育得视金钱为粪土了？本来你该手把手被我引向成功，结果叛逆到虚无主义道路上去了。”

人们一般不会想到，中国早期思想和二十一世纪初的商业电视剧之间会有什么相通之处。但相通之处的确存在，我强调这些相通之处是为了说明中国的转型可能不只涉及经济结构调整和新主体的制造。“道德主体是追求自我实现、不惧特立独行的人”的看法本身（不论听起来多么不言自明）所提出的思维和行动模式，与一种根深蒂固的关于如何处世的大众看法完全不可通约。余莲解释道，智者不求“确认他本身的自由”，而是参与到现实的进程中去。能动主体与事物进程团结合作，可能产生“一种眼不可见的、无穷尽的并且完全自然发生的影响力”（［1992］1995）[264]（［1991］2004）[61]。霹雳眼中的母亲循规蹈矩、盲目从众，但更应该把杨尔看作战略家——事实上，一份发布在网上的制作说明（其中解释了编剧们是怎么想出角色名字的）恰好把剧中的三位母亲称为“三女将”。

当然，我在这里所做的类比也有局限性。在这段母女对话中，杨尔抛出了“条件”概念，这关系到人的努力以及人应该在不受自己控制的境况中承担哪些责任。当杨尔说女儿不感激优越的生活条件时，她意在指出，优越绝非凭空而来，而是家长的辛勤付出换来的。霹雳这条故事线还提到过一次“条件”概念——在霹雳的父亲得知女儿弥天大谎背后的真相时，他提醒女儿，父母多么努力工作来为她创造条件。

当代育儿实践展现了余莲所谓“布置所产生的可能性”的一个变体，即我称为“努力所带来的可能性”的主张。和《孙子兵法》里提到的将领们一样，现代父母意图隔着一段距离施加影响，在这里是时间上的距离。但相比布置，可能性更关乎努力。《孙子兵法》认为，只要人们进行准确辨识，那么不确定性便不成为问题，但在现代育儿的案例中，战略性处置并不能保证成功。不过，个人努力无疑是人所能掌控的。尽力而为既是每个人能做到的最低限度，也是最高限度。

抗衡现实的重压

小样性格活泼叛逆，是三个表姐妹中最不守规矩和最没有野心的。她常常陷入尴尬境地，一心想挣钱、走捷径让她一次次遭遇麻烦。正因此，小样换了一个又一个工作、一个又一个兴趣爱好，她对自己想要什么或能做什么缺乏概念。

当小样被一家房地产公司解雇时（作为售楼小姐，她违反了公司条款，即三个月试用期内不得直接签约售楼），她不明白为什么被大力提倡的“自我实现和张扬个性”实际上导致了毁灭性的后果。（她与一对老夫妇签了售楼合同，夫妇俩被小样所打动，因为她愿意花三个小时陪他们。）小样的母亲杨杉一直认为小样无法在北京立足，她觉得女儿没什么天分，只会漫无目的地瞎胡闹。在小样异想天开的志向中，杨杉的预言似乎得到了应验。

霹雳不顾母亲的规划要实现当厨师的梦想，小样则毅然决定与一起逃离银川的男孩——一位叫方宇的蓝领汽车修理技师——交往。小样的母亲从一开始就不同意这段感情，不仅因为方宇要为女儿的出走负责，也因为他身处较低的社会经济阶层。与霹雳的母亲一样，小样的母亲杨杉似乎也极度看重社会经济地位。她觉得方宇不过是个小流浪汉，并在剧中多次计划拆散这对情侣。我将简要概括她采取了哪些行动，以方便后文讨论“努力所带来的可能性”如何在这个案例中起作用。

杨杉的初次尝试发生在小样为保护方宇（当时他卷入一场打斗）而受伤之后。杨杉专程赶往北京以确保女儿会回银川，接受自己的照看和管教。在杨杉看来，小样的受伤正说明了她没能力采取正确的行动。与此同时，小样和男友则计划逃跑，并约定在火车站（次日杨杉父母将从这里带小样回银川）会合。父母和孩子互相冲突的愿望带来了故事的戏剧性转折：在会合的这天，小样的父亲被这对年轻情侣逃跑时乘坐的车撞倒，伤到了脊髓，腰部以下全部瘫痪。

杨杉第二次试图拆散这对年轻情侣时更讲策略，不再那么直接，这次她听了两个姐姐的建议——两个姐姐此刻也正各自和女儿较劲。此时，为了小样父亲能“更好地”接受康复治疗，小样和父母已经回到北京。[①]小样继续偷偷和方宇见面，进行“地下情”。与此同时，杨杉打起了一位叫高齐的年轻医生的主意。每当家里有人看病，这位心善的单身男医生都恰好在医院出现，为这家人提供他们所需的所有支持。（少了医院场景的肥皂剧当然就不是肥皂剧了。）尽管高齐对小样有好感，但他坚称帮助他人才是他的乐趣所在——这也是社会主义文化英雄雷锋的精神。当小样和父母准备回北京进行康复治疗，正是高齐帮他们物色了一个离医院很近的住处。杨杉被高齐的性格打动，又对他的职业放心，所以计划让他做女婿。她组织了一次全家的周末郊游，邀请高齐一起参加。

杨杉的第三次干预发生在全剧的最后。此时方宇因无意中与一个盗销机动车团伙有牵连而入狱，他为了赚钱填补小样家人的医疗开销，接了车行老板的私活。杨杉来到监狱探望方宇，一番肺腑之言，以爱情之名劝方宇离开女儿。伤感的钢琴声在背景里响起，一直对方宇极不客气的杨杉，此刻对他所做的一切表示感激。她描述了爱情在现实的重压面前如何不堪一击，并指出分手会让两人都更幸福。分手能让方宇从对杨家的责任中解脱出来，也能让小样和在经济和道德上都更稳定的医生在一起。杨杉最后说道：“有时候，爱情不

① 我给“更好地”打引号是考虑到“北京比银川等城市更好”这样的说法会冒犯到有些观众。

一定能带给你爱的那个人幸福，放手却可以。”方宇同意了，并在随后的探监时间拒绝与小样见面。

观众很容易觉得这位母亲的坚持是不妥的。尽管这部剧似乎认为，导致小样父亲瘫痪的事故可以完全归咎于小样和她坚持争夺自主的行为，但人们不禁会想，小样的父母本就不该插手。毕竟，小样这个角色已经21岁了。

但如果与“努力所带来的可能性”概念放在一起，这位母亲行为背后的道德逻辑会更容易理解。纵然整条故事线为了娱乐观众进行了夸张，但其代表的策略思想是有逻辑支撑的，这种逻辑让不少年轻观众和中年观众都感到熟悉。事实上，小样的故事线正是我的朋友杨瑞红在推荐这部剧时给我详述的另一条故事线（不过她记忆中的方宇是个农村青年，不是城市蓝领工人）。在网络论坛发帖的观众轻易就看出，剧中母亲们的行为代表了一种颇为普遍的育儿观：为了孩子好。但这到底意味着什么，恰恰是这部剧抛出的问题。

如果说霹雳的厨师梦这条故事线表达的主题是女儿追求自我实现与母亲寻求社会认可的对立，那么小样母亲决意管控她的爱情生活这条故事线所表达的主题则最能体现中国的一句俗语：“可怜天下父母心。”在杨杉冷酷无情、态度坚决地反对女儿与汽修工的感情（从西方自由主义观点来看，这是有问题的）的背后，却是一种温柔的关切，那便是尽其所能让孩子在生活中少受苦。她要想尽办法确保女儿的“富裕、稳妥和平安”。①

---

① 第23集。

在其中一幕，杨杉和丈夫就把女儿带回银川一事严肃地聊了聊。这里杨杉的话与前文提到的她初次尝试拆散小样和方宇的片段有关。杨杉承认，她能看出为什么两个年轻人凑成了快乐的一对。但是，她继续说道："现在社会不像从前那么单纯了"，她指的是过去不久的历史时期、巨大的社会经济差异还不存在的时候。"现在社会越来越复杂。竞争那么激烈，生活压力又大，婚姻也变成一门综合学科。"她认为，收入和职业这样的因素是维系婚姻的关键，"不然一碰到现实问题，脆弱的感情就不堪一击"。鉴于孩子眼里只有感情，这位母亲主张："我们要比他们看得长远，对现实的认识要比他们深刻。"①

与我在昆明结识的母亲们一样，这位剧中虚构的母亲对孩子的未来感到深深的不确定。我的报道人们为了管控不确定性，坚持监督孩子完成作业并确保老师对孩子的关注度，而这位剧中的母亲则把好的婚姻看成抵御未来的可能麻烦和年轻夫妇可能遇到状况的一种手段。浪漫和感情在"这个社会"的重压之下不堪一击，稳定的物质条件却能与之抗衡。这个角色与其说太过物质，不如说是在寻求保障。这部剧中的母亲们运用了一种幻想式思维（magical thinking），将经济福祉与俗世权势、有意义的能动性和解决生活问题的能力关联起来。因此，她们的目的是创造一种可能性，这种可能性或许能带来生活保障。在这里，经济和道德交织起来，例如其后的一个片段里，杨杉对女儿说道："你别嫌妈总结得市侩。有一天你跟方宇为柴米油盐闹心的时候，那感情被减得

① 第14集。

还能剩几分啊?”

方宇同意了杨杉的话。他感到很不是滋味,因为好心的医生轻而易举就为杨家找来了医院附近的住处,还免收租金,而他自己为了能帮上杨家想方设法赚钱,却只招来麻烦和不幸。在剧中,他被人殴打,被帮派追赶,最终进了监狱。在一个滑稽的小插曲中,他的挎斗摩托车被交警拦下——他在没有广告经营许可的情况下,把摩托车当作流动广告牌出租来挣外快。

对这条故事线中的父母而言,社会现实要求母亲尽力对事情进行布置以创造可能性。杨杉觉得好心的医生能给女儿更好的条件,两个姐姐也完全支持她。但是其中一个姐姐,也就是霹雳的母亲,不赞同杨杉处理事情的方式,并指出,一味反对是没有用的。杨尔说:

> 杨尔:你态度太消极,等于不作为。当妈的得有前瞻和指导性,要反对他俩就一刀两断、不留余地。你要也觉得高齐好就引导小样,促成他俩。她不也对高齐有好感吗?影响!对小样就得跟治水似的,把她不该去的地方堵上,希望她去的地方挖开,潜移默化,知道吗?

杨尔的这番建议完美体现了“势”的逻辑。小样对好心的医生本已有好感,所以在姨妈看来,这就是如何进一步利用小样对医生的好感这个势头并推动其发展的问题。杨杉与其无中生有创造感情,不如利用好现成的机会。这体现了这样一种理念,即从影响的角度而不是行动的角度来理解人的能动性,或者说,这里的行动不是在光天化日之下,而是在潜移默化之中。相比直接的战斗场景，它更看重孕育的过程。小样现在可能不爱高齐，但她会爱上的。和治水无异。

不过，对现实的管理定是说来容易做来难，有些物质或性格会更容易趋向特定的方向。因此，杨杉对姐姐的建议半开玩笑地回应道："我担心小样不是水，是顽石。"小样很固执，没能好好把握眼前的机会。

努力的伦理

如果说中国前现代文本设想的理想状态是最小的努力换来最大的效力，那么当代中产阶级母亲则在承认徒劳的可能的同时，将努力置于效力之上。她们的想法既像《孙子兵法》中有谋略的将领，又似新亚里士多德主义者构想的脆弱的行动者（见第四章）。尽管在流行表征中，中国母亲常被呈现为控制欲极强的形象，但我认为，最为驱使母亲们的，是一种努力的伦理。这一点在《我的青春谁做主》中也有体现，尤其是在这样一幕中：杨杉在给女儿讲此前她对丈夫讲过的话，即社会的复杂性和找一个能提供生活保障的男人的必要性。小样坚持己见，对母亲说她的话都是徒劳。母亲这样回应："徒劳我也努力过了。将来天要下雨、女儿要嫁，没辙。不过在妈的位置上待一天，我就得谋一天政。"[①] 尽管建议不请自来，小样也充耳不闻，但杨杉依然努力施加影响。脚下轻轻一踢，石头就滚动起来；弓轻轻一拉，箭就离弦射出去。石头最终滚到哪里，箭会射到什么地方，并不全然受人掌控。当母亲们告诉我，她们唯一的职责就是创造条件，之后发生

---

① 第 29 集。

什么不在她们的控制范围内时，她们便是在强调这一点——效力的产生始于伦理。

这部剧的结局导向了三个女儿的追求。正如人们对肥皂剧的期待一样，冲突总是轻易就化解了。梦想成为厨师的霹雳在这部剧的最后成功经营了一家餐厅，从母女斗争中走出来的母亲杨尔变得更加开明，也乐于倾听他人的愿望、接受他人的观点。在最后一集，小样的母亲终于妥协，并给女儿送上了祝福。而小样的蓝领男友方宇也惊喜地成为一家崭新的汽车修理店的合伙人。所有这些年轻人幸福美满的迹象都表明，母亲们，尤其是杨尔和杨杉的挂怀是多余的，进而证明了，只要下定决心，就能如愿以偿，而父母未必比年轻人懂得更多。

《我的青春谁做主》中的人物追求事业或爱情的自主性，不仅是以否定特定文化逻辑为代价实现的，也是以无视社会现实为代价实现的。这里，我想回到网友的批评声中看看，也就是那些觉得这部剧与他们的生活相去甚远的观众。一位网名为“cityofangell”的观众在新浪的一个论坛上发表了一篇长文，详述了很多人在短评中表达的观点。这位网友对拿父母的钱去开餐馆这样的高风险行为表示了异议，并提出了这样一个问题：“展现你的个性与你的生活条件之间到底是什么关系？”霹雳这个角色能用交学费的钱来创业，是因为“霹雳的母亲能承受她的失败。这不就是用几十万买个教训、买个经验吗？但赵宝刚导演没意识到，我们这些工作了上十年的人，为了能咬咬牙买套房，不得不拼命还房贷。”这位网友也想向人展示个性，但“家庭背景和传统教养方式不允许我太过于自我”。他不情愿地学了理科，但同时也接受了这条更实际的道路。他梦想开一家小音像店，专门卖他喜欢的音乐。但不同于剧中的霹雳，他觉得表达自我这件事只能“在心里想想”。[1]

讽刺的是，作为一部力挺年轻人自主自由的电视剧，《我的青春谁做主》对青年一代的呈现却在年轻观众中引起了巨大争议。而另一方面，我几乎从未见过有人对这部剧呈现的父母一代表示异议。事实上，许多观众，不管是年轻人还是中年人，都看到了剧中的母亲们与现实生活的一致性。尽管她们行为专断、处处干预，令人不悦，但观众甚至对她们表示了同情，看到了她们成问题的养育方式背后的好意。我认为，母亲的好意中不可或缺的一点，便是愿意去坦率、直接地觉察和面对当下的现实，而这部剧整体上却未做到这一点。中产阶级母亲的过度实用主义、对财富和地位的过度关注以及功利主义的思维方式，都源自当今中国的激烈竞争。太多东西要竞争了：好成绩、好工作、好家庭，乃至最终的生活保障。

我的朋友周华玮早在女儿佳佳上二年级时就给她讲真正的社会是什么样子，她也承认这不一定是正确的做法。她指出，她试图告诉女儿的有关身份地位差异的道理，有两种描述方式，一种听来比较顺耳，另一种则比较“庸俗”。但不论怎么表述，现实情况都是一样的，那就是差异的确存在。

> 周华玮：你可以说：“哎，每个人都是平等的。”但实际上，人和人并不完全平等。自打我们开始市场改革，

① “高级会员”“cityofangell” 2009 年 4 月 27 日发布于新浪，http://club.ent.sina.com.cn/thread-365463-1.html。

这一点就越来越明白。这种不平等是多方面的。政治上、经济上、文化上、精神上，多方面的因素。不管你觉得平不平等，不平等都是存在的。真的很明显。但是我们的意识形态教育，说我们肯定是平等的。这就是意识形态教育。但如果你想让孩子更现实地思考，你知道的，不想让她生活在虚构的世界，那么我现在就想告诉她："人是分三六九等的。"

这个道理表面看来庸俗，但最终关乎伦理或自我行为，被用来提醒女儿努力奋斗的重要性："有差异，就要靠你自己努力。你能不能达到某个地位，必须靠自己。我们大人可以帮你。但我们没法做所有的事。我们只能提供帮助。"周华玮拥有社会和文化资本，能让女儿比来自其他背景的孩子更具竞争优势。但这位母亲仍尽力教育女儿，她绝非自然而然享有一切。周华玮的坦率与库斯罗观察的曼哈顿中上层家庭父母形成了对比："在一个人与人不平等、人人都不是你的朋友、有时人们的确很坏的世界上，人们尽了很大努力来让孩子感受到和相信世界不是这样"（2004）[166]。

尽管向孩子灌输身份地位意识看上去庸俗，但这里有着道德上的关切。我一直没有机会和周华玮讨论《我的青春谁做主》，不过，在上次到访期间，我向佳佳提到了这部剧，她翻了个白眼，因为她更喜欢《哈利·波特》。但她妈妈很喜欢这部剧。佳佳告诉我，妈妈在电视机前一坐就是好几个小时，欣然沉浸其中。想到母女俩那篇"造假"报纸文章的故事（第四章），我可以想象周华玮一定与剧中的母亲们很有共鸣，尤其是她们行动背后的好意。正如一位观众评论所言："可怜天下父母心，为了不让孩子遭受逆境，父母难免有一颗功利的心。”①

电视的否定

本章详细分析了一部电视剧，这部剧将流行的育儿建议嵌入到大众传媒的娱乐形式之中。不过，我之所以这样细致地分析《我的青春谁做主》，与其说是因为其中道德说教的内容，不如说主要是因为它对处心积虑、过度保护孩子的母亲们的呈现——它为“努力所带来的可能性”这一道德逻辑赋予了具体形态。比起这部剧如何影响了人们的行为（人们的“行为”其实在先），我更感兴趣的是它如何揭示了我的朋友杨瑞红的考虑和关切。在我们嗑了很多瓜子促膝长谈的那一晚，是什么驱使她向我推荐这部剧？为什么她坚持要细说小样和汽修工那不被允许的爱情，以及霹雳立志当厨师的故事线？她开玩笑说，这部剧帮助她这样的“老人”了解自己的儿子和他的同龄人，这很说明问题。我相信，这部剧帮助她加深了对自己为人父母处境的理解，例如，在帮晓明做重要的人生决定时，她试着在热情支持和坚定指导之间取得平衡。

杨瑞红能借助这部电视剧来思考，这与编剧们准确呈现了母亲们的考量、她们对创造条件的强调不无关系。值得注意的是，正是剧中的这个方面在网民中引发的争议最小。当然，《我的青春谁做主》的广受欢迎可归结为它为年轻观众绘制的国际化生活的幻梦。但我认为它不止于此，至少对父母

① 一位浙江绍兴网友2009年4月25日发布于网易。

一代而言，这部剧做到了更多，它的意义与巴厘岛斗鸡的意义有相似之处。

《我的青春谁做主》是一个文化文本，它通过对现代家庭生活相关的主要主题进行具体化展示，“使普通的日常生活经历能够被理解”（格尔茨 1973：443）。它帮助调配关于生活的印象，它们原本可能是“散乱无序的”。① 为什么主题同为精于计算的中产阶级母亲，《绝望主妇》却在中国惨遭失败？② 为什么真人秀节目《爸爸去哪儿》在2013年获得了巨大成功？要想回答这些问题，不仅要理解中国的民族志语境，还要理解这些文本本身。反过来，流行文本可以让我们一瞥文化和个人想象的虚拟世界，从而丰富我们对民族志语境的理解。

给《我的青春谁做主》这部剧蒙上阴影的，是剧中母亲的观念最终落败，年轻人的自主得到支持。这要归功于省事的大团圆结局，它暗示年轻人一直都是对的。这部剧最终轻描淡写了心怀好意的母亲们的关切，呼应了中国的育儿专家的声音，后者认为父母的所作所为可谓陷入歧途、抱残守缺。而且，这部剧还通过无视严酷的社会现实（这些现实在电视剧播完后依然存在）来强调自主自由等价值的重要性，让那些无法奢求实现“真正”自我的人深感被排斥。过度功利主义或许不可取，但对必然性的否认恐怕更糟。

阿德里·库斯罗在对比纽约三个不同社区的育儿方式时

① 诺思罗普·弗莱（Northrup Frye）转引自格尔茨（1973）[450]。

② Raymond Zhou，《〈绝望主妇〉为何折戟中国》，《中国日报》，2005年12月31日，www.chinadaily.com.cn/opinion/2005-12/31/content_536993.htm。

发现，在一所工薪阶层幼儿园里，不同阶层的文化发生了碰撞。老师和学校印发的材料都鼓励中上阶层的“宽容的个人主义”，即一种“鼓励自我表达的心理教育”，然而在工薪阶层父母看来，这种教育“与他们的价值相抵牾，而且毫无意义”（2004）[179]。当老师鼓励家长对孩子进行肯定时，某种形式的暴力就出现了。例如，在一个案例中，“一位母亲说：‘我受够她了’，而科斯塔多夫人对此回应说：‘不，你没有’，这时，母亲的现实就在某种程度上被否定了”（179）。在库斯罗看来，“宽容的个人主义”话语的问题在于，它那自然而然的表象掩盖了阶级偏见。换言之，所谓解放儿童的“真正自我”是一种阶级实践，但心理学化的育儿的自然主义对此视而不见。在不少课堂环境里，这不仅给工薪阶层，也给移民家庭带来了冲突。同时，在中国城市的案例中，我们看到的是一种全球范围内的观念冲突。尽管我的报道人都属于中产阶级，但在他们看来，他们的孩子正面临严峻的现实，是故，他们对给孩子自由和自主这件事深感矛盾。

第六章

投资人力资本，保存生命能量

> 丁卡人当然希望他们的仪式能够中止事件的自然进程。他们当然也希望求雨的仪式能够带来雨水，康复的仪式能够逆转死亡，丰收仪式能够生产庄稼。但是工具性的功效并不是他们象征行为的唯一功效。其他种类的功效存在于行为自身之中，存在于行为的主张以及带有行为印记的经历之中。
>
> ——玛丽·道格拉斯《洁净与危险》①

经典马克思主义对“意识形态”的定义可以用一句话概括——“人们不知，却始终为之”。这种论断认为，人们的行动再生产了资本主义生产关系，而他们对此浑然不知，意识形态遮蔽或扭曲了社会行动者所见的现实。与马克思主义的意识形态概念相关的是拜物教概念，后者帮助掩盖了客观的社会生产关系。货币就是一个典型的例子。人们误以为财富内在于货币，但事实上货币只不过是“社会关系网络的浓缩和物化”（齐泽克 1989）[31]。

这种马克思主义论断经常被用来解释资本主义之下的亲职或母职，例如，母职本身被认为构成了一种意识形态，掩盖了母亲生育孩子所面临的压迫性环境。在这一框架下，母亲被视为劳动者，她们自由地内化了有助于资本主义劳动力再生产的意识形态，却对此浑然不知。② 从这一观点出发，可以说在后毛泽东时代的中国，女性被询唤（interpellate）去扮演“好妈妈”角色、背负养育“高素质孩子”的重任，这是人口素质提升工程所制造的主体位置。此外，随着经济自由化进程，童年变得越来越商业化。市场上的众多商品（例如婴幼儿配方奶粉、营养品、益智玩具、备考资料和兴趣班）承诺并将持续承诺提升儿童的身体和心理潜能。③ 与此同时，“择校”现象加剧了教育的商业化，父母宁愿花钱把孩子送到划定片区之外的学校接受教育，也不上本地的公办学校。

因此，当父母利用自身经济“条件”来创造“条件”时，他们实际上是在进行将货币资本转化成体现为“素质”的具身资本（embodied capital）的经济行为，客观上为国家的生命政治工程做贡献，同时加剧了社会分化和不平等。有观点

---

① 《洁净与危险》，黄剑波，卢忱，柳博赟译，北京：民族出版社，2008 年，第 87 页。——译者

② 例如，见艾利森（1996），菲尔德（1995），罗特曼（1994，2004）。

③ 更多讨论，见尚帕涅（1992），Gottschang（2000，2001），伍宁（2003）。

认为，在这一体制下，儿童的身体变成了储存价值的“贮藏室”，响应了承诺提升和改进的“资本投入”（安德训 1997a，2008）。按照这一看法，利用商品来提升和改进构成了“一种拜物教的形式，即赋予物质以魔力，从而实现神奇的改变”（1997a）[218]。这类分析表明，父母是在浑然不知的情况下促进了经济发展、培养了高素质人才，造福了国家。①

我想对经典马克思主义表述稍加修改：“人们知之，但别无选择，只能为之”。中产阶级父母十分明了社会生产关系，也很清楚自己的孩子相比其他背景的孩子拥有何种特权。他们为确保或增强孩子的竞争优势所做的努力，与其说是基于错误相信了素质提升商品的内在价值，不如说是来自他们对自身所处历史环境的仔细辨识。他们当然希望素质提升商品能提升孩子的潜能。他们当然希望自己的投资能确保未来的美好生活。但中产阶级母亲的消费行为与其说是为了实现特定目的，不如说是朝向一种伦理劳动，为的是弄清自己在能和不能掌控的情况之间的界限。对非洲宗教的经典研究充分证明，拜物教并不总导向神秘化。拜物教也可被用来在不确定的情况下引导注意力和精力，这既适用于捕猎动物，也适用于寻找工作。拜物教所寻求的效用既是工具性的，也是道德的。拜物教使意图外化，甚至能在物理世界中带来经验性的差别（利恩哈特［Lienhardt］2008），这些差别对道德行动者而言非常重要。

---

① 平心而论，安德训的观点比我这里描述的更复杂。她对不确定性的问题很敏感，且确实提出了拜物教是管理不确定性的一种策略的论点。但她没有进一步展开这个论点，而我打算在本章中对此加以详述。

本章中，我将讨论两种良好育儿的理念，将昆明的教育专家王老师的建议与普通家长邓先生的立场放在一起分析。在牢记处理不确定性的实践与特定的文化表达相关（例如在非洲，这种文化表达涵盖拜物教、仪式、氏族先灵、诅咒和巫术等形式）的前提下，我将论证，正是通过经济思维和经济行为，王老师和邓先生二人得以对社会竞争带来的不确定性提供或施加某种程度的控制。两人都使用了经济语言来谈论育儿劳作。一人提到了“投资”、“收益”、“资产”、“产出”、“生产单位”和“人力资本”，另一人则谈及“透支”和“消耗”。这些表达可以看成是用作目的指导的隐喻，它们都关系到一个关键隐喻：人力资本。

“人力资本”在指导行动方面尤其有效，因为它重申了尺度迥异的现象（市场经济的宏观层面和人类行为的微观层面）之间的联系。作为隐喻，它起作用的方式与其说是通过转义（借一物来理解另一物），不如说是通过阐明精力和资源的统一组织原则（这些原则暗示了大小事物之间在本体论上的一致性）。我们这里讨论的人力资本概念不应与作为新自由主义治理术模式的人力资本概念相混淆（安德训 2013），而是与道德行动者的巧妙的布置关系更紧密。

综合来看，本章的案例将挑战这样一种观点，即育儿工作是在一种虚假意识下进行的。这些例子将表明，人们通过经济思维和经济行为试图掌握自己生活的一些发言权。诚然，中产阶级父母自愿将自己和孩子置于一个鼓励大肆消费教育产品和空洞追求社会地位的竞争体制之中，但这种经济面向也掩盖和遮蔽了一个更深层、更重要的面向，即伦理面向。竞争和消费与其说反映了为追逐名利和阶级地位而进行的理性计算，不如说是在艾利森·皮尤的所谓“尊严经济”（2009）（这个概念与中国人对“面子”的关注不谋而合）中努力求生的伦理表现。皮尤研究了不同社会经济背景的美国家庭的消费行为，发现与消费相关的情感“指向更深层的秘密，指向事物的意义，指向关怀与归属”（13）。在尊严经济中，家庭消费是为了追求社会关注和社会认可。在中国城市语境中，家庭消费是为了在相当残酷的尊严经济中“求生”——尽管人们很清楚这一系统事实上颇为任意专断，但如果忽视它，就要自己承担风险。

家庭取代公社成为生产单位

王玲玲是昆明人，在全国性的期刊和媒体上发表过文章，在昆明本地的各种场合（从妇联组织的家长学校到私人组织的活动）都讲过课。大家都说她很受爱戴。一位妈妈和我说，王老师“很有爱心”，因为她不收取电话咨询费。另一位妈妈表达了钦佩，指出王老师曾是一名“知青”。① 一位老师告诉我，在她工作的中学为家长举办的讲座上，其他专家的发言都过于抽象，王老师则不同，她有办法持续吸引听众的注意力。一位从未见过王老师的大学老师与我分享了她在《昆明

① “知青”是指到农村去帮助国家实现现代化的一代城市青年，这代人也被称为“失落的一代”，因为他们经历了“文化大革命”期间高等教育的中断。这里对知青身份表达的钦佩之情可能源于官方描述“这代人在中国农村的熔炉中得到了锤炼”（Sausmikat 2002）[278]。

日报》上读到的一则轶事：在女儿还是婴儿时，为了增强她的体质，王老师常在露天的院子里给她洗澡。每当王老师下楼，邻居们都嗤笑道："这疯子下楼来了。"和我聊天的这位老师似乎在暗示，如今邻居们笑不出来了，因为王老师的女儿最终考上了北京著名的中国人民大学。

我是在一位朋友安排的晚餐聚会上见到王老师的。参加聚餐的还有其他七名女性，都是母亲，其中三位参与了我的研究项目。王老师是最后一个到场的，她到场时，所有人都站起身来，满桌佳肴即刻上齐。我的朋友文慧此前一直坐在我左边，此时她立即让出座位，让我和当晚的主宾王老师邻座。

每个人做完自我介绍后，晚餐和交谈拉开序幕。谈话在大家的讨论和王老师回答妈妈们的具体提问之间交替进行。"马加爵和刘海洋有什么共同点？"①"为什么要跑大老远去吃麦当劳肯德基？""霍华德·加德纳发现，人有八种智力类型。""我该怎么让女儿变得更高效？""我是不是给女儿报了太多班？""家长应该在什么时候停止监管孩子？""男孩花太多时间和妈妈在一起是不是不好？""鼓励女儿进行社交会和学习的时间冲突吗？""您有没有打骂过您的女儿？""我应该怎么应对女儿的叛逆？""我女儿爱和男孩子打闹。我该不该给她解释两性关系？""我儿子担心什么都做不好，我该怎么办？""我忘了给儿子的作业签字，老师因此惩罚他。"

对每一个问题和关注点，王老师都有相应的答案或建议。

---

① 马加爵是云南大学的一名学生，因杀害多人被判死刑。刘海洋也是一名大学生，他向动物园里的黑熊泼洒强酸。二人犯罪的动因在民间引发了激烈讨论。

她给父母的建议与全国知名育儿专家们的建议没有太大区别，特别是在强调心理健康、尊重孩子及其发展阶段、尊重孩子的权利和尊严等方面。她与其他专家的不同之处在于，她直言不讳地强调用经济行为创造条件的重要性。王老师学过历史和政治，还在云南财贸学院①当老师，这让她对当今中国的社会经济状况（这种状况塑造了亲子关系）有敏锐的认识。王老师在其讲座分发的小册子里写道："家庭不再只是计划经济中的一个生活单位、社会的一个细胞；它是市场经济中的'生产单位'，具有'投资'和'产出'的功能"（2004）[1–2]。由于家庭业已取代公社成为生产单位，父母的责任加重了。父母不仅要负责孩子心理发展的诸多方面，还要负责管理资源、在教育投资方面做出选择。王老师毫不避讳将母亲身份与消费糅合在一起。好的父母会花钱，尤其是在培养孩子的特长上——"音乐、舞蹈、表演和各种素质教育培训班"（63）。她补充道："父母知道，将来只依靠书本知识是远远不够的。别家孩子在某项特长上超过了你的孩子，你的孩子就可能总位居人后。无论你的生活多么俭朴，都必须保证孩子的教育投资……投资孩子的未来会带来回报。无论回报多么微小，都是值得的。"（63）

王老师通过这些建议为教育消费奠定了理性基础，她认为教育消费是一种投资，未来会带来回报。有人兴许会觉得奇怪，王老师说话怎会如此直截了当。她对经济面向的直言不讳其实源于她经历过社会主义计划经济的背景，在计划经济体制下，经济生产和产出构成了集体生活的核心，成为社

① 现更名为云南财经大学。——译者

会主义荣耀的体现。而现在的问题不再是工业生产配额，而是人力资本。尽管受众不是学者，但王玲玲还是在小册子里明确引证了经济学理论来宣扬投资教育的重要性。她解释道："诺贝尔奖得主西奥多·舒尔茨（Theodore Schultz）用'人力资本理论'赋予教育一个重要的经济特征。教育投资的程度和方向与人力资本增值相对应。教育投资的目标是收益。抽象地讲，这种收益表现为人力资本的提升，是一种无形资产"（66）。在其原本的语境中，西奥多·舒尔茨的人力资本理论试图将公共教育支出重新定义为一种投资，挑战了将公共教育支出视为占用公共资金的消费形式的观点（1981）[20—21, 34]。类似地，王老师试图说服家长，教育支出背后有着坚实的原理支撑。投资带来的"收益"不是直接的，而是在孩子人生的随后阶段到来——在孩子考入重点中学、继续接受高等教育以及在专业劳动力市场找到工作的时候（王玲玲 2004）[65—67]。正如管理货币资本的经理应当精明计算，管理家庭"生产单位"的父母也应如此。

在分发给家长的小册子里，王老师对父母的职责做了两个重要划分：准备好"硬件"和"软件"。"软件"部分探讨了人际关系以及行为和主观特质（孩子的天性、权利、尊严、习惯、能力、社交和品德），而"硬件"部分则主要讨论了教育支出和投资。她在小册子中写道："教育投资必须是科学的，以相对较少的投资获得最大的收益"（66）。一个实际例子是关于何时无需花钱的建议：王老师列出并介绍了一些提供免费服务的网站，可以作为昂贵的私人家教和课外班的替代方案。在另一节中，王老师甚至给出了一个数学公式：

$$才能=(成绩+文凭)\times素质$$

尽管王老师建议的理性计算是一种彻头彻尾的实用主义，但不应将其视为达成某种目的本身（即收益和提升人力资本）的手段。理性计算过程当中付出的努力就是目的本身，故这里的理性计算与理性选择的自由没什么关系。人们迫不得已必须进行计算，因为激烈的竞争让人别无选择。与家长们自己的广泛看法一致，问题的真正关键在于生存——也许不是在孩子“保全性命”意义上的生存，但肯定是在过上有尊严生活意义上的生存。

与舒尔茨不同，王老师还鼓励花钱在非教育商品上，她将这些商品归入社会支出和娱乐支出的范畴。当生日和节日来临时，孩子需要给朋友和老师送卡片和礼物。王老师认为，“这些都已成为孩子必不可少的支出”（63）。有些人为了回请生日聚会，只好自己也办一场生日聚会。每场都必须比前一场办得更好。王老师解释说，如果你不参加，“那就意味着你没有关系，没有地位，没有朋友”（64），这表明，表面上看或许是地位竞争和虚荣，但背后有着伦理维度。为孩子进行社会支出构成了一种关怀模式，体现了对孩子在同龄人面前的尊严、自尊和面子的恰当关注（皮尤 2009）。那些抗拒社会现实（即必须进行消费）的家长，实则冒着让自家孩子遭人排斥的风险。

王老师甚至还教给家长流行文化的相关内容。她说，孩子们已经从港台的流行明星转向了韩国明星。孩子们痴迷于各大韩国男团和女团，从 H.O.T. 到 NRG 再到 Baby V.O.X.。这意味着从购买海报到音乐会门票的大笔支出。购买音乐，玩电子游戏，看最新的电影，这些都决定了孩子们能否在同龄人中“有话可说”（王玲玲 2004）[64]。王玲玲指出，就算父母不支持这类开销，孩子们也会自己省下早饭和午饭钱来进行消费。

王老师的这一建议意义重大，因为许多家长未曾想过非教育商品支出背后还有着如此坚实的理由支撑。当然，有些父母对支持孩子的消费习惯没有意见。（一位女生曾告诉我，她的有些同学每次出新机型都会换手机，有些同学每月拥有多达 600 元零花钱。）但这些父母心里不一定想的是王老师所说的“准备硬件”。这个建议之所以意义重大，还因为大多数家长并不理解或支持孩子对流行明星的崇拜，在当地语言中，这种崇拜还遭到了讽刺：孩子们如此痴迷商业流行文化，以至于他们的崇拜已经变成了一种“主义”，例如“追星主义”。另一部分家长压根不支持社交消费，更不用说与同龄人社交了。我认识的一位异常严格的母亲禁止她 12 岁的儿子参加一切生日聚会，因为她觉得社交是成年人的事。

在王老师看来，对消费持保留态度是不明智的。她提倡这种支出，但不是因为商品本身有什么内在价值。在我参加的晚餐会上，王老师指出，孩子们被西式快餐吸引与食物本身无关，而与他们的自信心有关，这种务实的看法恰好与东亚人类学经典著作《金拱向东》（华生 2006）的论述不谋而合。王老师建议，家长与其拒绝带孩子去麦当劳，不如与孩子沟通，找到他们欲望的根源。这一建议也写进了小册子里：“吃点西式快餐，穿点名牌，用点奢侈品，去旅游，孩子的生活中有更多选择。没必要抑制他们的欲望。你只能选择满足他们的欲望。不然的话，你的孩子会在同龄人中没面子，他们的自尊心会受伤害。伤害自尊造成的损害无法估量”（王玲玲 2004）[64]。自信心是个常被提及的话题，它的反面自卑感亦如此。在前述公式“才能 =（成绩 + 文凭）× 素质”的后续内容中，王玲玲说道：“孩子将来长大后做什么不重要。重要的是孩子要有爱好。这样在其他孩子炫耀自己的爱好时，你的孩子就不会感到自卑”（70—71）。2004 年，由于马加爵事件的发生，自卑感的问题在昆明人的脑海里占据着突出位置。马加爵是云南大学的学生，因为牌局纠纷杀害了自己的四位同学。马加爵这名来自农村的穷孩子在狱中写了一首诗，在互联网上疯传，讲的是他如何被置于一种自卑的处境中，自己的穿着举止都和别人不同，因而遭到他人嘲笑。其他同学租房和女友同居，马加爵却几乎连手机和拖鞋都买不起。当王老师强调失去自尊和感到自卑的危险时，尽管她的受众是城里人，但她心里想的是马加爵。

当然，王老师的许多建议都会起到社会经济的分化作用，会加剧不断扩大的贫富差距，稳固她的中产阶级受众的阶级位置。毫无疑问，王老师提倡创造文化资本，这有助于将文化资本的拥有者与其他人区分开来，确保更好的经济机会。①但从王老师的角度来看，这个问题与其说关系到把自己区分开来，不如说关乎培养一种安全感。她曾反问我：“在计划经

---

① 文化资本与人力资本有所不同，人力资本概念是经济学理论的产物，与教育和知识的获取有关。而文化资本这一关键概念描述的是一种（通常在家庭中）无意识传播和获取的资本形式（布尔迪厄 1986）。本章重点关注人力资本，它直接关乎我想提出的观点：我们没能充分认识到，我们研究的人们比我们所认为的更加了解社会关系。

济时期度过大部分童年的父母，在当下都很难找到确定性，又怎么能对未来有任何确定感呢？”

在小册子的开头，王老师抛出了一个问题，这个问题同时将结构的决定作用和有意义的人类行动置于同一视野中，她问道：“在这个社会转型期，我们和我们的孩子都被绑缚在市场经济这架疯狂的战车上。该往何处去？”（1）在王老师看来，这个问题是父母面临困境的核心，必须做出选择。与此相反，在社会主义计划经济中，人们只要跟着政府就不会出问题。我曾多次听到王老师说：“你可以指望有牛奶，指望有面包。”家庭生计能在工作单位得到保障。与之相反，市场经济“不相信眼泪”。对那些“一出生就面临市场经济优胜劣汰的残酷”的中国孩子来说，人生就是一场长跑，随着时间推移，差距只会越拉越大（2—3）。如果把王老师的观点放在布置的技艺这一框架下表述，那么恰当的消费选择就构成了对历史环境之势的顺应，若是没能及时这么做，就可能产生难以扭转的负面趋向。

正是在这一背景下，用花钱消费来维护孩子的自信心变得至关重要。理性计算并不只是达到某种目的本身的一种手段，它是一种管理不确定性的策略。我认为，王老师深受昆明家长欢迎的原因正在于此：她似乎很了解家长所面临的道德—存在困境。奇怪的是，王老师将确保孩子招人喜欢这一点放在了“准备硬件”的讨论中，这说明硬件与软件的区分并不严格对应物质领域与心理 / 文化领域的分别。“准备硬件”是要打下保护性的根基，这样既能保护孩子免遭竞争淘汰，又能保护他们免受班级内部社会分化的影响。

并非所有孩子都是以相同的方式体验同样的环境，因为老师的举动往往和学生的“性格”有关（77）。王老师指出，即便在最好的学校上学的学生也可能身处不利于学习的环境，这便引出“教育歧视”的问题。她写道：“同一群孩子都在同一所好学校上学，吃同样的米。但这并不代表这样的环境里每个孩子都会有好的发展。每种社会环境里都有差异。就像在同一个组织里，有些人是干部，有些人是普通民众”（76）。老师怎么看待孩子对孩子的发展成就有着巨大影响。

王老师反对的一种做法是给老师送礼以确保老师对孩子进行特殊照顾（77）。王老师强调，送礼无助于培养孩子招人喜欢的性格，只会产生恶性循环——老师假心假意表扬，反倒招致同学的反感，“将孩子置于更坏的境地”（77）。

王老师将消费开支和培养招人喜欢的性格放在“准备硬件”一节中，这表明，金钱和精力的投入更多的是一种精心布置和准备条件的伦理问题，而非单纯的经济理性问题。与听取建议的家长们一样，王老师也很关注社会关注度和自尊的问题，以及对输掉人生长跑的恐惧。发展问题很可能始于某件看似无关紧要的小事，例如老师的态度，但它随后就会影响到诸如智力水平这样看似稳固的方面（77）。因此，通过培养孩子的社会品德来确保孩子招人喜欢，这与消费和投资同等重要。① 两者都是通过培植一种有利趋向来防范不确定性，这种趋向会自己集聚力量。

---

① 培养孩子的社会品德包括“让孩子拥有好性格”，“制造关心他人的经历”，培养“与同伴合作的能力”，以及帮助孩子“[学习]如何与成年人互动”（王玲玲 2004）[77—79]。

两个人在森林里，来了一只老虎

让妻子很失望的是，邓先生拒绝参与竞争。张欣认为人应该拼尽全力（见第四章），但她的丈夫却想放手。在我的研究涉及的家庭中，很多父亲相比母亲对孩子的教育更随意。但邓先生不只是简单的随意，他坚决反对中国的竞争体制。与王老师一样，邓先生也把孩子的人生看成一场长跑。两人的不同之处在于，王老师认为细小差别只会在竞争中越变越大，邓先生则坚持认为，赢下这场长跑的关键在于保存能量。王老师鼓励消费，邓先生坚持节省。在我们的一次谈话中，邓先生反复强调，他不想"透支"儿子的动力、情感和智力。"你要是把人一生的后 50 年全部压缩到前 12 年，在这个时候这样教育孩子，这既不现实也不科学。"这里的问题关系到儿子的心理资源。如果说王老师认为才能和技能是经济投资创造的人力资本，那么邓先生则认为"生命能量"是需要节省保存的有限资源。

邓先生借助故事表明自己的观点，举了很多例子来说明真正的成功出现在人生后期，与学校教育并无任何直接关联。他指出，中国的很多百万富翁和亿万富翁都没上过学，畅销书作家也从没学过文学专业。他在自己的领域观察到，教育不一定能转化为事业成功。顶级的领导者是那些有能力的人，而不是成绩好的人。他引述了一位中国科学院院士的话：

> 邓先生：他的经验非常丰富。他组织过最大的建筑项目。要是一个博士，谁敢给几百万让他指导？但他们

> 愿意把钱给这个人，他带过几万工人。他二十七岁的时候就已经带过几千人，干工程。他有经验，知道怎么管理人。他也知道怎么用钱。他还知道怎么用权。所以说他有人们常说的情商。而那些考上清华大学的学生，那些学各种工程技能、学完了所有课程的学生，有的只是知识。有人会让你管理几百万吗？

邓先生在这里提出的问题长期以来一直引发争论，它关系到优绩主义和学位价值之间的关系、在职业晋升中动用社会关系以及应用技能和能力的重要性。[①] 邓先生提到的这位院士在学术上并无过人之处，但由于他具备丰富的人生经验和高情商，他攀上了顶峰。邓先生对比了这位院士的经历和那些很早就开始接受培训的青少年、那些到成年时全然对数学失掉兴趣的奥数冠军们。“为什么会这样？”邓先生问道，“就像我说的，他已经透支了他的知识，也透支了他的情感。他甚至都不愿意再去想数学。”

对邓先生而言，透支的风险可能会带来比丧失兴趣更严重的后果。他列举了不少过劳死的案例：深圳二十多岁的IT从业者，一位死于心脏病发作的三十八岁公司总裁，还有上海大众汽车公司的一位三十六岁的总经理——他从十七层楼上纵身跳下。对儿童而言，竞争的要求可能导致兴趣丧失，而对成人来说，经济生产的要求有时甚至可能带来死亡。

---

① 见 Rosen（1999）的讨论。

邓先生：他们都死了。过劳死。这批人……因为他们在比赛后半段跑不下去了。他们没办法再坚持了。但有些人还在强撑着。中国的精英太勤奋了。甚至比日本人都勤奋。他们放弃了休息时间。然后你一看，像她［指他妻子］，她的妹夫，是个工人！机修工。从去年开始他就没休息过一天。老板给你派个活，经理给你派个活，你要是不加班，要是周六、周日不工作，就不可能做得完。

在邓先生看来，一种深刻的文化逻辑贯穿始终，从教育到工作再到经济政策。开发自然资源的逻辑也同样适用于开发人力资源，即生命能量。他提到“大跃进”期间的工业化热潮和更为晚近的发展项目来说明他的观点。

邓先生：我们把中国所有的大江大河，凡是能建坝的，都建上坝。基本上都建完了……所以我们只能去第三世界。这就是为什么我们的企业都涌到国外去了。修路，中国基本上已经把能修的高速路都修完了。所以我们只能到国外去修路。

关宜馨：去东南亚。

邓先生：我们现在不去东南亚了！现在去南美洲和非洲。我们正在南美洲和非洲建发电站。挖石油，从南美洲一直挖到非洲。挖铁矿，从南美洲一直挖到非洲。就是这样在做事，到了我们孩子这里，他们学的东西根本没用。他将来面临的情况没人知道。现在对他来说什么最重要？把身体照顾好，保证生命能量。保持他的好奇心。或者他的热情。这就够了。将来出现新情况的时候，其他人已经消耗了他们的才力智力，到了厌学的地步，这就是他上场的时候了。

邓先生纵横世界、跨越历史来解释和论证他的态度。当然，他的专业背景和参与开发自然资源的经历（这让他得以轻易把全球生产关系和家庭内部生产关系进行类比）让他的观点带上了特殊性。邓先生点明了一种经济逻辑，这种逻辑不仅形塑了自然资源的开采，也形塑了人对生命能量的"消耗"，凸显了宏观和微观过程之间的对应。邓先生指出，这种情况在中国出现得很晚（他心里想的是英国的工业革命）。不过，中国本已存在一种无谓消耗生命能量的文化实践，那就是帝国科举制度。在邓先生看来，科举制下的成功靠的是比其他人更精通一些东西，但这些东西在官场上没有任何实用价值。现行的应试教育体制便是这种古老传统的延续：

邓先生：你别无选择，只能面对中国教育。它想从中国的所有人里挑出一小部分人，这些人能过上好生活。然后另一部分人，为了能让这些人过得好，他们自己就过不上好生活了。在这种情况下，中国采取了最公平的办法，因为考试就是考试。

尽管邓先生强调，"对儿子放手"的立场是正确的，但他也承认，自己的行动没有想象中自由。带给他些许宽慰的是，他的同事们在多年的学习和工作经历中，对育儿一事有着同样的感受。[1]“我们都觉得这很不好。但知道了也没用，你还是得让孩子去上学。你完全清楚这肯定是不理性的，但你不得不去做。”和第三章中的母亲一样，他也感到很矛盾。邓先生又一次把竞争的现实说得生死攸关：

> 邓先生：有这样一个故事：有两个人在森林里，比方说两个中国人。我们都不用提外国人的事。两个中国人在一个森林里。这时来了一只老虎。一开始，两个人都在逃跑。后来，其中一个人放弃了。他说：“哎呀，我不跑了。我们怎么可能跑得过老虎？老虎速度那么快。我们又不是长跑冠军，这场比赛我们赢不了。”而另一个人很聪明。“[我们]跑不过老虎，那是肯定的！我们谁都跑不过老虎。但只要我跑得比你快就行了。老虎要是把你吃了，我就能活下来。”
>
> 所以说我不需要成为长跑冠军。我不一定非要有这样的能力。我的速度也不用很快。只要我能跑过你，就足够了。

在这个寓言故事里，老虎代表了社会竞争，目的是去芜存菁。那些未被选中的人将被淘汰，也就是被“吃掉”。邓先生不希望儿子被竞争所淘汰，但也不想透支儿子的生命能量。所以，儿子不需要跑得最快，只要达到足够生存的速度就好。

---

① 为什么母亲比父亲的育儿强度更高，这可能与职业发展的性别化差异有关，这种差异与年龄和生命历程相交织（任柯安，e-mail，September 4，2013）。鉴于我对职业发展中的性别差异与育儿策略之间的关系了解不够，我只能抛出这个问题，有待未来研究。

这是邓先生试图达成的一种微妙平衡。如果这种平衡向某一边倾斜得太厉害，后果将很难预料。我在想，邓先生的儿子在同辈群体中会有什么感受（这些群体往往是因为孩子的妈妈们互相是好友而组成的）。在这样的群体里，他是最不——用中国人的话来说——“优秀”的一个。群体里有两个孩子选上了班长，另一个孩子对学习抱有极大热情，大家也都觉得这孩子很听话。反观邓先生的儿子邓思文，他在一场考试中只得了 40 分（满分 100 分），一时间大家议论纷纷。一位家长对我说：“他妈妈当然担心他！”这位家长自己的女儿在同一场考试中得了 80 分。

作为邓思文的“英语老师”，我也有自己的担心。每间隔一周的周日，我都让邓思文和他的三个学习伙伴来我住的公寓。我和这四位孩子的母亲说好，我会用做游戏的方式教孩子英语，我用的是我自己童年时玩的游戏，比如“我说你做”、“钓鱼”、“记忆”和“滑道梯子棋”（我用白纸和彩色记号笔自己制作了后两个游戏）。虽然这些游戏在其他学生群体中效果不错，但在邓思文这个群体中却进行得尤为困难。美国的儿童游戏都是竞争性的，要决出赢家和输家。邓思文总是输家，比如在“滑道梯子棋”里他总是最后登顶。这并不是因为他回答不上来我的问题（答对问题可以让玩家前进一步、三步或五步），而是因为邓思文单纯对棋子前进不感兴趣。在他所在的那一格可以用梯子跳过若干步的时候，他却选择不跳。一天，在对一个游戏失去兴趣后，邓思文干脆收拾好背包，还没玩完就离开了。“我不想再玩了。”他边走向门口边简单说道。他的拒绝和抗拒让我很是沮丧。

邓思文的态度影响到了他在同辈群体中的地位。我怀疑我的竞争性小游戏对他没有助益，这一点也得到了证实——我从另一位母亲那里得知，在我们玩“滑道梯子棋”那天，他的两个学习伙伴从我的住处跑下楼，炫耀着谁赢了、谁排最后。自那之后，邓思文拒绝再来我的住处。其他几位母亲很不认可他的这种行为，她们心想，这孩子承受失败的能力怎么这么弱？生活中到处都是失败。鉴于此，在另一位英语老师开展的一次英语学习中，邓思文没有被邀请参加。事实上，他的母亲张欣有时也没有被邀请参加她本来有可能感兴趣的活动。例如，前文提到的四位母亲中有三位都出席了王老师的晚餐会，而安排晚餐会的那位母亲（平常和张欣是好友）对我解释说，她之所以没有邀请张欣，是因为人已经太多了。

我想知道，激烈的社会竞争会不会削弱原本轻松愉快的友谊。我感觉到，在张欣的朋友眼中，她的儿子邓思文会带来负面影响，因此有时不邀请母子二人参加活动。邓思文拒绝参与竞争能不能归结到他父亲的看法上？

对张欣而言，得到丈夫的支持很重要。由于丈夫常在外地，张欣觉得自己像个单亲妈妈，而考虑到两人在抚养儿子方面的意见分歧，她可能的确和单亲家长没什么两样。她坦言：“有时候我觉得我和他在家的时候，要是他爸爸不在身边，他就是个好孩子。所以我说，兴许一个人比两个人好，特别是两个人想法不同的时候。”张欣觉得丈夫太溺爱儿子了，这让她很难教给儿子重要的价值观和实用技能。

尽管如此，夫妻俩意见一致之处可能比他们愿意承认的更多。一天晚上，在去吃饭的路上，邓先生和邓思文在后座上手拉手玩了个游戏。邓先生假装采访儿子，这也是他在校门口等儿子放学时喜欢和儿子的同学们玩的游戏。两人的谈话内容大概是这样的：

“你觉得上学和玩哪个好？”

“肯定不是上学！”邓思文说道。

我也加入进来，问道：“那你在课余时间会做什么？”

“做我喜欢的事！”

“但你生在中国，所以没得选，”父亲说，“你必须学些东西，让自己变得优秀出众。”

这段谈话始于游戏，却转向了教育。邓先生已经知道儿子的答案会是什么，因为他曾多次向上学的孩子们提过这个问题。但他表现得仿佛不知道，并创造了一个悬置的空间，让儿子得以暂时抵抗学校的规训，但他终究是要告诉儿子，除了努力学习之外他别无选择。实际上，邓先生和妻子都同意这样的观点，即努力奋斗不是选择的问题，而是更大历史环境之下残酷但逃不掉的必然。回顾第四章，张欣对儿子说：“你知道重要的事，你该自己努力了。因为在中国就是这样的。”尽管邓先生也不愿这样，但他不得不这么做，“因为我儿子面临的选择真的非常非常残酷”。

尽管邓先生很想对儿子放手，但他还是以自己的方式在进行教育。在我初次拜访他们家时，邓思文带我参观了他的卧室。除了典型的中产家庭孩子的童年物件——一件件玩具，一本本书，以及思文穿着各式衣服拍的大型光面照相馆艺术照——之外，到处都贴着黄色的便利贴，每张便利贴上都写着一个英语单词。让我意外的是，这些便利贴不是邓思文的妈妈写的，而是爸爸写的——只希望儿子达到足够生存的速度就好的爸爸。

应对不确定的两种类型

在上面两个案例中，良好育儿是明确通过经济术语来表述的。一个案例谈及“投资”、“收益”、“资产”、“产出”、“生产单位”和“人力资本”；另一个案例则提到“透支”和“消耗”。王老师使用经济术语是有意为之，因为她熟知西奥多·舒尔茨的人力资本理论，而且在大学里教授经济学。邓先生使用经济术语则并非有意，不过可以肯定与他的专业背景有关。

在这两个版本的良好育儿中，经济语言都是隐喻，而且它们都指向一个关键隐喻：人力资本。尽管邓先生并未像王老师那样使用“人力资本”的术语，但是他对保存儿子生命能量——热情、情感和智力——的关注实质上构成了一种人力资本理论，这种理论将这些东西视为会消耗殆尽的不可再生资源。我之所以把这两种观点放在一起，是为了更好地阐明，在王老师鼓励的理性计算和母亲对孩子课外教育的狂热中，到底什么才是关键所在。我们不应该误认为王老师的建议或母亲的狂热只是单纯痴迷于获得地位和竞争成功，她们真正关心的是确保孩子的生存（尽管不是在“保全性命”的意义上）以及对不确定性加以某种程度的控制。邓先生也有同样的担忧，但他的策略有所不同。对王老师和众多遵照其建议行事的母亲来说，生存靠的是用经济投资来创造人力资本，而对邓先生而言，生存取决于保存生命能量，也就是人的心理资源。

人力资本概念在下面这个意义上是隐喻性的：传统意义

上，“资本”指金钱，或者在农业语境中指种子和农具，这二者皆无法具身化地由人来体现。同样，把家庭说成是一个“生产单位”（王老师），或是谈及“透支”生命能量（邓先生），也是在用隐喻的方式思考问题。① 在毛泽东时代的中国，生产单位生产的是物质产品和工业产品，而不是人。从字面意思上看，“透支”是指从银行账户里支取高于自己存款的金额，或是提前取得尚未挣到手的工资，但人实际上没法（在字面意义上）“取出”自己的生命能量储备。这些隐喻点明了隐喻理论中的一个基本前提：它们在相异的范畴和经验之间建立了一致性。②

在其开创性著作《我们赖以生存的隐喻》中，莱考夫（George Lakoff）和约翰逊（Mark Johnson）认为“劳动是资源”和“时间是资源”的说法都是“基于我们对物质资源的体验感受”的隐喻（1980）[65]。劳动和时间都是非物质性的。但就和煤炭这样的物质资源一样，劳动和时间被用来生产物品，可以被量化和赋予价值，并“随着目标的不断达成而逐渐消耗”（65）。它们构成了莱考夫和约翰逊所说的“本体隐喻”，将无形之物变为人可资利用的实体（25—29，66）。通过将劳动和时间指称为独立实体，我们便能对其进行思考推

---

① 在1996年版的《现代汉语词典》中，“透支”的定义包括三层含义。在2005年版中，增加了第四层含义：“比喻精神、体力过度消耗”（Ning Yu，e-mail，September 7，2007）。

② 隐喻是一种“将一个事物比拟成另一个事物”的思维模式（莱考夫和约翰逊 1980）[36]；它是一个过程，通过这个过程，相距遥远的事物或观念显得相近（Ricoeur 1979）[145]；它是“将属于一事物的名称用来指另一事物”（Aristotle 1970）；它在不协调的事物之间创造新的关联（伯克［1935］1954）。

理（25）。

同样地，像谈论独立实体那样谈论人力资本和生命能量，让王老师和邓先生得以对它们进行思考和推理。与“劳动”和“时间”一样，这些非物质经验是建立在二人对物质生产的文化体验之上的。王老师的人力资本概念基于的是她在毛泽东时代的个人生活经历，彼时，生产配额决定了物质和工业产品的产出，而生产目标的实现则昭示了计划经济的荣耀。如今，公社已然解散，她认为家庭成为“生产单位”，负责产出高人力资本的个体。邓先生的人力资本概念则是基于他参与建设东南亚的基础设施以开发当地能源的职业经历。正如发展的逻辑可能导致自然资源的开发殆尽，中国对经济生产力的需求也可能导致一个人生命活力的彻底“耗尽”。

隐喻的实用价值

当莱考夫和约翰逊认定本体隐喻将无形之物转化为人可资利用的实体时，他们指向了隐喻过程的一个未得到足够重视的方面。隐喻不只具有认知价值，它们还有实用价值。人力资本的隐喻无疑就是这样，包括原本理论语境中的人力资本，王老师明确使用的人力资本，以及邓先生强调人的生命能量储备时构想的人力资本。具体而言，人力资本的隐喻充当了管理和控制不确定性的目的性指导。而目的指向的最终目标——对经验的控制——根本上是伦理性的（参见利恩哈特 2008）。

原本理论语境中的人力资本，是让农民得以控制风险的东西，即降服非人的自然力量——在自然的手中，“操纵着成千上万种与这些农民的辛勤劳作相敌对的力量”（舒尔茨

1981）[17]。具身化的人力资本让农民得以“察觉到某一风险过程中所发生的新事件并对之进行阐释、作出反应”（25）。对王老师和邓先生来说，风险来自市场经济的非人力量。虽然这种风险不及灾荒严重，但也可能严重到导致自信心的丧失或失业（王老师），抑或兴趣丧失或过劳死（邓先生）。通过将人力资本构想为一种可以通过经济投资来制造的有形实体、一种也被她称为“资产”的实体，王老师给了那些具备经济资源的家长一种对竞争风险的控制感。通过把生命能量看成一种人应当保存而非“透支”或“消耗”的有形实体，对儿子宽容放任的邓先生感受到对发展逻辑的非人力量的一定程度的控制。

但是，人力资本的隐喻为什么能成为一种目的性指导，对此西方的隐喻理论无法充分作出解释。而中国的隐喻理论则可以揭示出隐喻的效力如何与这一事实有关：与其说隐喻是新创造的（西方的隐喻理论如是认为），不如说是在重申已有的联系。在一篇题为《隐喻与“比”》的文章里，叶奚密（Michelle Yeh）提出这样的问题：“隐喻是诗歌语言的普遍特征吗”？。她发现，西方诗学中的隐喻“强调张力、差异和不相容性”，这与中国古典诗学中“比”的使用有所不同（1987：252）。“比”“表示把两个同类事物相配”（245—246），这一特点在中国诗学中更为突出。这一点在很多方面异于西方对隐喻的使用，其中最重要的不同在于，中国诗学中的“比”能够从“接近”和“呼应”的视角来描述世界。叶奚密认为，“‘比’，即创造一个类比或隐喻，也就是展现一对意象，它们代表着有机宇宙中事物之间的本体对应或‘共鸣’。我们已经看到，西方诗学中隐喻概念的先决条件是张力和断裂，但‘比’的先决条件是近似和互补”（250）。在西方诗学中，隐喻凸显了隐喻的创造者或使用者的创造天才，而中国的“比”则反复重申了事物之间的内在联系（250）。

本章的两个案例中出现的经济术语（我认为它们具有隐喻的特质）重申了形塑当代中国社会生活的社会经济逻辑。诚然，“人力资本”这一隐喻的意义来自物质资本（舒尔茨和王老师）和自然资源（邓先生），这似乎指向一种转换的结构。但同时，它也是从接近和呼应的视角在描述世界，重申了一种统一的原则，这一原则在经济发展和人的发展背后都在起作用。对邓先生而言，它是能源开发的原则。在王老师看来，它是支出和收益的原则。在农业或工业生产中如此，在家庭的再生产中亦如此：人唯有支出和投资才能经济自立。这两个原则都与市场经济的更广泛逻辑相关联。对邓先生和王老师二人来说，这一逻辑是冷酷而非人的。王老师觉得，市场经济是一架不相信眼泪的疯狂战车。邓先生感到，市场经济攫取资源直至枯竭，就像中国的每条河上都建起了堤坝，南美洲的每一点石油都在被钻探、每一座铁矿都在被采掘。①

纵然这种逻辑冷酷非人，但王老师和邓先生的人力资本理论表明，资本的生命最终取决于人的活动，所以，二人的人力资本理论也给出了一种行动指导。人们可以积极创造人

① 声称本章中的隐喻既具有转换的结构，又重申了内在的联系，这可能看上去有些矛盾。但我认为，二者其一并不必然取消另一个，因为目标域（target domain）和源域（source domain）之间的不一致往往只是表面上的，其实掩盖了本可能存在的内在联系。这正是非西方思想能给社会理论发展带来的那种纠正：世界并不像我们倾向于认为的那样被严格区分开来。

力资本，也可以积极保存它。人力资本的隐喻在市场经济的宏大尺度和日常尺度之间进行了一定的调和。王老师和邓先生的人力资本理论构成了两种类型，它们承认，不可避免的限制和有意义的人类行动是可以并存的。王老师版本的良好育儿对那些遵循其建议的人而言是充满希望的，对那些不遵循其建议的人来说则是悲剧性的。邓先生版本的良好育儿始于一个悲剧性的观点——作为中国城市的孩子，你学的东西毫无价值——但同时也充满希望，因为问题最终会自行解决。就如何处理手头的问题，两人都给出了自己的元理论，用经济语言这一工具来厘清什么可以控制和什么无法控制。

儿童与经济价值

儿童的经济价值与养老保障和代际互惠的道德传统之间的关系发生了什么变化？我结识的母亲们对孩子在这方面的价值并未展现出多么明显的兴趣，而对培养孩子的价值更感兴趣。很少有母亲期望自己的努力将来能在养老方面得到什么回报。虽然她们普遍认为自私自利是城市独生子女中广泛存在的问题，但她们也因此责备自己。很多人觉得自己的育儿方式无助于培养孩子关心他人。她们认为这是生活水平提高和独生子女政策带来的后果。大多数城里的孩子都在一众成年人围着他们转的环境里长大。在家庭聚餐这种实践关心他人的重要场合，父母业已习惯给孩子夹来桌上最好的佳肴。光是看着孩子吃东西，他们就倍感满足。在城市里，小学学龄孩子的父母目睹了更年长朋友们的子女长大后的表现，便随之降低了他们对孩子养老的期望。他们在长大的独生子女身上看到了一种叛逆的独立意识，他们也看到职业轨迹如何长久地将家庭分割开来。有些父母认为，期望父母老了之后孩子回身边照顾，这对孩子不公平。一位母亲这样对我说："作为独生子女，是不可能这么做的，特别是如果结婚的两方都是独生子女。如果男方是独生子女，女方也是独生子女，那就是一个家庭要照顾四个老人。他们做得到吗？他们做不到。"这位母亲预计，中国的养老院数量会增长。

有些孩子的确具备将来能转化成互惠关怀的美德，他们的父母也倍感幸运，因为努力积聚竞争优势往往会遮蔽孩子所有其他方面的发展。中国的父母当然希望子女变得更关心他人，但这种价值与追求独立优秀的当代价值观在根本上是相悖的（参见冯文 2007）。我在昆明认识的一些家长有时会觉得他们的孩子不够关心别人，这些家长对自己过于重视孩子的学业成绩和特长班而忽视了关心他人这方面的教育表示后悔。但在他们看来，自己别无选择。

关心他人和孝敬父母的悠久美德已然退居次席，因为父母感到孩子的未来甚至比他们自己的未来更无保障。有时，王燕也希望她聪明优秀的女儿能多关心关心别人，但总体而言，她对女儿很满意，尤其是在她看到其他孩子学业上有困难的时候。王燕曾严肃地对我说："实际上，你知道，我们做父母的，我们有工作。我们是上班的人。吃的穿的，我们不会真的缺什么东西。但孩子的人生，你知道，她都还没走过多少路呢。她的人生才刚刚开始。"

生活的法则

鉴于政治进程和全球经济进程在塑造中国城市家庭生活中起了决定性作用，所以用现象学方法来研究育儿经验的进路并非不言自明。不过与此同时，人们在批判性阐释育儿努力时倾向于使用的经济语言，也并不是就和现实经验相去甚远。家长们都很清楚，教育正走向商业化，消费是一种投资形式，养育高素质孩子是在为国家利益做贡献。从表面上看，似乎母亲们所做的一切努力都是对意识形态规范的内化。但是，与其说“她们不知，却始终为之”，不如说“她们知之，但别无选择，只能为之”。

在本章中，我试图提醒大家，不要太轻易就把竞争热潮和经济思维与意识形态神秘化或是个人主义的贪婪和物质主义联系在一起。创造条件涉及的计算是有道德维度的。对父母来说，重要的是他们感觉到自己已经尽了一切可能来确保独生子女能享有公平的机会。肯尼斯·伯克说：“‘财产’（property）和‘礼节/得体’（propriety）在词源上如此相近并非偶然。道德与财产整体上是相关的。它们是一枚硬币的两面。二者皆帮助我们面对生活。”（［1935］1954）[212] 在当代中国，伦理和经济如此紧密地交织在一起，以至于经济语言成了阐明道德经验的文化习语。

广受欢迎的电视连续剧《蜗居》颇具启发性。这部剧根据六六（笔名）的小说改编，探讨了受过大学教育的城市青年在试着调和购房的渴望和飙升的房价时面临的波折，深刻捕捉了与中产阶级理想相伴的经济现实和社会压力。在这部33集电视剧的最后一集，海萍在对中国城市生存状况的更广泛反思下，对日常生活的花销进行了计算。此时她与妹妹海藻坐在一起，剧情发展至此，海藻正在从悲剧遭遇（海藻被她的情人——一个腐败的政府官员——的妻子推搡扭打，导致她流产并摘除了子宫）中慢慢恢复。这是一段很长独白的开头：

> 海萍：每天晚上，我坐在窗前，看着窗外的灯光，我就会在想，这城市多奇妙啊，有多少人，就有多少种生活。别人的生活我不知道，而我呢，每天一睁开眼，就有一串数字蹦出脑海：房贷6000，吃穿用度2500，冉冉上幼儿园1500，人情往来600，交通费580，物业管理340，手机话费250，还有煤气水电费200。也就是说，从我苏醒的第一个呼吸起，我每天要至少进账400。至少。这就是我活在这个城市的成本。这些数字逼得我一天都不敢懈怠。

在这段独白中，海萍既是精打细算，又是被外力所迫，同时扮演着各式社会理论家设想的社会行动者的诸种角色。但她绝不是一个以他人为代价来争取个人利益的理性行动者。她的计算关乎“生存”——不仅是经济意义上的，也是心理和社会意义上的。她列出的数字是一种对现代生活的无形压力进行象征和具体化的手段。这种压力施加了一种强力，让人没有选择的余地：人只能随波逐流，即使这人流——如海萍在独白的后段所言——把你推得无影无踪。

《蜗居》对计算和（别无）选择的本质做出如是断言，很好地具体化了我的报道人们常常表达的那种不安感。关于选择，王老师和邓先生都有很多想说的：教育和选择息息相关、除了选择消费之外父母别无选择、除了“面对中国教育”之外别无选择，以及面临的选择“真的非常非常残酷”。

《蜗居》还表明，中国城市的尊严经济绝不是一个理性选择的领域，因为系统本身就是非理性的。它也不是这样一个系统，依靠的是普通民众浑然不知自己在再生产这个系统中的作用。人人皆知它是非理性的，但人们别无选择，只能参与其中，如是系统得到了再生产。这一点在剧中很早就有体现，在海萍和丈夫苏淳因买房钱的来源问题大吵一架之后不久，苏淳和海藻的男友小贝就“女人想要什么”的话题来了一场男人间的谈话。小贝这个更年轻的未婚男人告诉苏淳，他从来就不理解为什么女人首先要买房。小贝对成人的社会压力还缺乏阅历，他认为，租房更“现实”，负担更轻（在不同语境下，“现实”可以指“功利”）。这时苏淳纠正了小贝的误解：“你说的这个，不叫现实，你说的这个叫理智。现实的情况是，无论房价多高，人们总想削尖脑袋拥有一套房子。”他继续说道：“海萍已经三十多了，她周围比她小的人都有房子了，她没有，她得多难受啊！”

尽管《蜗居》不是讲育儿的电视剧，不过它把购房的渴望同一系列城市生活压力结合起来讲述，自然也包括养育孩子。正因此，我在本章结尾简要讨论了这部剧。《蜗居》之所以广受欢迎，是因为它“真正抓住了”中国城市居民面临的一些问题。[①] 组建家庭、确保好的学校教育、买房——不论你

① 《热播电视剧引发中国“房奴”共鸣》, *Wall Street Journal*, November 26, 2009, http://blogs.wsj.com/chinarealtime/2009/11/26/hittv-series-strikes-chord-with-chinas-house-slaves/;《讲述中（转下页）

喜欢与否，这些都是绕不开的生活规则。苏淳和小贝的谈话点明了在中国房市现状下买房的非理性，颇为类似地，邓先生也指出了参与对孩子无休止的教育的非理性。他代表自己乃至朋友同事感叹道："我们都觉得这很不好。但知道了也没用，你还是得让孩子去上学。你完全清楚这肯定是不理性的，但你不得不去做。"

中国城市的普通民众常常会清楚地意识到，对他们施以限制的社会压力本质上是任意专断的，但他们也感到，在当下的历史环境下，参与是唯一的和最好的应对方式。因此，看起来矛盾的是，看清情况之后对人无法掌控之事的顺从，其实是一种施加"存在控制"（existential control）的方式（杰克逊 1998）。正是在这一背景下，那些为了用个人效力来控制非人力量而使用的文化习语，尽管表面上看是工具性的，但实质是伦理性的：顺从就等同于不放弃。

（接上页）国火热房市的电视剧》，*Financial Times*, January 6, 2010, www.ft.com/intl/cms/s/0/dc8393f4-fafa-11de-94d8-00144feab49a.html#axzz1xbnJm0Fa；《中国电视剧凸显住房问题》，*Marketplace*, January 19, 2010, www.marketplace.org/topics/world/chinese-soap-highlights-housing-issue?refid=0&utm_source=feedburner&utm_medium=feed&utm_campaign=Feed%253A+APM_Marketplace+%2528APM%253A+Marketplace%2529。

第七章

情感银行

经济隐喻不一定能完全揭示市场逻辑在多大程度上渗入了生活的非经济领域。经济隐喻可以作为伦理工具起作用，帮助人们理解，在面对远比个体自身宏大的进程时，应该何时、何地以及如何采取行动。它们也可以作为认知工具起作用，阐明这些宏大进程背后的原理法则。“人力资本”的隐喻阐明的是市场经济逻辑，这一逻辑是那些鼓励投资和消耗资源的过程背后的驱动法则。而在另一种情况下，经济隐喻具体化了情动的法则，即施加影响的力量和受到影响的能力。

“情感银行”这个自创的说法出现在我参加的一个前往北京的“夏令营”中，具体是在一处著名景点的湖畔提出的。提出这个说法的是这次夏令营的领队老师，一位名叫周婷的教育专家，昆明人。和前面章节提到的专家一样，周婷也对中国的应试教育体制颇有异议。不过，她关注的不是整体素质、赏识（第二章）或经济规划（第六章），而是把重点放在了“情感”上——这个词在大多数情况下指emotion，但在她的理论语境中应译为“体验 / 感觉到的情绪”（sensory emotion），英文里可以用更简单的“affect”一词来表达。

周婷非常关注怎样用不同方式教育儿童，进而改变国家命运。这一目标固然宏大，但她认为，可能的改变来自儿童的身体及其与各种物质环境的接触，既包括非同寻常的接触，也包括寻常普通的接触。她使用的“情感”一词最好译作“affect”，因为她想强调被感知的世界和感知的身体的物质性，同时承认非人行动者也能对情感进行具身化。有趣的是，“情感银行”这一表述与德勒兹哲学传统下的西方情动理论家共享了某种本体论观点。这种观点将人的身体视为多孔 / 可渗透的，在与各种环境和物的拼合中被制造和重塑。这种观点认为世界充满了生命活力，在这里，人和非人世界之间的连续性可以被人为操纵。

因此，本章的民族志材料将给出另一种版本的布置，这是一种人文主义的反人本主义实践。从情动的角度理解世界需要认真对待非人力量和物的能动性，具有讽刺意味的是，它也可能将我们带入一个似乎只属于人的领域，那就是道德生活。如果任何情境都有多种因素、力量和作用参与其中，那么对人类行动者而言，关键就在于，要确定是不是能够或需要采取行动，以及在何处能够或需要采取行动。不论这种行动具体为何，它都与培养敏感性密不可分。

情感教育：培养情动儿童

在周婷看来，中国的教育体制引人深忧。周婷为母亲们开设的周六晚间妈妈培训班的一份宣传册里写道："如果对孩子的教育只强调学习成绩，那么孩子难免会失去很多发展机会，因为当今时代专为那些接受了心灵教育和情感教育的孩子保留了平安快乐的生活环境。"我在2004年见到周婷时，她正试着研究云南大学（她也在这里任教）发生的一起多重凶杀案。那年早些时候，四名学生被发现死在学校宿舍里。他们被人用钝器击打，尸体被报纸包裹起来，塞进不同的衣柜里。凶手马加爵是受害人的同班同学和朋友，是一名生物技术专业的学生，他周围的人都觉得他有点古怪。这起案件激起了公众对马加爵行凶原因的大讨论，大多数评论者同情马加爵这个来自农村的贫苦学生，其他人则认为他本人要对自己的心理健康状况承担更多责任。

对周婷而言，马加爵象征了整个教育体制——纵然有持续不断的改革努力，这个体制仍然过分关注学业成绩。马加爵智力发达，能考高分，但不幸的是，他的情感发展极为欠缺。在周婷看来，马加爵代表了教育体制里潜藏的一个隐患，这个体制过度强调学业成绩而忽视情感教育。周婷并不把自己看成是"素质教育"的倡导者。她主张的是"情感教育"，即针对"感觉到的情绪"的教育，她认为这种教育能填补学校过分看重培养学生应试、过分追求功利目的而留下的空白。如果说素质教育倡导者普遍担心的是，中国的应试教育体制无法释放每个孩子的潜能，那么周婷尤为担心的则是，中国孩子积累"体验"的机会太少。这会影响到孩子与他人相处和交往的能力。对周婷来说，马加爵是一个典型案例。作为一个贫苦农民家的孩子，马加爵童年的大部分时间都在对着墙壁发呆，此时他的父母在田间劳作，根本无暇顾及他的情感发展。

马加爵案事发后不久，国务院印发了一份题为《关于进一步加强和改进未成年人思想道德建设的若干意见》(2004)的官方文件。彼时周婷已经在学校开展了有关性格发展的研究项目，但她一直不满意自己研究的深度和广度。她觉得，现在有了官方的行动呼吁，她应该会更容易获得经费来开展更深入的研究项目。但她的经费申请没有通过，于是她决定自己动手研究。在接受一位报社记者的采访时，周婷说道："我们都知道，这样的凶杀案还会发生。上面希望你开展德育工作，但下面不支持你。我只给母亲开课的话，能影响到多少人？"

在本章中，我将讨论周婷组织的一次"夏令营"。她领着一群孩子游览了北京，参观了长城、故宫、颐和园、北京大学、主要的几座博物馆和一些游客不多但有社会意义的地点，如北京协和医院。在此期间，她具体探讨了情感体验如何有助于道德发展。我所观察到的现象是在更广泛的素质教育改革运动的背景下发生的，因为周婷构想的培养儿童全面发展、将来为国家做贡献的方法，就受到了那些著名育儿专家的启发，这些专家在全国上下比比皆是。直到这里我都把"情感"译为"感觉到的情绪"，但接下来我会用"情动主体"这一更理论化的说法来指称周婷希望拼合起来的那种个人。"情动主体"的表达旨在援引"情动"概念，"情动"和"情绪"绝不是同义词，而是指向一种流转的能量，一种能带来改变的生命活力。如是理解情动需要我们在情动理论中稍作停留。

论情动

情动概念可以追溯到巴鲁赫·斯宾诺莎（Baruch Spinoza），他的《伦理学》讨论了身体能做什么的问题。在斯宾诺莎这里，身体与其说是被其物理边界定义的，不如说是被它施加影响的力量和受到影响的能力决定的。对身体的把握靠的不是它的形式、实质或分类名称，而是它所进入的关系（德勒兹 1992）。鉴于此，关系也可以叫做情动。在德勒兹和加塔利（Guattari）那里，情动可以是看似不大可能的物之组合或配置："例如，在光线的诱使之下，壁虱爬上一根树枝的末端；它对哺乳动物的气味非常敏感，当一只哺乳动物在树枝下面经过之时，它就会跌落到这只动物身上；它在这只动物身体上最少毛的部位钻入其皮肤之下"①（[1980]1987）[257]。光线和壁虱，壁虱和一种气味，以及最后壁虱紧紧贴在一只长毛的陆生动物的身上，这就是"三种情状"（257）。定义身体的，是它能对和它拼合在一起的东西做些什么，因此身体总是在"生成"别的什么东西。由于身体可能进入与任何物的关系之中，所以很难预测身体能做什么。

情动关乎变化和转变。甚至可以说，它指向一切"自然"和"社会"现象背后的动因。曼努埃尔·德·兰达（Manuel

① 《资本主义与精神分裂（卷 2）：千高原》，姜宇辉译，上海：上海书店出版社，2010 年，第 362 页。——译者

De Landa)(1992) 在物质世界中为这一论点找到了支撑。在物质世界中，物质永远在经历转变过程，这种过程包含用来平衡各种物理力量的创造性解决方案和新的配置。德·兰达借鉴了非线性科学，尤其是相变的概念（用来描述诸如从液体到晶体的转变），认为“物质和能量的非线性流动”不仅产生了固体、有机体、山脉和行星，还产生了人体以及农业、灌溉和文明等现象。你可以认为这是一种将生态系统视为由能量、物质和信息流连接起来的系统的科学观点的重新表述。

重要的是，德·兰达的观点绝不是一种目的论。就像固体并不是本质上就比液体要好，“文明”社会和狩猎采集社会之间的关系亦然（154）。而且，这种转变原则的理论化给出了一个人能如何推进人类世界改变的方法：通过设置正确的“吸引子”(attractor)、让“分岔”(bifurcation) 运转，转变便成为可能。因为如果山峰真的会变成岩石，然后随着时间推移变成鹅卵石，那么看似固化的社会形态也会软化松动（143）。

尽管德·兰达从未在其文章《非有机生命》中明确使用“情动”一词，但他肯定是在思考这个概念。近来的理论家将情动理解为一种“前个体”的能量或活力，在身体和环境之间流转，总是处在运动之中，从不驻足停留（艾哈迈德［Ahmed］2004；克劳夫［Patricia Clough］2007；威斯辛格［Elizabeth Wissinger］2007）。如果这听起来很含糊，那是因为情动理论关注的是很不确定和难以描述的东西。这不是因为情动的生命留下的痕迹太少，而恰恰是因为留下的痕迹太多。鉴于此，理论家们将情动描述为一种强度。正如布来恩·马苏米所言：“感觉从不简单”(2002)[13]。像回声这样看似简单的现象，也是来自声音在两个表面间运动而形成的复杂模式，它将表面之间的距离转化为一种“强度”。

这种强度构成了一种潜在可能性的储备，“一群热切的发端和趋向”①（马苏米 2002）[30]，在驾驭现象世界的过程中，意志和意识思维可以有选择性地进行辨识。例如，对颜色的感知涉及无差别地感受颜色和光照的不可分割性，但这种统合被大多数人体验为阴影，与此同时“红色”、“蓝色”或“白色”则被提取出来并命名（162—165）。换言之，人体日常接触到的感觉刺激既复杂又难以区分，但因为有意识的生活会对本是连续和统合的事物做出区分，故物质和能量的不间断流动仍是一种虚拟现象。与此同时，身体能做的就是把刺激“内包”（infolding）为情动。②

这直接关系到情动的核心定义，即身体施加影响和受到影响的能力。这里我想长文引述马苏米有关触感的讨论：

> 触感是皮肤感觉，是感受主体和被感知客体之间的表层接触。本体感受则在身体内部展开触感，在媒介深度的维度内（即在表皮和内脏间）包纳对外部世界的皮肤接触。肌肉和韧带呈现为运动的条件，皮肤将这些条件内化为性质：人看镜子时脚底下地板的硬度成为一种阻力，使静止和运动成为可能；而猫毛的柔软成为手的运动的润滑剂。本体感受让身体与客体相遇这一动作的

---

① 《虚拟的寓言》，第 38 页。——译者

② 用埃里克·肖斯（Eric Shouse）的话来说：“身体通过将其全部内包（infold）起来并记录为强度来作出反应”（2005）[9]（着重部分为我后加）。

施展和松弛，转变为关联性的肌肉记忆。这是技能、习惯、姿势的累积记忆。同时，当本体感受将触感包含在内时，它引出主体通过五种感觉对客体性质的反应，且将这些反应带入客观化反应的运动王国。①（58—59）

对身体最好的定义就是它受到影响的能力，例如对触碰和运动的感觉的反应能力，然后通过体验的积累，将感觉转化成肌肉记忆，再外化为习惯或技能。马苏米在这里没有论及的是，受到影响的能力如何在特定的历史语境下被调动成一种施加影响的力量。一个技能、某种习惯、某个姿态都可能具有巨大的社会和政治意义，而身体的行动能力和施加影响能力则可以成为话语关注和教学干预的主要着眼点。

中国的素质教育改革倡导者将儿童的身体视为一个可以施展情动力量、从而改变国家命运的场所。尽管官方、学校和家庭对素质教育的理解和表述各不相同，但每个素质教育倡导者都同意一点：中国孩子缺乏直接的感受和体验。他们的身体没有遇到过什么感觉刺激，也不怎么爱动弹，因为他们日复一日坐在课桌后，一坐就是好几个小时。到了2000年，这种状况甚至引起了时任国家主席江泽民的担忧，他在一次讲话中呼吁："不能整天把青少年禁锢在书本上和屋子里，要让他们参加一些社会实践，打开他们的视野，增长他们的社会经验"（2001）[4]。这是在呼吁，将中国教育体制从强调应试转变为强调直接感受，可以解读为"软化"一个已然变得过于僵化的体制，也就是说，对分层和沉积的部分进行

① 《虚拟的寓言》，第75页。——译者

“解域化”，让能量运转起来。正因为儿童的身体进入的关系太少，它的行动能力便削弱了。在周婷看来，这一现状的影响有小有大——既关系到中国谋求国际实力，也关乎儿童的道德发展以及他 / 她与社会、文化和自然环境的联结能力。

北京之行：拼合文化积淀

2004 年 7 月初，通过周婷为母亲开设的妈妈培训班，25 个孩子报名参加了周婷领队的北京夏令营。此次北京之行结合了周婷自己的研究议程与不少昆明中产家长拓展孩子经历的意愿。[①] 报名表的最上方写着“北京之行，‘让孩子们从情感上体验中国的文化积淀’”。周婷在一次宣讲会上介绍说，这次旅程会让参加的学员“在现场”“阅读”中国历史。她解释说，有两种体验能用来进行情感教育：一个是阅读，另

---

① 周婷并非化名。周老师同意我使用她的真名，希望我能帮她传播她的理念。我的房东——一位常给我提建议的大学教授——把我介绍给周婷。周老师允许我观察和录音她为妈妈们开设的周六晚间课，还邀请我参加这次夏令营。虽然我有单独的住宿，但我每天都跟着夏令营一行人。由于另一些田野调查的相关事宜，我提前回了昆明。周老师称我为合作者，常常就她的教学方法向我征求意见（不过我往往没什么可说的）。尽管我全程只是在观察和跟随，时不时用摄像机进行记录，但旅途中孩子们仍称我为“关老师”。有趣的是，《云南日报》2005 年 4 月 15 日刊登的一篇专题报道写道，周婷“引起了一位南加州大学博士的强烈兴趣和深入调查”，“［周婷的］勇气和创造力［会］从此改写西方对中式育儿的看法。”见 www.yndaily.com/html/20050415/news_84_193540.html。

一个是大自然。这两者相互关联，因为阅读就构成了一种感受，[1]而只有那些知道如何感知、观察和感受世界的人，才有能力写作。

在周婷给家长的建议中，“自然”是一个松散的概念，几乎可以指代任何与家庭和学校对立的东西，而“新奇”则可以指代一切孩子还没有直接经历过的事物。在一次课上，周婷告诉在座的母亲们，有些孩子真的不知道竹子是什么，因为他们从来没见过。她把孩子们写作文的困难归结为缺乏生活体验，建议道：“让孩子过过他们从没体验过的生活。让你的孩子在不同环境下学到更多概念。”中国孩子囿于家里的书桌和教室的课桌，甚至连最基本的概念都不知道。

北京之行承诺让孩子们接触“中国的文化积淀”来拓展他们的情感能力，而这些文化积淀本身就是情动的。报名当天，周婷说道：“中国文化是情感的”，这是在说中国的历史和文化古迹体现了某种能量和生命力。周婷宣传说，通过在北京的体验，这次旅行将是扩展学员情感范围的好机会，她将在旅途中“调整”、“扩大”和“引导”大家的情感——这恰好对应了帕特里夏·克劳夫（2007）后来对情动经济的描述，即情动在情动经济中得到了增强和扩展。在参观颐和园那天，周婷的承诺最明确地兑现了。以下是我用摄像机记录内容的文字呈现。

情感银行

这是七月中旬的一个傍晚，天气潮湿闷热。曾是慈禧太

① 周婷有时会混用“阅读”和“感受”。

后颐养之所的颐和园挤满了游客。我们一行人已经厌倦了旅途中所有始料未及的艰难阻碍。正因此，突如其来的天气变化让周婷感觉意义重大，她赶忙招呼正向颐和园出口走的孩子们停下脚步，希望大家都驻足昆明湖畔欣赏美景、注意到天气的变化。太阳退到了云层后面，刮起了一阵风，天气突然凉爽了许多。周婷让孩子们描述一下这是什么风。她抛砖引玉说出“徐徐清风”。一个孩子开玩笑地回答“台风”。

周婷指导孩子们注意“感受”，随后将他们的注意力引向湖对面。她对孩子们说：“请看这个小岛，再从这个角度看十七孔桥。”

周老师短暂停顿了一下。大多数孩子都顺着她的指引望过去，有几个孩子则在开小差。周婷继续说道：“此时此刻，整体的自然环境，天气、景色、色彩，等等，它们对你的心境有什么影响？尤其想想老师让你做的事。不是说你不理解，也不是说你不接受我的指导。把你当时的心境和现在的感受对比一下。如果我现在让你做什么事，你愿意做还是不愿意？”

一名六年级男生用一种敷衍的唱腔戏谑地回应周婷的练习：“愿——意——！”

周婷表示，她不需要答案，旋即开始了一段即兴讲话。她自己发明了一个新概念。“这种美丽、平静、平和的心境，我告诉你，是用钱买不到的，我们只有这几分钟，在此时此地。如果是中午，烈日当空汗流浃背，你可能都没心情来体验这种自然。你会擦汗，喝水，灌水。你的注意力怎么会在心境上？你怎么会有好心境？这就是你要把现在这一刻存进心情银行的原因。”

周婷对那些开小差的孩子说道：“有些人的门开着，可以大把大把地存，但他们不愿意存，还在顾别的事。”

周婷指导孩子们将此时此刻存入自己的“银行”，因为这可能影响他们一生。她告诉孩子们，慈禧太后不喜欢住在紫禁城、喜欢在颐和园生活是有原因的。太后来这儿是为了滋养心境。

这时，方才的“心情银行”变成了“情感银行”。周老师继续说道：“现在就打开你们的情感银行。此时此地的美景给了你们大把情感钞票，可以存进银行。你真正看到的人民币并不值钱。真正有价值的是你的情感钞票。如此美丽的景色，这才是有价值的东西。想要的话就拿去存吧。但你必须用心、用情感来存。”

这时周围已经聚集了不少游客。不属于我们团队的一对母子认真听从了周老师的指导，比一些营员还认真。与此同时，风吹得更劲了。

周婷结合眼前的景象和她了解的中国学校课程，指导孩子们“要有广阔的视野。看看你们面前的水波碧玉。‘水面涟漪阵阵’，这些表达就是在描述你们眼前的景象。你们书本里的东西，课本里学的东西，还是要经过一个［听不清］。我告诉你，为什么有些人在学语文的时候体会不到文字描述的那些最美好的东西？这是因为他们的情感银行里没有这种景象。”

随着这段独白接近尾声，周老师解释说，往情感银行里存储需要打开七大感觉通道。她具体指出了孩子们应该怎么做，指导他们注意自己的感官体验：“你的情感通道是你的眼、耳、鼻、嘴、皮肤和你的运动感觉。也包括你的内在感受。大部分普通人很少利用这些通道往情感银行里存东西。”

在吹响哨子和挥舞黄旗子来结束这堂即兴课之前，周婷让大家记住这一刻，把这一刻存进自己的“情感银行”，这有助于大家忍受日常任务、困难阻碍和乏味的学习生活。

怎样重视一个奇怪的说法？

我们应当如何理解“情感银行”这种“奇怪的表达”？① 周婷的湖畔练习看上去是一个外在财富转化为文化资本的绝佳例子。这些孩子毕竟来自中产家庭，父母花了一大笔钱让他们参加这次夏令营。整个夏令营或许在某种程度上促进了学员的全面发展，有助于将他们塑造成公民—主体，拥有引领中国迈向强国命运的潜力。孩子们情动能力的拓展或许能提升他们的素质，从而实现国家的经济发展议程，把中国的人口负担转化为资源。由于休闲活动的流动性和文化资本高度相关，昆明湖畔的孩子们实际上就是在获取或积累一种非经济形式的资本。周老师的练习也因此让家长对这趟旅行的经济投入变得合情合理了。②

另一种可能的解读涉及情动经济的概念，这一概念基于这样的观察，即当前的经济范式越来越依赖非物质形式的劳动，还基于这样的断言，即生命本身已然成为资本积累的领域（克劳夫 2007）[20]。在情动经济中，产生价值的是对身体

---

① 拉图尔（2005）[48] 提出了“重视”一种“奇怪的表达方式”的问题。

② 这次夏令营的费用约为 6000 元人民币，旅行的时间超过三周。

能力的操纵和让未定的潜能发挥作用。伊丽莎白·威斯辛格对模特行业的研究就是一例。威斯辛格发现，模特本人和环境刺激之间的能量流转和调节，比寻找漂亮女孩和打造美丽的形象更为重要。由于在争夺消费者注意力的竞争中，要想定义、衡量和命名什么最有成效是很困难的，所以业内人士对挑选模特的标准保有某种特定的含糊性，模特们则"通过扩展她们的情动能力来努力对情感流动保持敏感，让刺激容易在自己的身体里产生情动，这之后情动或许会化为外部的变化"（2007）[237，243]。同时，业内人士也应当制造一种氛围，借助音乐、美食和些许关照和哄骗来让模特"进入状态"（242）。模特越放松，她就越能做出反应；她的反应越多样，在一个业已饱和的市场上发挥影响的潜力就越大。

可以说，中国的教育改革努力反映了情动经济的逻辑。一位教育部长谈到素质教育运动时，把价值产生的自发性放在了人身上："人是生产力中最积极最活跃的因素，是解放和发展生产力的主体"（陈至立 2001）[4]。但人的生产力会是什么，这一点并不总是阐明了的。实际上，素质教育倡导者拒绝硬性定义，而是援引了潜能的概念。

如果诚如改革倡导者所言，每个孩子都有潜能，那么责任就落在了教育者——父母和老师——身上，他们要创造条件，释放孩子的潜能。与威斯辛格研究的业内人士类似，教育者要创造环境，刺激情感流动。父母尤其应该尽可能让孩子体验生活。给孩子提供的机会越多，孩子的潜能就越有可能展现出来。孩子的经历越丰富，在知识经济中的适应能力就越强。按照这种解读，昆明湖畔的练习不过是一种经济逻辑的实例，这种逻辑已然吸纳了所有的非经济生活领域。

不过，还是让我们先紧随手头的民族志材料。首先，我们可以认为湖畔的练习体现了一种观念，即儿童的身体是由各种感觉表面构成的，它们能把距离转换成强度。当周婷鼓励孩子们注意徐徐清风、自身感受、周遭美景和“自然”环境的整体“色彩”时，她有效地引导了一种练习——对外部环境进行内包，以创造一种共振（即一个回声，一个复杂模式），这种共振还可能再变成其他东西。马苏米兴许会把周婷构想的儿童身体叫做性质不同的物质形式之间的“转换器”，“就像电流变为声波。或热量变为疼痛。或光波变为视觉。或视觉变为想象。或耳中的噪声变为心中的音乐。或外部进入”①（2002）[135]。

又或者，轻风、美景、色彩变为听从老师、好的心境以及欣赏“水面涟漪阵阵”这样的文学鉴赏能力。这里的听从不应从权力的角度来理解。换言之，我无意将情动的流转简化为规范化的秩序。这不单单是在制造服从于老师乃至国家意愿的驯顺的公民—主体。相反，这些转换可以说阐明了与非有机、非人类世界中激活变化和转换同样的创造性过程。此处，“银行”概念中包含的“积累”意涵在这里很重要。正如岩石的形成是沉积的结果（即物质的积累），历史遗迹和文学表达也可以从积淀的角度来理解，例如，周婷组织的这次旅行就叫做“北京之行，‘让孩子们从情感上体验中国的文化积淀’”。文化积淀的概念与岩石世界相关，因为“淀”指“形成沉积”，而“积淀”倒过来的“淀积”指地质沉积。所以，如果“积淀”可以用来灵活地指称人类世界的过程（即

---

① 《虚拟的寓言》，第 170 页。——译者

文化成就的积累），那么推测在主体形成（特别是品格塑造）中也存在类似过程，并不是那么跳跃。

重要的是，湖畔的练习也是对困境的一种创造性反应。颐和园之行是在夏令营刚开始没几天，但周老师已经感觉力不从心了。她显然没有做好面对各种问题的准备。一行人从昆明乘火车前往北京的当天，周老师突然发现自己要带25个孩子，这比她计划登记的数量要多，而且其中很多孩子她从未见过。除了进行讲解（引导、拓展、调整情感）、管理三个助理、思考研究问题之外，周老师还要确保每个孩子吃饱、刷牙、整理床铺，等等。此外，旅途中还充满了意想不到的问题和困难。由于缺少成熟的夏令营通常配有的设施和交通工具，周老师、助理和25个孩子一起挤在一间小平房里，洗冷水澡，用公共厕所，乘公交出行。有些孩子脚上走出了血泡，有些孩子因为潮湿（昆明人不习惯潮湿）起了痱子。正是在大伙准备坐很久的车回程之际，周婷让孩子们驻足欣赏湖畔的这一刻，周婷在湖畔讲演的最后保证，如果眼前的景致存储得当，便能治愈伤痛、饥饿、口渴乃至最重要的——人的心境。在结束讲话前，周婷宣称："看到眼前这一切之后，下次你感到痛苦的时候，稍微想想，马上去你的情感银行，把这些取出来。你的心境将会马上回到你现在的感受。"

周婷的计划——通过刺激七大感觉通道来"塑造品格"——是情动理论的具体应用。周婷担心中国的孩子已经失去了感受能力。在她为妈妈们开设的周六晚间课上，她朗读了一本题为《假如给我三天光明》的书，这是海伦·凯勒的自传（2004）。在周婷看来，中国儿童与幼年的海伦·凯勒有很多相似之处。就像盲与聋让小凯勒残障失能，欠缺生活体验也让中国孩子们失能。周婷认为，感官经验是道德发展的基础，所以幼年的海伦·凯勒与缺乏生活体验的中国儿童都没有形成与他人交往联结的先天条件。凯勒无法与周遭世界建立联系，导致她暴躁易怒，这与中国独生子女的暴躁易怒有相似之处。在周婷给妈妈们朗读的《假如给我三天光明》这本书里，凯勒讲述了她发脾气的一段经历。当时她弄不明白“杯”和“水”这两个字的区别，不耐烦之下把莎莉文老师送给她的瓷娃娃扔在地上，摔得粉碎。在那当儿，她既不惭愧，也不悔恨。凯勒写道：“在我的那个寂静而又黑暗的世界里，根本就不会有温柔和同情”(21)。针对这段话，周婷点评说，凯勒无法体验到这些情感是很自然的，因为“情感是由七大通道建立的”。①

与情动理论家一样，周婷把情动/情感理解为一种单一的连续性原则(尽管它在进入世界时表现为差异)。在凯勒发脾气摔碎崭新的瓷娃娃后，莎莉文老师把碎片扫到一边，把凯勒带到屋外。为了帮凯勒理解“水”的含义，她带凯勒来了井房。莎莉文把凯勒的手放在清凉的水流下，在凯勒的另一只手掌上拼出了“水”。对凯勒来说，这就是转换发生的一刻，她意识到，老师在她手掌上所做的不只是游戏。她回忆道：“有股神奇的感觉在我脑中激荡，我一下子理解了语言文字的奥秘了，知道了‘水’就是正在我手上流过的这种清凉而奇妙的东西”(21)。水也是有生命的，载着情动的力量。水的特征经由凯勒手上的皮肤“内包”了起来，同时激起了一种外在反应。回到屋里，小凯勒触碰到的一切突然充满了生

① 2004年7月3日的课上。

命力。她写道：“我想起了那个被我摔碎的洋娃娃，摸索着来到炉子跟前，捡起碎片，想把它们拼凑起来，但怎么也拼不好。想起刚才的所作所为，我悔恨莫及，两眼浸满了泪水，这是生平第一次”(21)。

在这个故事里，凯勒学到的不仅仅是事物都有名字。她对水的体验——触感冰凉、新奇，还在流动——还扩展了她的情动能力，让她生平第一次感受到了共情。可以说，这是她初次体验到万物相互联结。从这一刻起，小凯勒变得“企盼着新的一天快些来到”，因为她知道又有新东西在等着她学习(21)。

要是中国孩子能有这样的热情就好了，周婷心想。他们的热情需要被激发起来，而不是一味接受填鸭式教育、像机器一样接受训练。在许多教育改革倡导者看来，中国的教育体制鼓励学生“死读书、读死书”。用情动理论的语言来说，这种体制是缺乏生命活力的。而情感教育则能让情感流动起来，这样即便是“死书”也能回生。周婷在点评海伦·凯勒在井房的一幕时，用“堵”字来描述凯勒萌生的学习热情——凯勒的学习热情如泉水般喷涌而出，“堵都堵不住”。

昆明湖畔的练习不仅关系到学员们的吃苦耐劳能力，也关乎他们的学习态度。对很多学员来说，北京之行是他们第一次接触到课本里提到的名胜古迹。我想补充的是，这也是他们第一次接触到颐和园和昆明湖等景点的情动性，这些景点看起来启发了“水波碧玉”和“水面涟漪阵阵”这样的短语和表达。在日常语言教学中，老师常常会使用与特定地点相关的固定表达，例如，学生要牢记戈壁滩的沙子“火烧火燎”、东北的林海“郁郁葱葱”。这样教学有助于引领学生进入植根于古汉语的语汇。旅游宣传材料中常见“凛然巍峨”、“雄伟壮阔”、“气势恢弘”等成语，就是为了让人联想起这套熟悉的行文规范。①

虽然可以把这些表达视为陈词滥调，但它们实际上植根于更深层的情感流动文化史。或许这就是为什么周婷称中国文化是“情感的”。情动理论和中国本土思想均设想了某种由流动和转变力量构成的动态宇宙，导向无数的变化和分化。语言、艺术和建筑都能捕捉到自然界中满溢的情动特性。当周婷说“这些表达”“就是在描述你们眼前的景象”时，她用寥寥数语同时指出了这些表达的经典性与湖面的情动性（即它的强度）。不同于强调旅程、冒险与主动接触自然和荒野的西方旅行传统，前现代的中国传统（它从未设想过任何自然/文化的二元对立）强调的是与包裹在仪式性和仪式秩序中的自然的亲和性。这种包裹自然的仪式性通过语言来实现（例如在旅行写作和石刻铭文中使用经典表达），也通过对经典观景之道的展演来实现。②

周婷指导孩子们怎么看风景（“要有广阔的视野”），看哪里（“看这个小岛，再看十七孔桥”），从什么角度看（“从这个角度”），鼓励学员们由此接入虚拟，即接入历史，最终接入一个更广大的语汇，其中包含了现代和前现代的各式人物与具有历史意义的山水景观。如果说在威斯辛格研究的模特行业里，媒体技术促进了情感流动，在虚拟空间中实现了人与人的互联，那么在周婷的案例中，是建筑技术——特别是

---

① 伍宁（2003）[246]；Nyíri（2006）[53].

② 见 Brook（1998）; Nyíri（2006）; Strassberg（1993）。

园林设计——让情感流动了起来。但不像媒体技术，园林技术相当古老。颐和园这个皇家园林将孩子们（和其他游客）接入了一个跨越时间（而非空间）的虚拟之中。通过展演经典的观景之道，他们与曾为这座园林主人的慈禧太后关联了起来。观景的展演也将他们与晚明时期的文人关联了起来，后者的观景依循仪式化的八景、十景，等等。用仪式化的语言和展演来包裹自然、赋予自然秩序，这可谓是一种通过非人类行动者来对人进行拼合的中国本土技术。

正如宋明理学传统中的旅行与修身 / 自我修养有关，后毛泽东时代的旅行也构成了某种道德教育。二者皆涉及将人接入某个更大的秩序中。① 对二十一世纪的孩子而言，让自身接触情感流动（最好的实现方式是课堂之外的直接体验）是成为某种公民—主体的关键——通过先成为情动主体，这种公民—主体才能为增强国力做贡献。对周婷来说，想实现如此目标可以先从接触非人类行动者开始，比如湖水——若是在恰当的天气条件下、用正确的方式欣赏，湖水就能治愈伤痛、饥饿、口渴和人的心境。如果学员们能够让自己感受到情动，他们就可能发展出道德情感。如果他们能发展出道德情感，他们就能忍受旅途的艰辛劳累。如果他们能忍受旅途的辛劳，他们或许就能肩负起学习的重担。如果他们能肩负起学习的重担，中国这个国家终究就有希望——对周婷而言，这种希望正随着马加爵事件而变得黯淡。

---

① 在前现代文人看来，“通过结合经验探究和自我审视来理解世界上和心灵中普遍存在的原理”（这在自然中实现得最好）“是完善君子及其创造社会和政治秩序能力的关键”（Strassberg 1993）[46]。

固化的与流动的

人类学家主要研究两件事：固化的结构和不可还原的特殊性。我们关注给定的和偶发的之间的张力，既寻觅稳定模式，也追随流动。更多时候，我们的民族志材料兼具这两个维度，既有结构化的给定性，又有执拗的独特性。"情感钞票"也不例外。它在中国市场化和追求国际实力的背景下诞生，这不仅关系到主体性的增强，还涉及调动一种情动经济，这种情动经济让不确定性在价值的生产中发挥作用。如果资本主义依赖情动，那么用钞票这个隐喻就不是巧合。用存钞票来构想一种展演经典观景之道的方式，这能立即捕捉到昆明湖的情动性，留待后续取用。

而与此同时，湖畔的练习也体现了不可还原的特殊性。周婷新颖地提出"情感钞票"的说法，这基于资本主义最伟大的发明之一。"情感钞票"是对这样一个媒介的盗用：在这个媒介的帮助下，相异事物之间建立起了等价关系，这样，即便是在充满独特性的情境中（这些独特性包括：这位老师、炎热的天气、这些孩子、那些水泡、那趟回程的公交车），全面归纳仍能实现。周婷利用孩子们对货币价值的熟悉，有效进行了能产生另一种价值的练习活动——她鼓励孩子们积累情感，将来有一天，这些情感会累积成关心人和物这样的好习惯。可以说这是一种人生的剩余价值。①

① 在2011年蒙特利尔的美国人类学会年会上，马苏米评议了本文的一个较短版本，他注意到有一种超出起因的结果之剩余。我感谢他指出了"人生的剩余价值"的产生，也感谢他帮助我更好地理解了作为差异性出现的连续性。

今天的隐喻是钞票，明天又会是别的东西。

在此次夏令营的另一情境中，在面对一行人住的小平房里鞋子散落得到处都是的状况时，周老师通过流转罗马斗兽场的情动来予以应对（借助她从媒体上看到的图像）。她拿出塑料脸盆，让同学们把鞋子围成一圈摆好，鞋头朝下。通过这种方式，周老师示范了如何运用情动来应对生活的诸多挑战。这个例子表明，全面发展不只是种话语层面的理想，它还涉及生成。一个人越是让自己受到影响/被情动，就越是能施加影响/进行情动，进而转变困境，而不是对抗困境。

此次夏令营的学员们是不是真的经历了家长和周老师期盼的那种个人转变？孩子们与他人联结的能力有没有增强？他们后来有没有从自己的情感银行中支取过？

由于昆明田野调查的一些事宜，我提前离开了北京。在夏令营一行人回到昆明后，我与其中一位学员——王燕八岁的女儿吴琳琳——重逢了，她告诉我："关老师，你走之后发生了好多难以置信的事。""比如说？"我问道。吴琳琳答道："要是我告诉你，你会伤心的。"我从另一个学员那里听说过，有个男生有次差点掉进河里，于是我问吴琳琳，她想说的是不是这件事。她说不是，然后告诉我，周老师和一个助理起了争执。"胡老师都哭了！"她大声说道。

此次夏令营在家长和孩子当中反响如何，这是一个复杂的问题，关系到每个人面临的始料未及的挑战以及家长对教育市场化的不安。回昆明后我了解到，不少一开始热切期盼孩子参加夏令营的家长（他们本以为这次旅行会是一个很好的锻炼机会）都对周婷抱有负面看法。他们的理由很多。有人觉得，她不该在孩子面前进行成年人的争论。有人对无法用电话联系到孩子这点表示不满。有人认为，就孩子们在北京的住宿条件而言，周婷收费太高，而且让孩子们洗冷水澡会危及健康。一位家长对这次旅行的条件倒是没有异议，“吃苦教育是好的。但是，”她补充说，“别收我们这么多钱。”这位家长认为教育应该是“义务”。

家长们觉得周婷收费太高是最大的问题，很多家长认为不应把教育和商业利益掺杂在一起。在夏令营结束几个月后的一天晚上，曾与周婷发生争执的助理胡秋丽和我聊了整整一小时。我们坐在胡秋丽的好友杜女士的客厅里，杜女士把她七岁的胖小子送去了夏令营，孩子在夏令营的头几天每天都晕车呕吐。胡秋丽想向我表明的是，周婷的心里没有爱，不像另一位当地的教育专家王玲玲——据说王老师不论什么时候接听咨询电话都不收费。夏令营期间，周婷早上给孩子们买馒头吃（而不是面条），这是她钱花得不好的众多表现之一。胡秋丽觉得周婷对她提的旅途管理建议置若罔闻。要是周婷听了她的建议，可能杜女士的儿子就不会生病了。胡秋丽说，最不好的是，周老师每天早上起床第一件事就是去看她自己的孩子（她儿子也参加了这次夏令营）。胡秋丽的言下之意是，老师应该完全公平地对每一个孩子。

我们聊天的过程中，杜女士也不断插进来，说一行人住的平房简直是监狱，还说周老师是骗子。

夏令营学员们当然也有自己的不满。公共厕所很脏，他们很累，大一点的孩子不喜欢戴着方便识别的营员帽。此外，虽然没人明确向我抱怨这一点，但我从他们的肢体语言中能看出，周婷的语言表达习惯让学生们疲惫不堪。（一个认识周婷的十几岁孩子说，周老师这个人，对你想说的每件事，她都有十件事要说。“真让人受不了！”）

八岁的邓思文对周老师也有怨气。“我最不喜欢她了。”夏令营结束后我和他们一家三口吃午饭时思文说道。母亲认为这句话说明“他真的很怕她”。思文还抱怨说：“我们每天都在外面吃，从来不在住的地方吃。”

夏令营期间，在参观故宫这天早上，邓思文异常想家。大伙在等着周老师买好门票回来，这时，邓思文误入了一大波蜂拥而过的人流，好在一个大一点的男生抓住了他的背包带，把他拉回了安全地带。这个男生边拉边责骂思文，这让思文非常难过，哭了起来。亲眼看见了整件事的我试图安慰思文。

周老师随后就这件事教育了邓思文，用一系列反问句质问他，让他反思自己的错误（她认为这是他的错）。周婷想告诉邓思文，发生在他身上的情况至少好过被人踩踏。但这番话可能只起到了雪上加霜的效果，因为这件事之后，邓思文一直非常想回家。上面提到，他抱怨说大家天天在外面吃饭，这其实不太准确，因为我们很多顿晚饭都是在住的平房里吃的，两个助理用从昆明带来的调味料和酱料做的饭。显然，邓思文是在借食物表达他的不满。

不过，我还听说和观察到一些不一样的情况。有的家长高兴地发现孩子有了改变，特别是日常习惯变好了。周老师每天早上都把时间安排得很紧凑，督促25名学员尽快洗漱完毕准备出发，要求每个人尽可能地提高效率。一个叫叶可欣的七岁女孩在夏令营结束时改掉了她原来的一个习惯，那就是每口饭都只吃一粒米。

有些孩子似乎把周婷挂在嘴边的词——例如“心灵”和

“名流”——纳入了自己的个人用语。[①] 同时，邓思文看来已经把参观中国科学技术馆的经历纳入了自己的知识库。他用做游戏的方式考过我一次对中国四大发明的了解。在参观科技馆那天，他和几个对他友善温和的十几岁孩子一起，在中国的前现代科技这层逛了很久。

有些家长反映，孩子并没有像他们担心的那样觉得旅途“辛苦”，反而觉得很好玩。的确，我在学员中目睹了同龄人共同生活和旅行时形成的紧密的友谊。孩子们自娱自乐做游戏，这在一天结束回到住处时表现得最突出。尤其是小一点的孩子们，一旦周婷离开住处去做足底按摩，他们就玩疯了。有天晚上，我夸大家玩得很热闹，这时一个十几岁孩子试图说服我留下和他们一起住，尽管他们住得很挤。她想，我明明可以和他们一起玩，为什么还要一个人孤零零回酒店呢。

---

① 为了让这次旅行有一个适合儿童的叙述框架，周婷管它叫“心灵柱”。她对学员解释说，心灵位于一个覆盖着石头、泥土和沙子的木质结构中。随着儿童长大和接受教育，石头、泥土和沙子开始剥落。“性格教育”、“心灵教育”和“情感教育”有助于在这个结构中安装窗户。每扇窗户都有自己的名字，如“宽容”和“爱心”。没装窗户的孩子是自私和软弱的。刺激七大感官是装好窗户的第一步。

回到昆明后，在与夏令营学员见面时，周婷回顾了自己此前讲过的一堂课，是关于他们此行的更大意义的。这其间她用了“名流”一词。她说：“你们都是未来的名流。但我说的不是成为明星。我说的是在推动社会发展、促进人类进步方面发挥巨大作用的人，起决定作用的人才。”然后她问同学们：“所以再告诉我一遍，孩子们，我们会成为什么？”他们异口同声地喊道：“名流！”

尽管家长和孩子对夏令营的看法和反响不一，不过在那一年，有件重要的事对周老师有利，那就是她两个儿子的表现——一个是她自己的儿子（十一二岁），另一个是继子（十几岁）。我曾观察一群家长的对话，一位母亲感叹这俩孩子很擅长解决问题。这位年轻母亲参加了周婷为有孩子家庭组织的一次徒步旅行活动。她讲述了周婷的两个儿子怎么在树林里没有路的地方自如地开路，推开倒下的枝干，协助孩子们在树林里前进。日暮时分，不少人身上都因为接触有毒植物起了泡，这时周婷的两个儿子协助大家在快天黑的情况下回程，家长们对此都很感激。这件事之所以很重要，是因为大众在育儿问题上认不认可权威，很大程度上取决于专家自己的育儿是不是成功的。

一个生活公式

围绕湖畔练习展开的一连串戏剧场面的民族志把我们拽入人际冲突和金钱争议的凡俗世界，这个世界与昆明湖畔唤起的那个世界相去甚远，这后一个世界实乃人间仙境，曾是供太后休憩的御花园。不过，恰恰是皮肤起泡、晕车恶心、住处拥挤和成人争吵这些生活的琐屑平常，让湖畔练习变得尤为重要。不论人们眼中周婷的意图动机是否纯粹，她想出“情感银行”的说法以及教给孩子们如何堆放鞋子都是在真诚传授巧妙布置的技巧。周婷传授的大道理涉及部署物质环境的情动性来为人所用，例如，建筑设计如何巧妙地捕捉到富有感染力的水流生命力。更小的实用经验则关乎管理日常事务时如何最好地分配精力。

我是在为夏令营一行人洗黄瓜那天学到的这个实用经验

（那也是他们唯一一次给我安排实际任务）。我不仅忘记了洗之前要先浸泡来去除农药残留，而且我洗的速度很慢，以至于一位助理不得不替我洗完。（他洗得非常快。）最尴尬的是，在我们正要出发前往当天的目的地时，周婷看到我拎着一整袋黄瓜，正艰难地试着再套一个袋子来承受黄瓜的重量。她对我说："这么重的东西不该一个人拿。"她边说着边把黄瓜重新分到每个孩子的午餐袋中。我向她道歉，觉得让她处理这样的小事很不好意思。

布置的技艺的确可以包含对物进行重新安排这样简单的小事。这一琐屑寻常技术背后的逻辑，也正是确定人和非人的能动性以及生活中的约束限制之间边界的这样一种元理论背后的逻辑。我们必须带上打包好的黄瓜，这是对夏季炎热天气和可能脱水的物质约束的反应，对各种能动力量的反应。我本可以重新分配所有的黄瓜，这是清晨迷糊状态下的我没能意识到的一种可能的行动模式，我的这一失败不仅是技术性的，也是伦理性的。我在那一刻犯了迷糊，这对我周围的人产生了影响（尽管影响微小）：周婷又多了件事要处理。

考虑到"情感银行"练习涉及的一切不可还原的特殊性，将这一说法简化成生命政治秩序是很不恰当的。诚然，素质教育运动有其结构上的给定性，周婷的努力正是在这一大背景下进行的，而这一运动本身也处在官方发展政策的更大背景之下。但具体要怎么处理国际竞争的要求和教育系统培养正确主体的能力之间的脱节，专家们应对这个问题的方式五花八门。周婷强调身体的感受以及身体与环境机会的协调，这与王玲玲的实用主义（第六章）和许多专家强调的内在心理（第二章和第三章）就很不一样。① 此外，湖畔的练习也是对旅途意外挑战的一种具体的即时反应。

当我们思考周婷本人和夏令营学员之间的接触时，我们再次看到了固化的和流动的之间的张力，这次是在另一尺度上展开的。在这里，老师的权威构成了给定性，而每个学员的年龄、脾气、习惯和癖性的异质性则构成了具体特殊性。考虑到情动本身的虚拟性，湖畔的练习和周婷给孩子们上的课在多大程度上"产生了影响"是个很难回答的问题。情动是未定的和难以言表的。情动在个体身体上留下的诸种痕迹，都积聚成一种潜在可能性的储备，"一群热切的发端和趋向"（马苏米 2002）[30]。中国成语"潜移默化"表达了类似的理念。这也正是要求儿童背唐诗这一经久不衰的做法背后的原理：孩子们到底理不理解背的诗词并不重要。单纯的诵读本身就是一种纳入身体的过程。

在这一节中，我叙述了我直接观察到的行动和言语的效果。但要指出的是，我所收集到的只是更大经验的一个片段。意识是做减法的，而经验是难以分辨和充满不确定性的。民族志研究中与我交谈的人们所揭示的、朋友和家人在共同生活的过程中所揭示的，只是更多的潜在可能的一小部分。即便是文学——它比其他任何表征形式都更能深入人类经验的深处——也只能传达道德主体的"密集意识的一小部分"（努斯鲍姆 1990）[185]。

也许我对湖畔练习寄予了太大希望，希望它对孩子们的

---

① 许多专家关注的是孩子的"心理"（常用"心灵"来象征），而周婷主要感兴趣的则是"情感"、"感受"和"体验"。当然，二者重叠交叉的地方也很多，我做的区分只是为了强调我的论点。

意义和它对我的意义一样大。不过这也是我和周婷共享的希望。周婷展现了一种值得学习的世界观：情动的条件与人的伦理相连。人类行动者被卷入由各种观念、人和物组成的关系网中。凭借布置的技艺，操纵现实成为可能——这不是通过改变给定的条件本身，而是通过部署动态关系中蕴含的能量、与现实的起伏波动合作。在湖畔练习的案例中，用来布置的是天气的突然变化。湖畔的这堂课意在表明，世界充满了富有感染力的生命活力，因而带来了刺激感觉和情感教育的多重良机。人们只需接触特定环境并保持敏感，改变自会到来。纵然人对外部条件的控制有限，但追求自我修养的道德主体有时仍能自行选择想要接触的环境。

结　语

当我回想自己的童年——我在洛杉矶县边缘一个悠闲、多族裔的郊区长大——我会想起那些“西瓜虫”。我爱看它们卷起来的样子，我会把它们收集起来，放在妈妈买的丹麦黄油曲奇的旧罐子里。我会想起，我和哥哥搜罗家里所有的铅笔钢笔，把它们摆成街道和公路的模样，供我们的风火轮玩具小汽车飞驰。我会想起，我和哥哥的最大成果就是完全组装好一辆电动乐高赛车。我还会想起，有一次后院野餐，我和我最好的朋友自己动手做了披萨，结果全被我的狗吃掉了。我会想起我曾经那么崇拜十几岁的姐姐，每次她有朋友来家里的时候，我都会坐在她的房间看他们聊天，像看网球比赛一样来回看向说话的人。我会想起夏天的感觉，以及夜幕降临给我带来的难以抑制的伤感——因为每当这时，我们这些“邻里的孩子们”都不得不爬下自行车座、松开伙伴们的车把，乖乖回家吃饭。当快乐时光行将结束，就算心里知道总还有明天等着我们，也没法带来什么慰藉。你还是一样伤感。

尽管我要在家附近的公园上几堂舞蹈课，在只相隔几个街区的泰勒夫人那里上钢琴课，每天还要完成作业（作业量少到可以忽略），但我的童年相对而言是无忧无虑的。要是换个时间换个地点，情况就大不相同，因为在世界的有些角落，对童年的焦虑治理已然成为常态。根据安妮特·拉鲁的研究和斯隆家庭日常生活中心的研究，在1950年代和1960年代左右出生的中产阶级家长的记忆中，自己的童年不曾这么忙碌过，也没有这么高度组织化。① 同时，其他研究表明，在1980年代和1990年代之间，学生的家庭作业量急剧增加。② 显然，我结识的这些昆明家长的童年与他们自己孩子的童年也截然不同。这些父母出生在1960年代末和1970年代初，彼时的中国，获得教育成就和积累文化资本尚未成为生活的核心目标。这些父母自己的父母这代人则有多个孩子，还有许多其他问题要顾及，因而无暇操心自己是不是“好家长”。

在本书中，我关注的是一项重大政治项目给养育学龄儿童的普通父母带来的伦理和存在主义后果，这一项目便是通过对主体性进行“现代化”来实现中国的现代化。在这一背景下，中产阶级父母，尤其是母亲，被放在了这样的位置上：他们是承载民族振兴希望的一代人的养育者，必须要负责调和这一国家项目内含的矛盾。诚然，与农民工、在工业污染中度日的村民、居无定所者、边缘群体和失业人群的苦痛相比，我结识的这些人遇到的生活问题好像不值一提。但当代

① 拉鲁（2011）[246]，克雷默–萨德利克和古铁雷斯（2013）[148]。

② 引自克雷默–萨德利克和古铁雷斯（2013）[134]。

问题的形式往往多种多样。“不能输在起跑线上”的流行说法指向一个有问题的分类系统，这个系统看上去是在奖励少数人、淘汰其他所有人。我结识的父母都希望自己对教育的过度追求能带来孩子长远的生活保障。但他们也生活在一种不安感之中，因为孩子的学业成功受制于诸多突发和偶然状况，受制于个体无法控制的力量。①

在我的研究中，父母对什么是适当的育儿强度感到困惑和矛盾；在斯隆家庭日常生活中心的研究中，有父母把五年级的儿子送去上 SAT② 复习班，甚至同时也会承认“这有点病态”（克雷默-萨德利克和古铁雷斯 2013）[139]。上述两个研究发现是不是巧合？为什么钟表和日历对中产阶级家庭生活如此重要（格莱希 2013）[41]？为什么香港（这里是我的新家，也是我的故乡）的家长在招生宣讲会开始前几天就站好队，想方设法提高自己孩子被心仪的小学录取的机会？③ 为什么有些中国大陆家长要在高考前后到当地的寺庙朝拜，就算工作请假也要一切围着高考的孩子转？早在一年级，小珍就开始表现出和上学相关的焦虑，她会半夜醒来，检查次日上学的书包是不是收拾好了。在这样的情况下，陈家玲这样的年轻家长为什么还要逼着女儿学小提琴？

诺玛·菲尔德援引了 1990 年（彼时日本经济高速增长

---

① 有机会送孩子出国的中国家长都会这么做，因为出国留学被认为提供了一种逃离的机会。关于中国年轻人出国留学现象，见冯文（2011）的出色研究。

② Scholastic Assessment Test，美国大学招生考试中常见的标准化测验。

③ 感谢我曾指导过的本科生 Helen Hei Man Kwan 提供这个例子。

时期结束）日本的一项全国调查，认为压力导致的脱发和高血压等成人疾病发病率的上升表明日本儿童遭受了“软暴力”。诚然，日本这样的发达国家的儿童有幸能够接受正规学校教育，免受战争、疾病和营养不良之苦。诚然，不论是在发展中国家还是发达国家，中产阶级家庭的孩子都要比农村和内城贫民区的同龄孩子拥有更好的生活机会。但菲尔德坚持认为，和平和物质富足之下儿童的常态化痛苦是“资本主义矛盾的另一种表现”。日本儿童已经被“加速和扩张的逻辑”所支配，自出生一刻起就被“过度确定的未来”所奴役（70）。

二十一世纪之交的中国童年，与其说是在为生产同质的、被规训的劳动力作准备（经济衰退前的日本便是如此），不如说是在为一个人力资本积累和激烈竞争的体制作准备。在这里，我们同样能看到用加速、效率、可计算性和生产力的逻辑来组织人的能量的现象。这正是父母在最稀松平常的事上冲孩子喊出“快点！”“动作快点！”背后的逻辑，因为时间和精力永远应该用来产出最优结果。在一个人人和事事都免不了竞争的世界上，一个学生和学生竞争、老师和老师竞争、申请人和申请人竞争、学校和学校竞争、国家和国家竞争的世界上，根本没有懈怠的余地。诚然，我结识的父母都想要按照专家的建议行事——更人性化，多关注孩子的心理需求。但他们担心，对增进孩子主体性（即自尊和自信）形成威胁的，不是家长自己的不良育儿行为，而是孩子有一天不得不面对的市场经济现实。

在本书中，我试图挑战这样一种中产阶级母亲形象——对孩子野心太大、过分追求完美、执迷于好的教育带来的社会地位。我试图展现“盲目”的中产阶级生活的伦理面向——尽管有人可能觉得这样的民族志没有什么人类学价值。①我试图超越权力和能动性、再生产和抵抗这些老生常谈的二分法，转而关注道德经验，在日常生活中寻觅布置的技艺。我从一个显而易见的前提开始，即一切人类活动都被卷入关系之网，同时也认识到，每个行动者都参与到了关键的因果关系链中，因各自的行动在世界上产生了大大小小的不同效果。

我希望，我对中产阶级育儿这样平凡寻常之事的阐释，能让大家看到智慧之光如何在最出人意料之处闪烁。布置的技艺为现实的性质和人的目的提供了另一种元理论，这种元理论既避免了在决定论的方向上走得太远，又避免了在人的掌控和控制的方向上走得太远。辨识和布置的能力是一个伦理和哲学问题，用格雷戈里·贝特森的话来说，这个问题“只关乎最广博的宇宙和最深层的心理”（2000）[336]。中产阶级母亲有关“条件”的话语与匿名戒酒会著名的“宁静祷文”（Serenity Prayer）有相似之处，这是巧合吗？“神啊，请赐与我宁静，让我能接受无法改变的事；请赐与我勇气，让我去改变能改变的事；请赐与我智慧，让我能区分以上两

① Miller（2004）、奥克斯和克雷默-萨德利克（2013）提到并质疑了所谓中产阶级的“盲目 / 没头脑”。作为研究中国的人类学家，关注中产阶级尤为棘手。在中产阶级已经有自己的声音的情况下，我该如何为我的关注正名（Sun 2012）？《全球中产阶级》一书的导言正确地指出，从人类学“整体来看，它传统上偏爱用无权无势的民族志主体来映衬更具目的性、更具‘道德关切’的学术研究”（Heiman, Liechty, and Freeman 2012）。

者。”① 贝特森在匿名戒酒会的神学中看到了一种谦卑和顺从的精神气质，不同于“西方文明所特有的奇怪的二元认识论”（2000）[321]。世间存在着比“自我”更强大的力量。

认识到反人本主义的现实并不是要放弃人文主义的愿景。判断什么可以控制、什么无法控制，这需要智慧。唯有培养得当的辨识力，才能在当代生活的重重问题之中获得些许亟须的宁静，这种宁静绝不只是被动和认命。弄清什么在自己的影响范围内、什么不在，培养敏感性，掌握时机，这些做法会带来反应能力和勇气——行可行之事和必行之事的勇气。

---

① 这个版本的祷文引自贝特森的文章《“自我”的控制论》（“The Cybernetics of ‘Self’”）（[1972] 2000）[334]。

致　谢

本书的研究最初是由美国教育部第六条外语和区域研究奖学金（经南加州大学东亚研究中心管理）资助的一个博士论文项目。从论文到成书的大部分修改过程受到温纳–格伦人类学研究基金会（Wenner-Gren Foundation for Anthropological Research）提供的亨特博士后奖学金（Hunt Postdoctoral Fellowship）的支持。我特别感谢温纳–格伦人类学研究基金会对年轻学者和人类学理论发展的支持。本书的部分观点是我在惠蒂尔学院（Whittier College）担任安德鲁·W. 梅隆博士后研究员期间构思成形的。我由衷感谢我在惠蒂尔学院的导师 Ann Kakaliouras 和在香港中文大学的非正式导师 Sealing Cheng，感谢她们为维护我的写作空间所做的努力。

我感到尤其幸运能有机会与我的博士论文导师谢里尔·马丁利共事。她对叙事推理、人类行动的脆弱性和伦理困境等问题的思考方式一直都是我的巨大灵感来源。我不仅学到了怎样理解人们，也学到了如何理解自己的所谓“生活”。Gene Cooper 要求我少用术语、把论点表述得清晰易懂，还鼓励我去了解“原初浆液”（primeval slime），这些都帮助我成为更好的学者和作者。Charlotte Furth 让我更多地从历史的角度思考问题。她给我的反馈也鼓励我更多地了解亚洲研究领域的成果，从而拓宽了我的视野。感谢 Stan Rosen 总是详尽地回答我的许多问题。当然，文责自负。

和 Hugh Raffles 的短暂交往（他向我推荐了余莲的《势：中国的效力观》）让我对如何阐述连贯的理论框架有了亟须的清晰认识。我也要感谢 Jie Yang 带来了许多富有启发的谈话和大有助益的建议。我在加州大学洛杉矶分校的“心灵、医药和文化”小组中受益匪浅。感谢 Doug Hollan 赞助我来此做访问学者，感谢 Carole Browner 让我感到友好欢迎的气氛，也感谢小组的其他成员带来的有益反馈和充满启发的对话。Linda Garro 和 Elinor Ochs 在小组的一次讲座上的评论促成了本书的一些比较观察。

我对中国的兴趣始于 1999 年，非常感谢熊景明把我介绍给已故的王筑生教授。王教授给了我这个没有经验的大学毕业生在云南大学教授影视人类学课程的机会。通过王教授，我认识了杨慧，她在几年后资助了我的研究。她把我介绍给重要的人，给我提有益的建议，待我亲如女儿。她的善意无可计量。还要感谢我在昆明的朋友 Jay Brown、和匠宇、Stefan 和 Sylvia Kratz、Mike Xu、杨玉宇和余鸣，感谢他们的见解、热情和引见。

许多以前的老师、同学和同事点亮了我的旅程：Ann Anagnost、Erica Angert、Tami Blumenfield、Joe Bosco、

Susanne Bregnbæk、Ju-chen Chen、Sealing Cheng、Sidney Cheung、Jenny Chio、Jenny Cool、Arianne Gaetano、Tricia Gilson、Kathy Hon、Janet Hoskins、Lanita Jacobs、Danny Jauregui、Matthew Kohrman、Anita Kumar、Nancy Lutkehaus、Veronica Mak、Hanna Mantila、Gordon Mathews、Steven Rousso-Schindler、Zhifang Song、Danning Wang、Kaming Wu、Lorin Yochim 和 Huang Yu。我珍藏在心的论文写作小组——Jason Ingersoll、Lili Lai 和 John Osburg——阅读了本书的早期版本。Arianne Gaetano 尤其对第五章提供了帮助。我的“姐妹”Melissa Park 和 Lone Grøn 从最开始就一直陪着我。在本书的最后完成阶段，我指导的硕士生们给我加油打气。我还要向同我一起长大的好朋友们致意。

Andrew Gura 给我上了第一堂写作课。Jin Lu 给了我重要的实际建议。Kate Fung 和 Stacy Eisenstark 帮忙设计了封面图。香港中文大学人类学系硕士项目的众多学生们给了我更明确的使命感。万分感谢 Reed Malcolm 对本项目的支持，感谢所有匿名审稿人以及透露身份的审稿人 Vanessa Fong 和 Andrew Kipnis。感谢 Elisabeth Magnus 细致入微的编辑工作。

最后，我要感谢和我交谈的人们——从繁忙工作中抽出时间的老师、行政人员、心理医生和心理咨询师，尤其要感谢周婷允许我紧跟着她。我最要感谢的是我结识的家庭，他们对我敞开家门，也敞开心扉。我祝愿你们幸福美满，愿你们每一天都过得开心愉快。

我把这本书献给我的家人，特别是我们的父母。在伦理和生活的艺术方面，他们教会了我们太多。

参考文献

Ahmed, Sara. 2004. "Affective Economies." *Social Text* 22(2): 117–39.

Allison, Anne. 1996. "Producing Mothers." In *Permitted and Prohibited Desires: Mothers, Comics, and Censorship in Japan*, 105–22, Boulder, CO: Westview Press.

Anagnost, Ann. 1995. "A Surfeit of Bodies: Population and the Rationality of the State in Post-Mao China." In *Conceiving the New World Order: The Global Politics of Reproduction*, edited by Faye D. Ginsburg and Rayna Rapp, 22–39. Berkeley: University of California Press.

——. 1997a. "Children and National Transcendence in China." In *Constructing China: The Interaction of Culture and Economics*, edited by Kenneth G. Lieberthal, Shuen-fu Lin, and Ernest P. Young, 195–22. Ann Arbor: Center for Chinese Studies, University of Michigan.

——. 1997b. *National Past-Times: Narrative, Representation, and Power in Modern China*. Durham, NC: Duke University Press.

——. 2004. "The Corporeal Politics of Quality (Suzhi)." *Public Culture* 16 (2): 189–208.

——. 2008. “Imagining Global Futures in China: The Child as a Sign of Value.” In *Figuring the Future: Globalization and the Temporalities of Children and Youth*, edited by Jennifer Cole and Deborah Durham, 49–72. Sante Fe, NM: School for Advanced Research Press.

——. 2013. “Introduction: Life-Making in Neoliberal Times.” In *Global Futures in East Asia: Youth, Nation, and the New Economy in Uncertain Times*, edited by Ann Anagnost, Andrea Arai, and Hai Ren, 1–27. Stanford: Stanford University Press.

Anderson, Marston. 1990. *The Limits of Realism: Chinese Fiction in the Revolutionary Period.* Berkeley: University of California Press.

Ang, Ien. 2004. “The Cultural Intimacy of TV Drama.” In *Feeling Asian Modernities: Transnational Consumption of Japanese TV Dramas*, edited by Koichi Iwabuchi, 303–10. Hong Kong: Hong Kong University Press.

Arai, Andrea G. 2000. “The ‘Wild Child’ of 1990s Japan.” *South Atlantic Quarterly* 99 (4): 841–63.

Arendt, Hannah. [1958] 1998. *The Human Condition.* Chicago: University of Chicago Press.

Aristotle. 1967. *Poetics.* Translated by Gerald F. Else. Ann Arbor: University of Michigan Press.

Bai, Limin. 2005. *Shaping the Ideal Child: Children and Their Primers in Late Imperial China.* Hong Kong: Chinese University Press.

——. 2006. “Graduate Unemployment: Dilemmas and Challenges in China’s Move to Mass Higher Education.” *China Quarterly* 185: 128–44.

Bakken, Børge. 2000. *The Exemplary Society: Human Improvement, Social Control, and the Dangers of Modernity in China.* Oxford: Oxford University Press.

Barlow, Tani E. 1994. “Theorizing Woman: *Funü, Guojia, Jiating* (Chinese Woman, Chinese State, Chinese Family).” In *Body, Subject and Power in China*, edited by Angela Zito and Tani E. Barlow, 253–89. Chicago: University of Chicago

Press.

Bateson, Gregory. [1972] 2000. "The Cybernetics of 'Self': A Theory of Alcoholism." In *Steps to an Ecology of Mind: Collected Essays in Anthropology, Psychiatry, Evolution, and Epistemology*, 309–37. Chicago: University of Chicago Press.

Biehl, João, Byron Good, and Arthur Kleinman. 2007. "Introduction: Rethinking Subjectivity." In *Subjectivity: Ethnographic Investigations*, edited by João Biehl, Byron Good, and Arthur Kleinman, 1–23. Berkeley: University of California Press.

Bourdieu, Pierre. 1984. *Distinction: A Social Critique of the Judgment of Taste*. Translated by Richard Nice. Cambridge, MA: Harvard University Press.

——. 1986. "The Forms of Capital." In *Handbook of Theory and Research for the Sociology of Education*, edited by John G. Richardson, 241–58. New York: Greenwood Press.

Bray, Francesca. 2013. "Tools for Virtuous Action: Technology, Skills and Ordinary Ethics." In *Ordinary Ethics in China*, edited by Charles Stafford, 175–93. London: Bloomsbury Press.

Bregnbæk, Susanne. 2010. "Family, State and the Quandaries of Education: The Tension between Self-Sacrifice and Self-Actualization among University Students in Beijing." PhD diss., Institute of Anthropology, University of Copenhagen.

——. 2011. "A Public Secret: 'Education for Quality' and Suicide among Chinese Elite University Students." *Learning and Teaching* 4 (3): 18–36.

Briggs, Jean. 1970. *Never in Anger: Portrait of an Eskimo Family*. Cambridge, MA: Harvard University Press.

Brindley, Erica Fox. 2010. *Individualism in Early China: Human Agency and the Self in Thought and Politics*. Honolulu: University of Hawai'i Press.

Brook, Timothy. 1998. *The Confusions of Pleasure: Commerce and Culture in Ming China*. Berkeley: University of California Press.

Brown, Hubert O. 1987. "American Progressivism in Chinese Education: The Case of Tao Xingzhi." In *China's Education and the Industrialized World: Studies in Cultural Transfer*, edited by Ruth Hayhoe and Marianne Bastid, 120–38. Armonk, NY: M. E. Sharpe.

Bruner, Jerome. 1986. *Actual Minds, Possible Worlds*. Cambridge, MA: Harvard University Press.

Bruya, Brian J. 2010. "The Rehabilitation of Spontaneity: A New Approach in Philosophy of Action." *Philosophy East and West* 60 (2): 207–50.

Burke, Kenneth. [1935] 1954. *Permanence and Change: An Anatomy of Purpose*. Los Altos, CA: Hermes Publications.

Bu Wei. 2006. "Internet Use among Chinese Youth." In *Chinese Youth in Transition*, edited by Jieying Yi, Yunxiao Sun, and Jing Jian Xiao and translated by Qingling Liu, Zhufen Chen, and Caixia Ma, 215–32. Hampshire: Ashgate.

Carr, David. 1997. "Narrative and the Real World: An Argument for Continuity." In *Memory, Identity, Community: The Idea of Narrative in the Human Sciences*, edited by Lewis P. Hinchman and Sandra K. Hinchman, 7–25. Albany: State University of New York Press.

Champagne, Susan. 1992. "Producing the Intelligent Child: Intelligence and the Child Rearing Discourse in the People's Republic of China." PhD diss., School of Education, Stanford University.

Chan, Wing Kit. 2012. "Employability Does Not Necessarily Lead to Competitiveness." *Chinese Education and Society* 45 (2): 21–37.

Chen Shanyuan and Jianli Zhang. 2003. "Fumu de cuo zai nali" [Where parents are making mistakes]. In *Shisi sui de nühai xiang lijia* [A fourteen-year-old girl wants to run away from home], edited by Shi Daping and Le Fu, 241–52. Shanghai: Hanyu Dacidian chubanshe.

Chen Zhili. 2001. "Yi Jiang Zeming tongzhi 'tanhua' jingshen wei zhidao nuli kaichuang 'shiwu' qijian jiaoyu gongzuo xin jumian" [Under the guidance of the spirit of Comrade Jiang Zemin's "discussion," initiate with effort a new phase in education work in the tenth five-year period]. In *Suzhi jiaoyu de huhuan: Shuo "jianfu," tan gaige* [The call for education for quality: Say "reduce," discuss reform], edited by Li Peng and Chen Li, 1–10. Beijing: Xinhua chubanshe.

Chodorow, Nancy J. 1999. *The Power of Feelings: Personal Meaning in Psychoanalysis, Gender, and Culture*. New Haven, CT: Yale University Press.

Clough, Patricia Ticineto. 2007. Introduction to *The Affective Turn: Theorizing the Social*, edited by Patricia Ticineto Clough with Jean Halley, 1–33. Durham, NC: Duke University Press.

Croll, Elisabeth. 1978. *Feminism and Socialism in China*. London: Routledge and Kegan Paul.

——. 1995. *Changing Identities of Chinese Women: Rhetoric, Experience and Self-Perception in Twentieth-Century China*. London: Hong Kong University Press.

Das, Veena. 2012. "Ordinary Ethics." In *A Companion to Moral Anthropology*, edited by Didier Fassin, 133–49. Malden, MA: Wiley-Blackwell.

Davies, David. 2007. "Wal-Mao: The Discipline of Corporate Culture and Studying Success at Wal-Mart China." *China Journal* 58: 1–27.

Davies, Gloria. 2008. "Moral Emotions and Chinese Thought." *Michigan Quarterly Review* 47 (2): 221–44.

Davin, Delia. 1976. *Woman-Work: Women and the Party in Revolutionary China*. Oxford: Clarendon Press.

De Landa, Manuel. 1992. "Nonorganic Life." In *Incorporations*, edited by Jonathan Crary and Sanford Kwinter, 129–67. New York: Zone.

Deleuze, Gilles. 1992. "Ethology: Spinoza and Us." In *Incorporations*, edited by Jonathan Crary and Sanford Kwinter, 625–33. New York: Zone.

Deleuze, Gilles, and Félix Guattari. [1980] 1987. *A Thousand Plateaus: Capitalism and Schizophrenia*. Translated by Brian Massumi. Minneapolis: University of Minnesota Press.

Di Feng. [1999] 2000. "Will There Be Much Difficulty in Finding

Employment for 1999 College Students?" *Chinese Education and Society* 35 (1): 28–36.
Dikötter, Frank. 1998. *Imperfect Conceptions: Medical Knowledge, Birth Defects, and Eugenics in China.* New York: Columbia University Press.
Ding Wei. [2003] 2005. "University Student Employment: Insights Gained under Pressure." *Chinese Education and Society* 38 (4): 77–81.
Douglas, Mary. [1966] 1994. "Magic and Miracle." In *Purity and Danger*, 59–73. New York: Routledge.
Elman, Benjamin A. 1991. "Political, Social, and Cultural Reproduction via Civil Service Examinations in Late Imperial China." *Journal of Asian Studies* 50 (1): 7–28.
——. 2000. *A Cultural History of Civil Examinations in Late Imperial China*. Berkeley: University of California Press.
Evans, Harriet. 1995. "Defining Difference: The 'Scientific' Construction of Sexuality and Gender in the People's Republic of China." *Signs* 20 (21): 357–90.
——. 2008. *The Subject of Gender: Daughters and Mothers in Urban China*. Lanham, MD: Rowman and Littlefield.
——. 2012. "The Intimate Individual: Perspectives from the Mother-Daughter Relationship in Urban China." In *Chinese Modernity and the Individual Psyche*, edited by Andrew Kipnis, 119–47. New York: Palgrave Macmillan.
Evans-Pritchard, E. E. 1976. *Witchcraft, Oracles, and Magic among the Azande*. Oxford: Oxford University Press.
Farquhar, Judith. 1996. "Market Magic: Getting Rich and Getting Personal in Medicine after Mao." *American Ethnologist* 23 (2): 239–57.
——. 2002. "Writing the Self: The Romance of the Personal." In *Appetites: Food and Sex in Postsocialist China*, 175–209. Durham, NC: Duke University Press.
Farquhar, Judith, and Qicheng Zhang. 2005. "Biopolitical Beijing: Pleasure, Sovereignty, and Self-Cultivation in China's Capital." *Cultural Anthropology* 20 (3): 303–27.

Field, Norma. 1995. "The Child as Laborer and Consumer: The Disappearance of Childhood in Contemporary Japan." In *Children and the Politics of Culture*, edited by Sharon Stephens, 51–78. Princeton, NJ: Princeton University Press.

Fong, Vanessa L. 2004. *Only Hope: Coming of Age under China's One-Child Policy*. Stanford, CA: Stanford University Press.

——. 2007. "Parent-Child Communication Problems and the Perceived Inadequacies of Chinese Only Children." *Ethos* 35 (1): 85–127.

——. 2011. *Paradise Redefined: Transnational Chinese Students and the Quest for Flexible Citizenship in the Developed World*. Stanford, CA: Stanford University Press.

Foucault, Michel. [1976] 1990. *The History of Sexuality*. Vol.1. *An Introduction*. Translated by Robert Hurley. New York: Vintage Books.

——. 1977. "Panopticism." *In Discipline and Punish: The Birth of the Prison*, translated by Alan Sheridan, 195–228. New York: Vintage Books.

——. 1991. "Governmentality." In *The Foucault Effect: Studies in Government Rationality*, edited by Graham Burchell, Colin Gordon, and Peter Miller, 87–104. Chicago: University of Chicago Press.

——. [1994] 1997. "The Birth of Biopolitics." In *Ethics: Subjectivity and Truth*, edited by Paul Rabinow, translated by Robert Hurley, 73–79. New York: New Press.

Friedman, Sara. 2004. "Embodying Civility: Civilizing Processes and Symbolic Citizenship in Southeastern China." *Journal of Asian Studies* 63 (3): 687–718.

Furth, Charlotte. 1995. "From Birth to Birth: The Growing Body in Chinese Medicine." In *Chinese Views of Childhood*, edited by Anne Behnke Kinney, 157–92. Honolulu: University of Hawai'i Press.

——. 2007. "Introduction: Thinking with Cases." In *Thinking with Cases: Specialist Knowledge in Chinese Cultural History*, edited by Charlotte Furth, Judith T. Zeitlin, and Ping-chen Hsiung, 1–27. Honolulu: University of Hawai'i Press.

Garcia, Angela. 2010. *The Pastoral Clinic: Addiction and Dispossession along the Rio Grande*. Berkeley: University of California Press.

Geertz, Clifford. 1973. "Deep Play: Notes on the Balinese Cockfight." In *The Interpretation of Cultures*, 412–53. New York: Basic Books.

Gleason, Mona. 1999. *Normalizing the Ideal: Psychology, Schooling, and the Family in Postwar Canada*. Toronto: University of Toronto Press.

Glosser, Susan L. 2003. *Chinese Visions of Family and State, 1915–1953*. Berkeley: University of California Press.

Goh, Esther C. L. 2011. *Child's One-Child Policy and Multiple Caregiving: Raising Little Suns in Xiamen*. London: Routledge.

Good, Byron. 1994. *Medicine, Rationality, and Experience: An Anthropological Perspective*. Cambridge: Cambridge University Press.

Goodman, Bryna. 2005. "The New Woman Commits Suicide: The Press, Cultural Memory, and the New Republic." *Journal of Asian Studies* 64 (1): 67–101.

Gottschang, Suzanne K. 2000. "A Baby-Friendly Hospital and the Science of Infant Feeding." In *Feeding China's Little Emperors: Food, Children, and Social Change*, edited by Jun Jing, 160–84. Stanford, CA: Stanford University Press.

——. 2001. "The Consuming Mother: Infant Feeding and the Feminine Body in Urban China." In *China Urban: Ethnographies of Contemporary Culture*, edited by Nancy N. Chen, Constance D. Clark, Suzanne Z. Gottschang, and Lyn Jeffrey, 89–103. Durham, NC: Duke University Press.

Graesch, Anthony P. 2013. "At Home." In *Fast-Forward Family: Home, Work, and Relationships in Middle-Class America*, edited by Elinor Ochs and Tamar Kremer-Sadlik, 27–47. Berkeley: University of California Press.

Grant, Julia. 1998. *Raising Baby by the Book: The Education of American Mothers*. New Haven, CT: Yale University Press.

Greenhalgh, Susan. 2003. "Science, Modernity, and the Making of China's One-Child Policy." *Population and Development Review* 29 (2): 163–96.

——. 2011. *Cultivating Global Citizens: Population in the Rise of China*. Cambridge, MA: Harvard University Press.

Greenhalgh, Susan, and Edwin A. Winckler. 2005. *Governing China's Population: From Leninist to Neoliberal Biopolitics*. Stanford: Stanford University Press.

Guo Jinhua and Arthur Kleinman. 2011. "Stigma: HIV/AIDS, Mental Illness, and China's Nonpersons." In *Deep China: The Moral Life of the Person, What Anthropology and Psychiatry Tell Us about China Today*, edited by Arthur Kleinman, Yunxiang Yan, Jing Jun, Sing Lee, Everett Zhang, Pan Tianshu, Wu Fei, and Guo Jinhua, 237–62. Berkeley: University of California Press.

Hardt, Michael. 1999. "Affective Labor." *Boundary 2* 26 (2): 89–100.

Heiman, Rachel, Mark Liechty, and Carla Freeman. 2012. "Introduction: Charting an Anthropology of the Middle Classes." In *The Global Middle Classes: Theorizing through Ethnography*, edited by Rachel Heiman, Mark Liechty, and Carla Freeman, 3–29. Santa Fe, NM: School for Advanced Research Press.

Hochschild, Arlie Russell. 1983. *The Managed Heart: Commercialization of Human Feeling*. Berkeley: University of California Press.

Hoffman, Lisa. 2006. "Autonomous Choices and Patriotic Professionalism: On Governmentality in Late-Socialist China." *Economy and Society* 35 (4): 550–70.

——. 2010. *Patriotic Professionalism in Urban China: Fostering Talent*. Philadelphia: Temple University Press.

Hollan, Douglas. 1988. "Staying 'Cool' in Toraja: Informal Strategies for the Management of Anger and Hostility in a Nonviolent Society." *Ethos* 16 (1): 52–72.

Honig, Emily, and Gail Hershatter. 1988. *Personal Voices: Chinese Women in the 1980s*. Stanford, CA: Stanford University Press.

Hsiung, Ping-chen. 2005. *A Tender Voyage: Children and*

Childhood in Late Imperial China. Stanford, CA: Stanford University Press.
Hsu, Carolyn. 2007. *Creating Market Socialism: How Ordinary People Are Shaping Class and Status in China*. Durham, NC: Duke University Press.
Hu, Kelly. 2008. "Discovering Japanese TV Drama through Online Chinese Fans: Narrative Reflexivity, Implicit Therapy and the Question of the Social Imaginary." In *Media Consumption and Everyday Life in Asia*, edited by Youna Kim, 114–26. New York: Routledge.
Huang Quanyu. 1999. *Suzhi jiaoyu zai Meiguo* [Education for quality in America]. Guangzhou: Guangdong Jiaoyu chubanshe.
——. 2001. *Jiating jiaoyu zai Meiguo* [Family education in America]. Guangzhou: Guangdong Jiaoyu chubanshe.
Hung, Eva P. W., and Stephen W. K. Chiu. 2003. "The Lost Generation: Life Course Dynamics and *Xiagang* in China." *Modern China* 29 (2): 204–36.
Im, Manyul. 1999. "Emotional Control and Virtue in the Mencius." *Philosophy East and West* 49 (1): 1–27.
Iser, Wolfgang. 1978. *The Act of Reading: A Theory of Aesthetic Response*. Baltimore: John Hopkins University Press.
Jackson, Michael. 1989. *Paths toward a Clearing: Radical Empiricism and Ethnographic Inquiry*. Bloomington: Indiana University Press.
——. 1996. *Things as They Are: New Directions in Phenomenological Anthropology*. Bloomington: Indiana University Press.
——. 1998. *Minima Ethnographica: Intersubjectivity and the Anthropological Project*. Chicago: University of Chicago Press.
Jiang Xuelan. 2006. *Poyi haizi de xinling mima* [Decoding the password to your child's heart-spirit]. Nanjing: Fenghuang chuban zhuanmei jituan, Jiangsu shaonian ertong chubanshe.
Jiang Zemin. 2001. "Guanyu jiaoyu wenti de tanhua" [A talk regarding the education problem]. In *Suzhi jiaoyu de huhuan: Shuo "jianfu," tan gaige* [The call for education for quality:

Say “reduce,” discuss reform], edited by Li Peng and Chen Li, 3–6. Beijing: Xinhua chubanshe.

Jones, Andrew. 2002. “The Child as History in Republican China: A Discourse on Development.” *positions: east asia cultures critique* 10 (3): 695–727.

Jullien, François. [1991] 2004. *In Praise of Blandness: Proceedings from Chinese Thought and Aesthetics*. Translated by Paula M. Varsano. New York: Zone Books.

——. [1992] 1995. *The Propensity of Things: Toward a History of Efficacy in China*. Translated by Janet Lloyd. New York: Zone Books.

Keenan, Barry. 1977. “T’ao Hsing-chih and Educational Reform, 1922–1929.” In *The Dewey Experiment in China: Educational Reform and Political Power in the Early Republic*, 81–110. Cambridge, MA: Council on East Asian Studies, Harvard University.

Keller, Helen. 2004. *Jiaru gei wo san tian guangming* [If I could have three days of light]. Translated by Li Hanzhao. Beijing: Huawen chubanshe.

Kinney, Anne Behnke. 2004. *Representations of Childhood and Youth in Early China*. Stanford, CA: Stanford University Press.

Kipnis, Andrew. 2006. “*Suzhi*: A Keyword Approach.” *China Quarterly* 186: 295–313.

——. 2007. “Neoliberalism Reified: *Suzhi* Discourse and Tropes of Neoliberalism in the People’s Republic of China.” *Journal of the Royal Anthropological Institute* 13 (2): 383–400.

——. 2011. *Governing Educational Desire: Culture, Politics, and Schooling in China*. Chicago: Chicago University Press.

Kipnis, Andrew, and Shanfeng Li. 2010. “Is Chinese Education Underfunded?” *China Quarterly* 202: 327–43.

Kleinman, Arthur, Yunxiang Yan, JingJun, Sing Lee, Everett Zhang, Pan Tianshu, Wu Fei, and Guo Jinhua. 2011. *Deep China: The Moral Life of the Person, What Anthropology and Psychiatry Tell Us about China Today*. Berkeley: University of California Press.

Kohrman, Matthew. 2005. “A Biomythography in the Making.”

In *Bodies of Difference: Experiences of Disability and Institutional Advocacy in the Making of Modern China*, 31–56. Berkeley: University of California Press.

Kong, Shuyu. 2005. *Consuming Literature: Best Sellers and the Commercialization of Literary Production in Contemporary China*. Stanford, CA: Stanford University Press.

Kremer-Sadlik, Tamar, and Kris Gutiérrez. 2013. "Homework and Recreation." In *Fast-Forward Family: Home, Work, and Relationships in Middle-Class America*, edited by Elinor Ochs and Tamar Kremer-Sadlik, 130–50. Berkeley: University of California Press.

Kuan, Hsin-Chi. 2013. "China under the New Leadership." *Maryland Series in Contemporary Asian Studies* 2013, no.2, art. 1. http: //digitalcommons.law.umaryland.edu/mscas/vol2013/iss2/1.

Kuan, Teresa. 2012. "The Horrific and the Exemplary: Public Stories and Education Reform in Late Socialist China." *positions: asia critique* 20 (4): 1095–1125.

Kusserow, Adrie. 2004. *American Individualisms: Child Rearing and Social Class in Three Neighborhoods*. New York: Palgrave Macmillan.

Lacan, Jacques. 1977. "The Function and Field of Speech and Language in Psychoanalysis." In *Écrits*, translated by Alan Sheridan, 30–113. New York: W.W. Norton.

Laidlaw, James. 2002. "For an Anthropology of Ethics and Freedom." *Journal of the Royal Anthropological Institute* 8 (2): 311–32.

——. 2010. "Agency and Responsibility: Perhaps You Can Have Too Much of a Good Thing." In *Ordinary Ethics: Anthropology, Language, and Action*, edited by Michael Lambek, 143–64. New York: Fordham University Press.

Lakoff, George, and Mark Johnson. 1980. *Metaphors We Live By*. Chicago: University of Chicago Press.

Lambek, Michael. 2010. Introduction to *Ordinary Ethics: Anthropology, Language, and Action*, edited by Michael Lambek, 1–36. New York:

Fordham University Press.

Lareau, Annette. 2011. *Unequal Childhoods: Class, Race, and Family Life*. 2nd ed. Berkeley: University of California Press.

Latour, Bruno. 2005. *Reassembling the Social: An Introduction to Actor-Network Theory*. Oxford: Oxford University Press.

Lee, Haiyan. 2007. *Revolution of the Heart: A Genealogy of Love in China, 1900–1950*. Stanford, CA: Stanford University Press.

Leung, Lisa Yuk-ming. 2004. "Ganbaru and Its Transcultural Audience: Imaginary and Reality of Japanese TV Dramas in Hong Kong." In *Feeling Asian Modernities: Transnational Consumption of Japanese TV Dramas*, edited by Koichi Iwabuchi, 89–105. Hong Kong: Hong Kong University Press.

Levy, Robert I. 1984. "Emotion, Knowing, and Culture." In *Culture Theory: Essays on Mind, Self, and Emotion*, edited by Richard A. Shweder and Robert A. LeVine, 214–37. Cambridge: Cambridge University Press.

Li, Jin. 2001. "Chinese Conceptualization of Learning". *Ethos* 29 (2): 111–37.

Li Peng and Chen Li, eds. 2001. *Suzhi jiaoyu de huhuan: Shuo "jianfu," tan gaige* [The call for education for quality: Say "reduce," discuss reform]. Beijing: Xinhua chubanshe.

Li Yuanjun. 2003. "A Growing Children's Book Publishing Industry in China." In *The Publishing Industry in China*, edited by Robert E. Baensch, translated by Zhuoran Zhang, 85–99, New Brunswick, NJ: Transaction.

Lienhardt, Godfrey. [1962] 2008. "The Control of Experience: Symbolic Action." In *A Reader in the Anthropology of Religion*, 2nd ed., edited by Michael Lambek, 302–10. Malden, MA: Blackwell.

Link, Perry. 2000. *The Uses of Literature: Life in the Socialist Chinese Literary System*. Princeton, NJ: Princeton University Press.

Liu Weihua and Zhang Xinwu. [2000] 2004. *Hafo nühai Liu Yiting: Suzhi peiyang jishi* [Harvard girl Liu Yiting: A memoir of cultivating quality]. Beijing: Zuojia chubanshe.

Lock, Margaret. 1991. “Flawed Jewels and National Dis/Order: Narratives on Adolescent Dissent in Japan.” *Journal of Psychohistory* 18 (4): 507–31.

——. 1993. *Encounters with Aging: Mythologies of Menopause in Japan and North America*. Berkeley: University of California Press.

Lu Qin. 2001. “Cong ‘xinling chenbao’ dao ‘zhixin fengbao’” [From a “spiritual dust-storm” to an “intimate windstorm”]. In *Suzhi jiaoyu de huhuan: Shuo “jianfu,” tan gaige* [The call for education for quality: Say “reduce,” discuss reform], edited by Li Peng and Chen Li, 221–42. Beijing: Xinhua chubanshe.

——. 2004. *Gaosu haizi, ni zhen bang!* [Tell your child, you’re the best!]. Wuhan: Changjiang wenyi chubanshe.

Lukács, Gabriella. 2010. *Scripted Affects, Branded Selves: Television, Subjectivity, and Capitalism in 1990s Japan*. Durham, NC: Duke University Press.

Lutz, Catherine A. 1988. *Unnatural Emotions: Everyday Sentiments on a Micronesian Atoll and Their Challenge to Western Theory*. Chicago: University of Chicago Press.

Mahmood, Saba. 2005. *Politics of Piety: The Islamic Revival and the Feminist Subject*. Princeton, NJ: Princeton University Press.

Man Qimin. [1996] 1997. “Educational Disrepair and Quality Education Reform.” Guest edited by Gregory P. Fairbrother. *Chinese Education and Society* 30 (6): 21–24.

Manning, Kimberley Ens. 2006, “Making a Great Leap Forward? The Politics of Women’s Liberation in Maoist China.” *Gender and History* 18 (3): 574–93.

Massumi, Brian. 2002. *Parables for the Virtual: Movement, Affect, Sensation*. Durham, NC: Duke University Press.

Mattingly, Cheryl. 1998a. *Healing Dramas and Clinical Plots: The Narrative Structure of Experience*. Cambridge: Cambridge University Press.

——. 1998b. “In Search of the Good: Narrative Reasoning in

Clinical Practice." *Medical Anthropology Quarterly* 12 (3): 273–97.
——. 2006. "Hoping. Willing, and Narrative Re-envisioning." *Hedgehog Review* 8 (3): 21–35.
——. 2010. *The Paradox of Hope: Journeys through a Clinical Borderland*. Berkeley: University of California Press.
——. 2012. "Two Virtue Ethics and the Anthropology of Morality." *Anthropological Theory* 12 (2): 161–84.
——. 2014. *Moral Laboratories: Family Peril and the Struggle for a Good Life*. Berkeley: University of California Press.
Miller, Daniel. 2004. "How Infants Grow Mothers in North London." In *Consuming Motherhood*, edited by Janelle S. Taylor, 31–54. New Brunswick, NJ: Rutgers University Press.
Milwertz, Cecilia Nathansen. 1997. *Accepting Population Control: Urban Chinese Women and the One-Child Family Policy*. Nordic Institute of Asian Studies 74. Richmond, Surrey, UK: Curzon Press.
Ministry of Education [People's Republic of China]. 1999. "Guanyu jiaqiang zhongxiaoxue xinli jiankang jiaoyu de ruogan yijian" [Recommendations for strengthening psychological health education in primary and middle schools]. www.edu.cn/20010830/209821.shtml.
——. 2000. "Guanyu zai xiaoxue jianqing xuesheng guozhong fudan de jinji tongzhi" [Urgent notice regarding the reduction of students' excessive burden in primary schools]. http: //moe.edu.cn/edoas/website18/05/info4705.htm.
——. 2002. "Zhongxiaoxue xinli jiankang jiaoyu zhidao gangyao" [Guiding outline for psychological health education in primary and middle schools]. http: //news.xinhuanet.com/zhengfu/2002-09/26/content_575749.htm.
Munro, Donald J. 1977. *The Concept of Man in Contemporary China*. Ann Arbor: University of Michigan Press.
Murphy, Rachel. 2004. "Turning Peasants into Modern Chinese Citizens: 'Population Quality' Discourse, Demographic Transition and Primary Education." *China Quarterly* 177: 1–20.

Naftali, Orna. 2009. "Empowering the Child: Children's Rights, Citizenship and the State in Contemporary China." *China Journal* 61: 79–103.

——. 2010. "Recovering Childhood: Play, Pedagogy, and the Rise of Psychological Knowledge in Contemporary Urban China." *Modern China* 36 (6): 589–616.

Nagel, Thomas. 1979. "Moral Luck." In *Mortal Questions*, 24–28. Cambridge: Cambridge University Press.

National Women's Federation and Ministry of Education [People's Republic of China]. 2002. "Quanguo jiating jiaoyu gongzuo 'shiwu' jihua" [National plan for family education work in the tenth five-year period]. In *Gengxin jiating jiaoyu guannian* [Newer family education ideas], edited by Quanguo fulian ertong gongzuo bu, 207–13. Beijing: Zhongguo Fazhi chubanshe.

——. 2004. "Guanyu quanguo jiazhang xuexiao gongzuo de zhidao yijian" [Regarding suggestions for the direction of national work on parent schools]. www.law-lib.com/law/law_view.asp?id=121397.

National Women's Federation and State Education Commission [People's Republic of China]. 1996. "Quanguo jiating jiaoyu gongzuo 'jiuwu' jihua" [National plan for family education work in the ninth five-year period]. www.women.org.cn/allnews/110302/39.html.

Nussbaum, Martha. [1986] 2001. *The Fragility of Goodness: Luck and Ethics in Greek Tragedy and Philosophy*. Cambridge: Cambridge University Press.

——. 1990. *Love's Knowledge: Essays on Philosophy and Literature*. New York: Oxford University Press.

——. [2001] 2006. *Upheavals of Thought: The Intelligence of Emotions*. Chicago: University of Chicago Press.

Nyíri, Pál. 2006. *Scenic Spots: Chinese Tourism, the State, and Cultural Authority*. Seattle: University of Washington Press.

Ochs, Elinor, and Tamar Kremer-Sadlik. 2013. "The Good Enough Family." In *Fast-Forward Family: Home, Work, and*

Relationships in Middle-Class America, edited by Elinor Ochs and Tamar Kremer-Sadlik, 232–52. Berkeley: University of California Press.

Olberding, Amy. 2008. "Dreaming of the Duke of Zhou: Exemplarism and the *Analects*." *Journal of Chinese Philosophy* 35 (4): 625–39.

Ong, Aihwa, and Li Zhang. 2008. "Introduction: Powers of the Self, Socialism from Afar." In *Privatizing China: Socialism from Afar*, edited by Li Zhang and Aihwa Ong, 1–19. Ithaca, NY: Cornell University Press.

Ortner, Sherry. 2006. *Anthropology and Social Theory: Culture, Power, and the Acting Subject*. Durham, NC: Duke University Press.

Oxfeld, Ellen. 2010. *Drink Water, but Remember the Source: Moral Discourse in a Chinese Village*. Berkeley: University of California Press.

Plaks, Andrew H. 2006. "Xin 心 as the Seat of the Emotions in Confucian Self-Cultivation." In *Love, Hatred, and Other Passions: Questions and Themes on Emotions in Chinese Civilization*, edited by Paolo Santangelo and Donatella Guida, 113–25. Leiden: Brill.

Plumridge, Andrew, and Wim Meulenkamp. 1993. *Brickwork: Architecture and Design*. London: Studio Vista.

Pugh, Allison J. 2009. *Longing and Belonging: Parents, Children, and Consumer Culture*. Berkeley: University of California Press.

Rappaport, Roy. 1999. "Enactments of Meaning." In *Ritual and Religion in the Making of Humanity*, 107–38. Cambridge: Cambridge University Press.

Ricoeur, Paul. 1979. "The Metaphorical Process as Cognition, Imagination, and Feeling." In *On Metaphor*, edited by Sheldon Sacks, 141–57. Chicago: University of Chicago Press.

Robbins, Joel. 2004. *Becoming Sinners: Christianity and Moral Torment in a Papua New Guinea Society*. Berkeley: University of California Press.

——. 2012. *On Becoming Ethical Subjects: Freedom, Constraints, and the Anthropology of Morality*. Anthropology of This Century 5. http: //aotcpress.com/articles/ethical-subjects-freedom-constraint-anthropology-morality/.

Rofel, Lisa. 1999. *Other Modernities: Gendered Yearnings in China after Socialism*. Berkeley: University of California Press.

——. 2007. *Desiring China: Experiments in Neoliberalism, Sexuality, and Public Culture*. Durham, NC: Duke University Press.

Rosaldo, Michelle Z. 1984. "Toward an Anthropology of Self and Feeling." In *Culture Theory: Essays on Mind, Self, and Emotion*, edited by Richard A. Shweder and Robert A. LeVine, 137–57. Cambridge: Cambridge University Press.

Rosaldo, Renato. 1986. "Ilongot Hunting as Story and Experience." In *The Anthropology of Experience*, edited by Victor Turner and Edward M. Bruner, 97–138. Urbana: University of Illinois Press.

Rose, Nikolas. 1990. *Governing the Soul: The Shaping of the Private Self*. New York: Routledge.

——. 1996. *Inventing Our Selves: Psychology, Power, and Personhood*. Cambridge: Cambridge University Press.

——. 1999. *Powers of Freedom: Reframing Political Thought*. Cambridge: Cambridge University Press.

Rosen, Stanley. 1999. "Editor's Introduction." *Chinese Education and Society* 32 (4): 5.

Rothman, Barbara Katz. [1989] 2004. "Motherhood under Capitalism." In *Consuming Motherhood*, edited by Janelle S. Taylor, 19–30. New Brunswick, NJ: Rutgers University Press.

——. 1994. "Beyond Mothers and Fathers: Ideology in a Patriarchal Society." In *Mothering: Ideology, Experience, and Agency*, edited by Evelyn Nakano Glenn, Grace Chang, and Linda Rennie Forcey, 139–57. New York: Routledge.

Sakamoto, Hiroko. 2004. "The Cult of 'Love and Eugenics' in May Fourth Movement Discourse." *positions: east asia cultures critique* 12 (2): 329–76.

Sausmikat, Nora. 2002. "Resisting Current Stereotypes: Private

Narrative Strategies in the Autobiographies of Former Rusticated Women." In *China's Great Proletarian Cultural Revolution: Master Narratives and Post-Mao Counternarratives*, edited by Woei Lien Chong, 255–83. Lanham, MD: Rowman and Littlefield.

Schultz, Theodore W. 1981. *Investing in People: The Economics of Population Quality*. Berkeley: University of California Press.

Shouse, Eric. 2005. "Feeling, Emotion, Affect." M/C Journal 8 (6). http: //journal.media-culture.org.au/0512/03-shouse.php.

Shweder, Richard A. 2003. *Why Do Men Barbecue: Recipes for Cultural Psychology*. Cambridge, MA: Harvard University Press.

Sigley, Gary. 2006. "Chinese Governmentalities: Government, Governance and the Socialist Market Economy." *Economy and Society* 35 (4): 487–508.

Soper, Kate. 1986. *Humanism and Anti-humanism*. London: Hutchinson.

Stafford, Charles. 1995. *The Roads of Chinese Childhood: Learning and Identification in Angang*. Cambridge: Cambridge University Press.

——. ed. 2013. *Ordinary Ethics in China*. London: Bloomsbury Press.

State Council [People's Republic of China].1992. "Jiushi niandai zhongguo ertong fazhan guihua gangyao" [1990s program outline for the development of children in China]. In *Zhonghua renmin gongheguo jiaoyu falü fagui zonglan* [Education laws and regulations of the People's Republic of China: 1949–1999], 134–37. Beijing: Falü chubanshe.

——. 1993. "Zhongguo jiaoyu gaige he fazhan gangyao" [An outline for the reform and development of Chinese education]. www.hrbmzj.gov.cn/mzbk/04/XZF/FLFG/JY/1018.htm.

——. 1999a. "Mianxiang 21 shiji jiaoyu zhenxing xingdong jihua" [Action plan for the vigorous development of twenty-first-century education]. In *2003–2007 nian jiaoyu zhenxing xingdong jihua* [Action plan for the vigorous development of education between 2003 and 2007], 22–39. Beijing: Zhongguo fazhi chubanshe.

——. 1999b. "Zhonggong zhongyang guowuyuan guanyu shenhua jiaoyu gaige, quanmian tuijin suzhi jiaoyu de jueding" [Central Committee of the Chinese Communist Party and the State Council, resolution for fully moving *suzhi jiaoyu* forward]. www.moe.edu.cn/edoas/website18/inf03314.htm.

——. 2003. "Zhongguo ertong fazhan gangyao" [Outline for the development of children in China, 2001–2010]. http: //nwccw.gov.cn.

——. 2004. "Guanyu jinyibu jiaqiang he gaijin weichengnianren sixiang daode jianshe de ruogan yijian" [Regarding suggestions for another step toward strengthening and improving the construction of young people's morals]. In *Guanyu jinyibu jiaqiang he gaijin weichengnianren sixiang daode jianshe de ruogan yijian* [Regarding suggestions for another step toward strengthening and improving the construction of young people's morals], 1–11. Beijing: Falü chubanshe.

Strassberg, Richard E. 1993. *Inscribed Landscapes: Travel Writing from Imperial China*. Berkeley: University of California Press.

Sun, Wanning. 2012. "Inequality and Culture: A New Pathway to Understanding Social Inequality." In *Unequal China: The Political Economy and Cultural Politics of Inequality*, edited by Wanning Sun and Yingjie Guo, 27–42. London: Routledge.

Sun Yunxiao. [2005] 2006. *Zenyang fudao haizi zuo zuoye* [How to help children with their homework]. Beijing: Beijing chubanshe.

——. 2006. *Hao haizi, hao xiguan* [Good child, good habits]. Guilin: Lijiang chubanshe.

Sun Yunxiao and Bu Wei. 1997. *Ertong jiaoyu yousilu* [A collection of excellent thoughts regarding child education]. Shenyang: Liaoning remin chubanshe.

Taussig, Michael. 1993. *Mimesis and Alterity: A Particular*

History of the Sense. New York: Routledge.
Throop, C. Jason. 2010. *Suffering and Sentiment: Exploring the Vicissitudes of Experience and Pain in Yap*. Berkeley: University of California Press.
Tu, Wei-ming. 1984. "Pain and Suffering in Confucian Self-Cultivation." *Philosophy East and West* 34 (4): 379–88.
——. 1985. *Confucian Thought: Selfhood as Creative Transformation.* Albany: State University of New York Press.
Turner, Victor. 1967. *The Forest of Symbols: Aspects of Ndembu Ritual*. Ithaca, NY: Cornell University Press.
Tylor, Edward Burnett. [1873] 2010, "The Science of Culture." In *Readings for a History of Anthropological Theory*, edited by Paul A. Erickson and Liam D. Murphy, 3rd ed., 30–42. Toronto: University of Toronto Press.
Wan Junren. 2004. "Contrasting Confucian Virtue Ethics and MacIntyre's Aristotelian Virtue Theory." In *Chinese Philosophy in an Era of Globalization*, edited by Robin Wang, translated by Edward Slingerland, 151–62. Albany, NY: State University of New York Press.
Wang, Huaiyu. 2007. "On *Ge Wu*: Recovering the Way of the *Great Learning." Philosophy East and West* 57 (2): 204–26.
Wang Lingling. 2004. *Shuli shichang jingji de jiating jiaoyu guan* [Establishing parenting values fit for a market economy]. Kunming: Kunming shi jiating jiaoyu yanjiu hui.
Wang Weiguo. 2001. "Shei zai neixin yu haizi jiaoliang: Tantao xinli jiaoyu wenti" [Who is troubled by their children: Probing the problem of psychological education]. In *Suzhi jiaoyu de huhuan: Shuo "jianfu," tan gaige* [The call for education for quality: Say "reduce," discuss reform], edited by Li Peng and Chen Li, 130–41. Beijing: Xinhua chubanshe.
Wang Xiaochun. 2000. *Zoujin haizi de xinling* [Walk into the hearts of children]. Beijing: Renmin weisheng chubanshe.
Wang, Xiaoyan, and Jian Liu. 2011. "China's Higher Education Expansion and the Task of Economic Revitalization." *Higher Education* 62: 213–29.

Wang, Yunping. [2007] 2008. "Confucian Ethics and Emotions." *Frontiers of Philosophy in China* 3 (3): 352–65.
Watson, James, ed. 2006. *Golden Arches East: McDonald's in East Asia*. 2nd ed. Berkeley: University of California Press.
Weter, Karl. [2003] 2004. *Ka'er Weite de jiaoyu*. [The education of Karl Weter]. Edited and translated by Liu Hengxin. Beijing: Jinghua chubanshe.
White, Merry Isaacs. 2002. *Perfectly Japanese: Making Families in an Era of Upheaval*. Berkeley: University of California Press.
Wikan, Unni. 1990. *Managing Turbulent Hearts: A Balinese Formula for Living*. Chicago: University of Chicago Press.
Williams, Bernard. 1981. "Moral Luck." In *Moral Luck: Philosophical Papers, 1973–1980*, 20–39. Cambridge: Cambridge University Press.
Wissinger, Elizabeth. 2007. "Always on Display: Affective Production in the Modeling Industry." In *The Affective Turn: Theorizing the Social*, edited by Patricia Ticineto Clough with Jean Halley, 231–60. Durham, NC: Duke University Press.
Woo, Terry. 2002. "The *Nü-hsiao Ching*: A Handbook on Self-Cultivation for Women." *Studies in Religion* 31 (2): 131–43.
——. 2009. "Emotions and Self-Cultivation in *Nü Lunyu*《女論語》(Woman's *Analects*)." *Journal of Chinese Philosophy* 36 (2): 334–47.
Working Committee on Education, Science, Culture and Hygiene of the Standing Committee of the People's Congress of Yunnan Province [Yunnan sheng renda changweihui jiao ke wen wei] [People's Republic of China]. 2005, "Guanyu Kunming shi chuzhong, xiaoxuesheng zexiao he wailai wugong renyuan zinü jiuxue wenti de diaocha baogao" [An investigative report regarding Kunming's school selecting junior middle and primary school students and the issue of school attendance amongst children of industrial workers from outside]. www.yn.gov.cn/yunnan.china/72628257770504192/20060829/1096859.html.
Woronov, Terry. 2003. "Transforming the Future: 'Quality' Children and the Chinese Nation." PhD diss., University of

Chicago.
——. 2007. "Chinese Children, American Education: Globalizing Child Rearing in Contemporary China." In *Generations and Globalization: Youth, Age, and Family in the New World Economy*, edited by Jennifer Cole and Deborah Durham, 29–51. Bloomington: Indiana University Press.
——. 2009. "Governing China's Children: Governmentality and 'Education for Quality.'" *positions: east asia cultures critique* 17 (3): 567–89.
Wu Jinyi. 1991. *Zhongguo renkou suzbi* [China's population quality]. Beijing: Zhonggong zhongyang dangxiao chubanshe.
Xia Kejun. 2005. *Zhongguo jiazhang xinli de tong: Dangdai dalu jiaoyu fansi* [The pain in the hearts of Chinese parents: Contemporary rethinking of mainland education]. Shenzhen: Haitian chubanshe.
Yan, Hairong. 2003. "Neoliberal Governmentality and Neohumanism: Organizing Suzhi/Value Flow through Labor Recruitment Networks." *Cultural Anthropology* 18 (4): 493–523.
Yan, Yunxiang. 2003. *Private Life under Socialism*. Stanford, CA: Stanford University Press.
——. 2011. "The Changing Moral Landscape." In *Deep China: The Moral Life of the Person, What Anthropology and Psychiatry Tell Us about China Today*, edited by Arthur Kleinman, Yunxiang Yan, JingJun, Sing Lee, Everett Zhang, Pan Tianshu, Wu Fei, and Guo Jinhua, 36–77. Berkeley: University of California Press.
——. 2013. "The Drive for Success and the Ethics of the Striving Individual." In *Ordinary Ethics in China*, edited by Charles Stafford. London: Bloomsbury Press.
Yang Dongping. [2004] 2006. "An Analysis of Commidification [*sic*] of Education." *Chinese Education and Society* 39 (5): 55–62.
——. 2006. "Pursuing Harmony and Fairness in Education." *Chinese Education and Society* 39 (6): 3–44.
Yang, Jie. 2012. "*Song wennuan*, 'Sending Warmth': Unemployment, New Urban Poverty, and the Affective State in China." *Ethnography* 14 (1): 104–25.

——. 2014. "The Happiness of the Marginalized: Affect, Counseling and Self-Reflexivity in China." In *The Political Economy of Affect and Emotion in East Asia*, edited by Jie Yang, 45–61. London: Routledge.

Yao, Yusheng. 2002a. "The Making of a National Hero: Tao Xingzhi's Legacies in the People's Republic of China." *Review of Education, Pedagogy, and Cultural Studies* 24: 251–81.

——. 2002b. "Rediscovering Tao Xingzhi as an Educational and Social Revolutionary." *Twentieth-Century China* 27 (2): 79–120.

Yeh, Michelle. 1987. "Metaphor and *Bi*: Western and Chinese Poetics." *Comparative Literature* 39 (3): 237–54.

Zhang, Li. 2001. *Strangers in the City: Reconfigurations of Space, Power, and Social Networks within China's Floating Population*. Stanford, CA: Stanford University Press.

——. 2010. *In Search of Paradise: Middle-Class Living in a Chinese Metropolis*. Ithaca, NY: Cornell University Press.

Zhang, Tongdao. 2009. "Chinese Television Audience Research." In *TV China*, edited by Ying Zhu and Chris Berry, 168–79. Bloomington: Indiana University Press.

Zhou Hong. 2003. *Shangshi ni de haizi: Yige fuqin dui suzhi jiaoyu de ganwu* [Appreciate your child: A father's understanding of education for quality]. Guangzhou: Guangdong keji chubanshe.

Zhou Ping and Xiong Yan. 2003. *Guangming de qiyuan: Dangdai xiaoxuesheng jianxin shenghuo jiaoyu zhinan* [A bright start: A contemporary compass for the education of primary students' sound mind and healthy life.] Edited by Kunmingshi kexue jishu xiehui [Kunming Science and Technology Association]. Kunming: Yunnan daxue chubanshe.

Zhu Muju, ed. 2002. *Zoujin xin kecheng: Yu kecheng shishizhe duihua* [Understanding the new curriculum: A dialogue with curriculum practitioners]. Beijing: Beijing shifan daxue chubanshe.

Zigon, Jarrett. 2008. *Morality: An Anthropological Perspective*. Oxford: Berg.

Žižek, Slavoj. 1989. *The Sublime Object of Ideology*. London: Verso.